複雜科學 × 數據分析 × 個體決策 × 全球治理……
從市場運作到政策協調，解讀數據經濟的新格局

重構經濟學
大數據驅動的新革命

韓松 主編 ｜ 謝靜 副主編

經濟學新視野，大數據時代的挑戰！

供需法則、市場機制、競爭動態、通膨預期……
大數據時代如何重塑市場規律、社會差距與政策框架？

目 錄

內容簡介	005
第一章　數據驅動的新時代	007
第二章　經濟學的變革與重塑	021
第三章　需求與供給的基本法則	057
第四章　市場機制與競爭動態	085
第五章　集體行為與社會分化	121
第六章　通膨、失業與經濟挑戰	171
第七章　經濟成長與周期波動	221

目錄

第八章　大國發展與治理智慧　　　269

參考書目　　　317

內容簡介

經濟學的歷史源遠流長、波瀾壯闊。作者回顧主流經濟學理論和觀點的演變過程，發現自然科學源於自然哲學、社會科學源於社會哲學，兩者本來應該有不同的哲學基礎和邏輯體系，但經濟學似乎恰恰超越自然界基本原理的管轄範圍。至今主流經濟學者的認知仍然停留在表面，無法深入內在，從而獲得關於經濟系統演變的「一般規律」。

大數據經濟學是複雜經濟學的基礎，以智慧化演算法應用於巨量數據資源、驅動對經濟問題進行科學化、規範化實證研究的一門交叉融合的複雜性學科，其本質特徵是具有智慧化、動態化的多層次、多節點的循環網路結構。大數據經濟學是經濟學理論整體的「內殼」，與複雜經濟學的哲學觀和方法論相互貫通，衍生出大量交叉先進學科。

本教材分為 8 章：第 1 章數據驅動的新時代、第 2 章經濟學的變革與重塑，介紹主流經濟學的背景知識和大數據經濟學的觀點框架；第 3 章需求與供給的基本法則、第 4 章市場機制與競爭動態、第 5 章集體行為與社會分化，從個體視角介紹效用與效率、交易與匹配、市場自組織機制、個體決策到群體行為、商業價值、分配差距與教育公平；第 6 章通膨、失業與經濟挑戰、第 7 章經濟成長與周期波動、第 8 章大國發展與治理智慧，從整體視角介紹貨幣和金融體系、成長新動能和波動新衝擊、民富論思想和公民治理、政策協調和適度干預。

本教材由經濟學院的韓松擔任主編，負責框架邏輯，撰寫第 1 章至第 4 章；謝靜擔任副主編，負責審讀統稿，撰寫第 5 章和第 6 章；金子

內容簡介

涵負責文學策劃，撰寫第 7 章；物理科學與工程學院的韓子璕負責模型演算法，撰寫第 8 章。

本教材適合大數據科學與人工智慧的經濟學、管理學、金融學等學科的大學生和研究者。

第一章
數據驅動的新時代

「大數據」（Big Data）一詞最早來自《紐約時報》（*The New York Times*），在 2012 年 2 月，一篇專欄文章提到：「『大數據』時代已經來臨，在商業、經濟及其他領域中，決策將日益基於數據和分析作出，而並非基於經驗和直覺。」、「當時時變幻的、巨量的數據出現在眼前，是怎樣一幅壯觀的景象？在後臺注視著這一切，會不會有上帝俯視人間星火的感覺？」[001]

---

[001] 田之緣孵化園．大數據時代 [EB/OL]．百度百科，https://baike.baidu.com/item/%E5%A4%A7%E6%95%B0%E6%8D%AE%E6%97%B6%E4%BB%A3/4644597？fr=aladdin，2023-02-20．

第一章 數據驅動的新時代

1.1 萬物皆數

「數是萬物的根源」，微小似一粒塵、一隻蟲、一片葉、一塊石、一枝梅、一縷煙、三分鐘熱風、一時雨；浩瀚如一座山、一片海、一彎月、點點星光、渺渺星雲、茫茫宇宙⋯⋯所有的一切都可以為「數」所描述。自然依據內在的規律運轉，自然的規律透過不斷重複試驗的方式，為數據所揭示。

1.1.1 數的根源

數學文化史的研究顯示，古代數學作為一個在文化系統裡操作運算的子系統，一開始就具有雙重功能，即數量性功能和神祕性功能。而不同民族文化所展示的數據或數學，都在特定的文化氛圍中有某些神祕性，且不同民族數學的發展道路是各不相同的。

文字最早起源於大自然物體的形態，但是在漫長的演化過程中，絕大多數文字都脫離根源，與原意沒有關係，變成毫無意義的字母與字元。英語、法語、德語、俄語、拉丁語等所有非象形文字語種更甚，基本上失去語言本來的意義與價值。[002]

依照文獻的記載，漢字的起源有多種說法，比如結繩、八卦、書契、巖畫、陶符、籌碼等，還有黃帝的史官倉頡造字的傳說。當然系統化的文字型系不可能由一個人創造出來，如果倉頡確有其人，應該是文字的整理者或頒布者。

數字的起源如同文字的起源一樣古老。阿拉伯數字發源於古代印

---

[002] 每天一點.文字的起源[EB/OL].搜狐網, https://www.sohu.com/a/326652580_120111916, 2019-07-13.

度，後來被阿拉伯人掌握、改進並傳到西方。早期計數系統有：西元前 3,400 年前後的古埃及象形數字；西元前 2,400 年前後的巴比倫楔形數字；西元前 1,600 年前後的中國甲骨文數字；西元前 500 年前後的希臘阿提卡數字；西元前 500 年前後的中國籌算數字；西元前 300 年前後的印度婆羅門數字，以及年代不詳的馬雅數字。其中巴比倫楔形數字採用六十進位制、馬雅數字採用二十進位制，其他均採用十進位制。計數系統的出現，使人類文明向前邁進一大步，隨著生產力的持續發展和數字的持續完善，數學逐漸發展起來。[003]

數學源於生活且高於生活，從具象的生產和生活中被抽象出來，成為解決計算問題的學科和科學，具有一定的超前性。「萬物皆數」顯示：所有事物的形態和執行，從底層來說，都是把事物轉為數據化對應，事物規律都是由數學規律所決定的。「萬物皆數」是人類認知與改造世界持續進步、從唯心主義走向唯物主義的必然。

數字只是一種符號化的、用來表示某種特徵的程度或狀態的原始資訊，沒有被應用到特定的場合。根據數字所代表的原始資訊，建立適當的數學模型，經過帶有指向性的加工，被應用到合適的場所，轉變為有影響的數據，從而幫助人們理解事物的本質、完成特定的任務，才有實際的意義，這就是數字的數據化過程。

1.1.2　數據科學（data science，又稱資料科學）

凡是發生過的事件都會留下痕跡，而數據的作用則是將這些痕跡記錄下來。每天，當我們生活在社區、工作在辦公區、娛樂在電影院、鍛鍊在健身房、消費在購物中心、出行在高速公路，享受著數據化生活的

---

[003] 米勒君 i. 數據［EB/OL］. 科普中國·科普百科，
　　　https://baike.baidu.com/item/%E6%95%B0%E5%AD%97/6204?fr=aladdin，2022-02-23.

第一章　數據驅動的新時代

便利時，一切都顯得那麼自然。每一個動作都被流量的數據和無盡的網路串聯起來，隨時隨地都能看到數據的身影。

(1) 含義和分類

數據（Data）是指對客觀事件進行的紀錄且可以鑑別的符號，是對客觀事物的性質、狀態以及相互關係進行記載的物理符號或組合，以文字、數字、影像等多種形式存在。數據是未經加工的原始素材、主體對客體進行觀察和表達的結果、對事實的邏輯歸納。

在電腦科學中，數據是所有能夠輸入電腦且被程式處理的符號介質的總稱。這些符號介質是具有一定意義的數據、字母、符號和模擬量等，以二進位制資訊位元 0、1 的形式表示和儲存。電腦處理的對象十分廣泛，表示對象的數據也變得越來越複雜。[004]

在多數人的理解中，數字就是數據。其實不然，數據的範疇大得多，包括數字、文字、影像、聲音、影片，甚至是動作、行為。數據的範疇隨著社會和經濟的發展不斷演進，例如以前的文字和語言並不被認為是數據，而在電腦出現後，已經成為通訊、翻譯等重要領域的核心數據。

數據分類就是把相同屬性或特徵的數據劃分在一起，形成不同的類別，以便透過不同的類別對數據進行查詢、辨識、使用和保護；當然更多的是從管理業務的角度出發，例如數據的來源、產業、事務、開放、共享等。

(2) 資訊和知識

「數據是資訊的媒介，資訊是數據的含義。」隨著數據的不斷成長，經過大量累積之後，就形成數據資源。在數據資源中把蘊含的價值線索

---

[004] 青燈夜遊. 什麼叫數據？［EB/OL］.PHP 中文網，
　　　https://www.PHP.cn/faq/464044.html，2022-03-23.

提取出來，即經過加工處理後，得到另一種形式的結構化數據，就是資訊。例如，每個人看過一部電影後都有自己的感受，電影就是數據，而經過每個人大腦處理後的感受，就是資訊。

資訊是帶有判斷的表達，數據是反映事實的紀錄。對於數據和資訊的評價是有差別的：數據可以用準不準，而資訊要用對不對。數據的表達通常只是有偏差，而資訊表達很可能完全背離本質。

數據是存在於電腦系統中的介質符號；資訊是自然界、人類社會及人類思維活動中存在和發生的現象；知識是人們在實踐中所獲得的認知和經驗。數據可以作為資訊和知識的符號或者媒介，但是數據本身並不是資訊或者知識。[005]

數據和資訊是影響個體情勢判斷和整體共同行為的基本驅動性因素。資訊本來應該、且可以是充分研究和科學論證後的嚴謹判斷，然而由於傳遞資訊的主體無須對資訊的對錯以及由此造成的負面結果承擔責任，社會的各種主體和個體出於不同的目的，總會想把各式各樣的資訊傳遞到消費者面前，由此產生「資訊混亂」和「資訊矛盾」，也使資訊價值大幅度降低。往往由於缺乏足夠的、準確的數據來幫助我們評價事物，不得不習慣性使用資訊來代替，導致的結果就是被獲得的資訊所俘獲，造成「羊群效應」（每一個個體就是一隻羊，而傳遞出的資訊就是那根趕羊的竿子）。[006]

(3) 數據化和數據科學

以色列歷史學家尤瓦爾·哈拉瑞在《人類大命運：從智人到智神》(*Homo Deus: A Brief History of Tomorrow*) 中寫道：「人類將進入數據主義

---

[005] 子一，什麼是數據科學？［EB/OL］．知乎，https://zhuanlan.zhihu.com/p/24758369，2021-04-29.
[006] 智慧康師兄．論資訊與數據的區別［EB/OL］．知乎，https://zhuanlan.zhihu.com/p/143193443，2020-05-24.

第一章　數據驅動的新時代

（Dataism）時代，在這個時代，每個人都應該信奉一條格言，如果你經歷某件事，把它記錄下來；如果你記錄某件事，把它上傳。如果你上傳某件事並且分享它，這意味著每個人都成為數據的採集、處理和分享者。這當然是數據從業者所嚮往的一種理想狀態。」

數據在各行各業的影響力正與日俱增，充斥在生產和生活的各方面，比如金融、醫療、製藥、生物資訊、公共福利、政府、教育、零售、網路購物、通訊、瀏覽新聞、收聽線上音樂、搜尋、在網路上表達觀點……這些行為都會被記錄，變成一個個位元組儲存起來。對線上數據和線下數據的採集方式不斷革新，人們的日常行為也被「數據化」（Datafication）。

數據化無所不在，從身為實驗對象參與到社群媒體實驗中，到接受全面調查，再到被人祕密跟蹤，這些都是被數據化的典型案例，代表數據化過程中個人意願從高到低的各種情形。

必須尊重他人的意願——是否自願與人們分享自己的數據。

比如在網路上為某人或某件東西「點讚」時，人們就算不是故意讓自己的行為「被數據化」，至少也清楚自己的行為會被記錄下來。有時卻不然，比如只是隨意瀏覽一些網站，然而我們的行為卻被網站上的cookie記錄下來；再如人們只是走在大街上，就會被各種感測器、攝影機監測，或者被Google眼鏡拍攝，行為被當作數據儲存下來，但是這種數據化並非出於個人的意願。

數據科學是一門新時代的混合交叉學科，使用科學的理論、演算法和過程，從結構化或非結構化的數據中獲取知識與洞見、發現隱藏的模式，展現應用驅動基礎理論創新的特點，成為除實驗、理論模型、計算

模擬之外的第四大科學發現方式。[007]

數據科學即「數據的科學」和「科學的數據」，包括一整套技能和技術，即數學、計算、視覺、分析、最佳化、統計、試驗、問題界定、建立假設、選擇演算法、模型建立、結果檢驗與視覺化等，涉及三個不同的領域，即程式設計領域（電腦語言知識、語言庫、設計模式、體系結構等）、數學（代數、微積分等）和統計學領域、數據領域（特定領域的知識，如醫療、金融、工業等）。數據科學的知識體系主要以統計學、機器學習、數據視覺化以及某一領域專業知識為理論基礎，其主要研究內容包括數據科學基礎理論、數據加工、數據計算、數據管理、數據分析和數據產品開發。

數據產品在數據科學中具有特殊的含義 —— 基於數據開發的產品的統稱。數據產品開發是數據科學的主要研究使命之一，也是數據科學有別於其他科學的重要因素。與傳統產品開發不同的是，數據產品開發具有以數據為中心、多樣性、層次性和增值性等特徵。數據產品開發能力也是數據科學家的主要競爭力。

數據科學日益變得有實用性和趣味性，不僅僅是因為數據本身的規模增加，更多的是因為數據本身成為建構即時數據產品的關鍵要素。在網路上，有亞馬遜（Amazon）的商品推薦系統、臉書（Facebook）的朋友推薦系統，還有其他電影、音樂等推薦系統；在金融業，有信用評級和篩選系統、交易演算法和模型；在教育領域，可以根據學生的差別，量身製作個性化教學；在政府機構，則意味著以數據為基礎去制定和實施公共政策。[008]

---

[007] 朝樂門，邢春曉，張勇．數據科學研究的現狀與趨勢全解［EB/OL］．知乎，https://zhuanlan.zhihu.com/p/421871324，2021-10-15．
[008] 惹事的兔子．什麼是數據科學？［EB/OL］．簡書，https://www.jianshu.com/p/b0722617190d，2016-08-23．

第一章 數據驅動的新時代

1.2 大數據崛起

「人類正從 IT 時代走向 DT 時代。」所謂 IT，就是 Information Technology，即資訊科技；所謂 DT，就是 Data Technology，即數據技術。IT 時代是以自我控制、自我管理為主；而 DT 時代，是以服務大眾、激發生產力為主。這兩者之間不是技術的差異，而是思想觀念的差異。[009]

1.2.1 三次浪潮的三朵浪花

「大數據」，又稱「巨量數據」，其定義是：第一，維基百科認為，所涉及的數據量規模巨大到無法透過人工在合理時間內達到擷取、管理、處理並整理成為人類所能解讀的資訊；第二，高德納（Gartner）諮詢機構認為，需要新處理模式才能具有更強的決策力、洞察發現力和流程最佳化能力的巨量、高成長率和多樣化的資訊資產。[010]

大數據具有「4V1O」的特徵，即規模性（Volume）、多樣性（Variety）、高速性（Velocity）、價值性（Value）和可操作性（Operability）。

一是規模性。數據量爆發性成長，達到 TB，甚至 PB 級別。例如在 2020 年，美國社群媒體 Facebook 有超過 26 億名活躍消費者，每天產生貼文數據超過 300TB（1TB=1,024GB），每年產生數據 180PB（1PB=1,024TB）。龐大的數據量是無法單純憑藉人工處理的，需要智慧的演算法、強大的數據處理平臺和處理技術。

二是多樣性。廣泛的來源決定了數據類型的多樣性：①結構化，指

---

[009] 酷頭叮叮. DT 時代 [EB/OL]. 百度百科, https://baike.baidu.com/item/DT%E6%97%B6%E4%B-B%A3/16236625？fr=aladdin，2021-12-08.

[010] sec_cn. 大數據 [EB/OL]. 科普中國・科學百科, https://baike.baidu.com/item/%E5%A4%A7%E7%E6%95%B0%E6%8D%AE/1356941？fr=aladdin，2021-12-04.

數據之間因果關係強，比如資訊管理系統數據、醫療系統數據等；②非結構化，指數據之間沒有因果關係，比如音訊、圖片、影片等；③半結構化（也被稱為多結構化），指數據之間因果關係弱，由大量無價值的數據包裹著有價值的數據，比如網頁數據、郵件紀錄等。

三是高速性。大數據的交換和傳播是透過互聯網、區域網路、物聯網、雲端運算等方式實現的，快捷性遠遠超過傳統媒介的資訊交換和傳播速度。數據的成長速度和處理速度，是大數據高速性的重要展現，大數據對處理數據的反應速度有著更為嚴格的要求：即時分析而非批次分析，數據輸入、處理與丟棄立刻見效，幾乎無延遲。

四是價值性。在實際中產生的大量數據是多餘無效的或低密度價值的。大數據最大的價值在於從不相關的各類型數據中，挖掘出對未來趨勢與模式預測有價值的內容。比如電商平臺每天產生的大量交易數據，透過特定的演算法，分析出具有某些特徵的人喜歡什麼類型的商品，然後推薦其喜歡的商品。[011]

五是可操作性。根據特定任務的原則、方法、標準，把獲取的數據轉換為可分類、可辨識、可檢驗、可觀測的專案，遵循一定的模式，在電腦中得到快速、正確的處理，幫助決策者制定行動計畫，實現具體目標，這也要求所獲取的數據具有一定程度的完整性和連續性。為了使處理結果更具可讀性，通常要進行視覺化處理。

資訊化概念，最早是由美國社會學家丹尼爾・貝爾（Daniel Bell）於1959年提出的「後工業社會」；後來美國經濟學者佛里茲・馬赫盧普（Fritz Machlup）於1962年提出「知識產業」。「後工業社會」就是「資訊社會」，

---

[011] 花降如雪. 大數據的特點是什麼？［EB/OL］. 百度，
https://baijiahao.baidu.com/s?id=1726520331205219567&wfr=spider&for=pc，2022-03-06.

第一章　數據驅動的新時代

「知識產業」就是「資訊產業」。誰都未曾料到，自世界上第一臺通用電腦 ENIAC 於 1946 年 2 月 14 日在美國賓夕法尼亞大學誕生，在不到一個世紀的時間內，掀起了一次高過一次的世界資訊化浪潮。

資訊化第一次浪潮：在 1981 年，第一臺個人電腦誕生，象徵著進入了以數據化為主要特徵的自動化階段。資訊科技第一次揭開神祕的面紗，開始應用在人們的工作裡，人們不再使用各種費時費力的紙質審批，而是採用電子化的方式進行業務處理。資訊化可以記錄所有環節、各個節點的數據，能做到隨時可查詢、可追溯、可管理。

資訊化第二次浪潮：在 1992 年，美國總統柯林頓提出建設「資訊高速公路 (information superhighway)」，代表進入了以互聯網應用為主要特徵的網路化階段，湧現出大量的數據。從 1995 年開始，互聯網開啟大規模商用程式，加速數據的流通與匯聚，促使數據資源規模的指數式成長，數據呈現出巨量、多樣、時效、低價值密度等一系列特徵。

資訊化第三波浪潮：在 2006 年，「雲端運算」出現，代表數據的儲存和調取速度得到加強，進入了以數據驅動（資料驅動）的智慧化應用階段。垂直應用於各個產業的數據演算法能力和強大的數據應用端平臺建設，顯得特別重要。隨著互聯網向物聯網（含工業互聯網）延伸而覆蓋物理世界，「人、機、物」三元融合的發展態勢已然形成，全方位、全視角展現事物的演化歷史和當前狀態，伴隨著 5G 時代的到來，資訊化的浪潮會帶來更多值得期待的想像空間。[012]

資訊化第三波浪潮的重要突破是自動化的數據產生和蒐集方式，透過資訊感知和採集終端，如 RFID 射頻、感測器、社交網路互動和行動網路等，獲得的各種類型的結構化、半結構化和非結構化巨量數據，再

---

[012] 零點有數.資訊化經歷幾次浪潮，才到現在的數據智慧時代？未來又是朝著什麼方向發展？〔EB/OL〕.知乎，https://www.zhihu.com/question/348053664/answer/837493619，2019-09-27.

加上以雲端運算為代表的強大計算能力，實現了從提升生產效率往更高級智慧階段的自然生長。

　　大數據是資訊科技發展的必然產物，作為一種概念和思潮，由計算領域發端，之後逐漸延伸到科學和商業領域。第一次大的飛躍是營運式系統開始廣泛使用數據庫；第二次大的飛躍是以消費者原創內容為主的Web2.0；第三次大的飛躍是感知式系統的廣泛使用，最終實現大數據的產生，這個階段是以數據的深度探勘和融合應用為主要特徵的智慧化階段（Web3.0）。在「人機物」三元融合的大背景下，以「萬物均需網路、一切皆可程式設計」為目標，數據化、網路化和智慧化呈融合發展新態勢，如圖 1-1 所示。

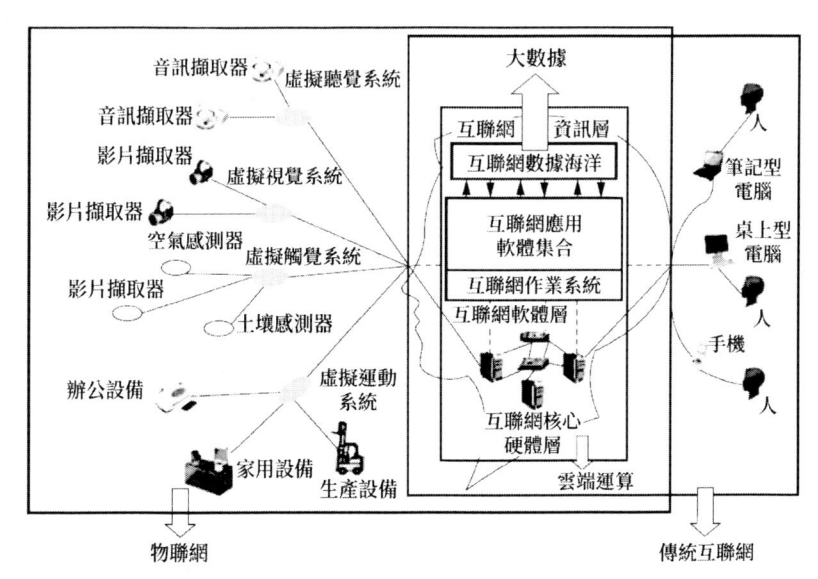

圖 1-1 從認知神經科學的角度分析大數據、雲端運算、物聯網和傳統互聯網的關係

　　資料來源：劉鋒. 從認知神經科學的角度分析物聯網、雲端運算、大數據和互聯網的關係〔EB/OL〕. 科學網部落格，https://blog.csdn.net/rkjava/article/details/103935461，2013-05-20.

第一章　數據驅動的新時代

大數據、雲端運算、物聯網被稱為資訊化第三波的「三朵浪花」。三者互為基礎：物聯網產生大數據，大數據需要雲端運算。物聯網就是物物相連的互聯網，雲端運算解決萬物互聯帶來的巨大數據量。

物聯網（Internet of Things，IoT）是指透過資訊承載體和感測裝置，按照協議，把任何物體與網路連線，物體透過資訊傳播媒介進行資訊交換和通訊，以實現智慧化辨識、定位、跟蹤、監管、互聯互通等功能。[013]

雲端運算（Cloud Computing）是指透過網路「雲端」，把巨大的數據計算處理程式分解成無數個小程式，然後透過多部伺服器組成的系統進行處理和分析，得到結果並返回給消費者，「雲端」實質上就是一個網路。[014]

1.2.2　數據科學家

Google 公司首席經濟學者哈爾‧范里安（Hal Ronald Varian）在 2009 年說道：「下一個十年，最有吸引力的工作就是統計學，其能夠獲取並且處理數據，從中得到有用資訊並將其圖形化，使人們得以理解，這將是非常重要的技能。」此處他所稱的「統計學家」，實際上是指能夠提取大數據集的資料，然後展現給非數據專業的那些人，也可稱之為數據科學家（Data Scientists，資料科學家）或者是數據極客（Data Geek）。[015]

數據科學崛起的原因之一是技術進步，這使數據科學家容易獲得便

---

[013] Mxxyzz. 物聯網概念［EB/OL］. 百度百科，
https://baike.baidu.com/item/%E7%89%A9%E8%81%94%E7%BD%91%E6%A6%82%E5%B-F%B5/2048181?fr=aladdin，2021-12-13.
[014] 關少. 雲端運算［EB/OL］. 百度百科，https://baike.baidu.com/item/%E4%BA%91%E8%AE%A1%E7%AE%97/9969353?fr=aladdin，2022-03-24.
[015] Liam. 什麼是數據科學家［EB/OL］. 知乎，https://zhuanlan.zhihu.com/p/157909951，2020-07-10.

捷的上手工具和廣泛的專業知識。數據科學自然定義數據科學家的工作範圍，他們的技能涵蓋電腦、數學和統計學、圖形視覺化等三個方面。

特別是數據視覺化可以快速地把散亂的數據轉換為深入的洞察力，告別單純依靠直覺做出沒把握決策的方式，發現隱藏的模式並作出明智的決策，透過理解資料並與他人合作，以更快地激發洞察力和發現數據模式，組織可以快速做出基於數據驅動的決策。

數據科學家立足於科學，但不止於科學。從數據中提取出資訊，無疑是重要且有意義的過程，但這還遠遠不夠。大數據分析的終極目標是解決問題、實現價值。而從資料到具體應用領域的知識，進而應用所得知識創造價值，這兩步都需要一點藝術性，更需要一點想像力。

數據科學家＝數據＋科學＋藝術家＝用數據和科學從事藝術創作的人

數據、數據組合、數據活用的價值是不可限量的，探勘這種價值就像淘金一樣，需要數據科學家進行搜尋、擷取、篩選、處理、儲存、共享等工作。與傳統的統計分析師或寫程式的程式設計師相比，數據科學家的優勢在於業務全能，具備程式設計、業務分析洞察、數據解讀等三種能力。統計分析師通常只具備其中的兩樣，即業務分析洞察和數據解讀，程式設計師通常也只具備其中一樣或兩樣，即程式設計和業務分析洞察能力。[016]

數據探勘（Data Mining，資料探勘）是從大量的、不完全的、有噪音的、模糊的、隨機的應用數據中，提取隱含在其中的、事先不知道但有潛在有用資訊和知識的過程，通常與電腦科學相關。透過統計、線上分

---

[016] 惹事的兔子. 什麼是數據科學？［EB/OL］. 簡書，https://www.jianshu.com/p/267190d，2016-08-23.

第一章 數據驅動的新時代

析處理、情報檢索、機器學習、專家系統（依靠過去的經驗法則）和模式辨識等諸多方法來實現目標，核心是利用演算法模型對預處理後的數據進行訓練，訓練後獲得數據模型，如圖 1-2 所示。

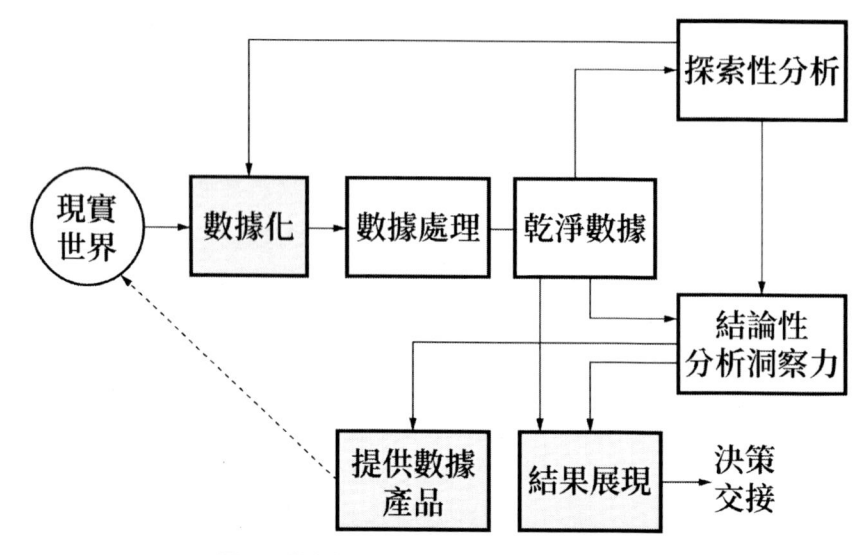

圖 1-2 從數據化到決策交接的數據探勘過程

資料來源：子一. 什麼是數據科學？〔EB/OL〕. 知乎，https://zhuanlan.zhihu.com/p/24758369，2021-04-29.

數據探勘不再是大企業的專利，開源化潮流使中小企業或個人也能輕鬆地獲取關鍵演算法，物聯網和雲端運算使數據消費者擁有充足且廉價的計算能力，可以在短時間內分析巨量數據，在互聯網上更有豐富的課程和經驗分享。實際上，數據科學的大門是敞開的，每個人都可以成為數據科學家。

第二章
經濟學的變革與重塑

　　從主流經濟學的演進過程來看，經濟學者對於經濟問題的分析，總是離不開他們當時所處的社會環境和多種個人特性。毫無疑問，經濟學者的哲學觀是最重要的方面，是理解和掌握現實經濟活動的切入點和突破口。然而經濟學者的哲學觀本身又是其所處的社會環境和個人經歷的綜合展現。經濟學理論的每一次重大突破，都是以經濟學者的哲學觀突破為先導，在不同的歷史時期、與不同的經濟個體或群體利益相連結的各種經濟學理論賴以建立的哲學觀，也呈現出各自的特點。

第二章　經濟學的變革與重塑

2.1　主流經濟學正規化

　　就經濟理論而言，在足夠小的時間和空間規模上，對於所觀察的現實經濟系統進行數據化處理，可以構造一個現實經濟系統的數據虛擬映像，承載著現實經濟系統的執行規律。在擁有高效能的數據分析方法和快速充足的計算能力的前提下，對這個數據虛擬映像進行深度分析，將可能理解和挖掘現實的、複雜的經濟系統的行為、狀態和規律。

2.1.1　主流經濟學的哲學觀

　　在早期，哲學被視為是一門純思考的學問，似乎更多理論內容都是依靠冥想得來的。此前著名的哲學家有蘇格拉底、亞里斯多德、柏拉圖等，其中大多數人更偏重理論方面，沒有多少人把哲學與現實印證、連結起來。經濟學的思想和理論，既受到科學的影響，也受到神學的影響。經濟學產生於這兩種範疇之中，又不完全歸屬於其中任何一個。畢竟現有主流經濟學的定義更偏重於總體認知和內容體系，與科學的實際價值有所出入，也與神學的宗教屬性有些衝突。這兩者在思想方面存在著合理的交叉部分，有限地影響著經濟學的思想和理論。

(1)古希臘

　　這個時期經濟學的哲學觀，主要是從維護奴隸制自然經濟、反對商品經濟的角度出發，與奴隸主階級的利益相一致。其哲學觀認為在自然界中存在著一種客觀的自然規律，源自萬物的本性，是不可違背和不可超越的；相應地，把人們的經濟活動分為「合乎自然」與「不合乎自然」的兩種：合乎自然的經濟活動被稱為「經濟學」（為滿足人類生活需求而

進行的生產、交換、消費和儲藏等活動），不合乎自然的經濟活動被稱為「牟利學」（為賣而買的商業活動）；贊成合乎自然的經濟活動，反對不合乎自然的經濟活動。當時的思想家在一定程度上意識到客觀規律的存在，且認知到其具有不可違背性。這比後期的經院學者哲學觀有進步，只是他們把客觀規律說成是由萬物的本性決定並完全主宰著人類的活動和命運，這是不正確的。

(2) 中世紀

西歐進入封建社會，中世紀的學者代表人物是湯瑪斯・阿奎那，他用上帝來為封建農奴制辯護，利用唯心的宗教教條來勸說人們服從上帝的安排，不要與命運抗爭，以此來維護封建教會對農奴的統治。其哲學觀認為自然法則的確存在，但是這個自然法則是由上帝決定，而不是由世間萬物的本性決定；上帝創造宇宙萬物，原本就有高低貴賤之分，低階的東西應當受制於高階的東西，在人類社會中，「下等人」應當受「上等人」的統治；上帝的意志高於一切，人們必須遵循上帝的旨意；人的肉體必須服從於靈魂的統治，衝動的情慾必須受制於理性，如果不是這樣，社會就會陷於崩潰。從自然法則出發建立起相應的經濟學觀點，這種主觀唯心的哲學觀，使當時的經濟思想帶有很強的主觀隨意性，例如對於價格、利息等經濟範疇的解釋，就是按照宗教法典來任意理解的。

(3) 重商主義

西歐進入封建社會末期，由於商業活動和對外貿易的發展，重商主義開始成為主流經濟思想，對經濟現象的研究，適應資本主義生產關係和資產階級的意識形態。人文主義思想以「人」為中心，用人性來對抗封建的神性、用人權來反對神權、用個性自由來反對宗教道德規範的束

第二章　經濟學的變革與重塑

縛。人文主義的哲學觀認為，應當使用人的觀點或商人的觀點來研究社會的一切事物和一切現象，拋棄從神學角度來觀察經濟現象的做法；應當反對中世紀服從於神學的研究方法，對社會——經濟現象進行實際的研究，並注意事物間的因果關係。但是由於時代的特殊性和局限性，重商主義者所注重的只是商業資本活動的表面現象，沒有認知到經濟活動的實質，人文主義思想沒有使經濟理論沿著正確的方向發展下去。

(4) 重農學派

重農學派產生於1750至1770年代資本主義萌芽時期的法國，代表人物之一是法蘭索瓦·魁奈，以「自然秩序」為其社會哲學觀，這種哲學觀是受到法國啟蒙思想家伏爾泰、孟德斯鳩、盧梭、狄德羅等影響而形成的。

「自然秩序」是指完全合乎人性的制度和秩序（也就是資本主義制度），「人為秩序」就是違背人性的封建經濟制度和政治制度。重農學派還沒有完全擺脫封建思想的影響，所提出的自然秩序學說帶有宗教色彩，比如他們認為自然秩序是上帝為了人類幸福而安排的秩序，人們的幸福寄託在自然秩序之上。但是魁奈對這個思想進行了大膽的改變，即建立一種「積極秩序」（比如組織政府），制定各種政策、措施，使人們享受到最大化的幸福。重農學派承認經濟的內在規律性，人們可以了解和利用規律，而不僅是規律的奴隸。由於歷史的局限性，重農學派仍然把自然秩序說成上帝的安排，把資本主義農業生產方式視為唯一和永恆的，把支配當時生產方式的特殊規律看成永恆不變的，是錯誤的看法。

(5) 亞當·史密斯（Adam Smith）

古典政治經濟學最重要的代表人物之一是亞當·史密斯，他的《國富論》（*The Wealth of Nations*，全名為 *An Inquiry into the Nature and Causes of the Wealth of Nations*）建立在「經濟人」的哲學觀之上，這與手工業的發展程度密切相關，工業資本家亟需一種自由放任的經濟政策，使自己自由地擴張國內、外市場。他認為社會是一種交換的聯合，而這種交換的聯合來源於「人類的本性」；人類的本性特徵之一就是具有「互通有無，以物易物，互相交換」的傾向，「這種傾向為人類所共有，同時也為人類所特有，在其他動物中是找不到的」，這種互助的行為並非出於利他主義，而是出於利己主義的理性考量；個人在追求自身利益的同時，也就自然而然地產生相互的、或共同的利益；個人利益與社會利益是一致的，個人在對自身利益做出判斷時所做的決定，也必然會對社會最有好處；只要社會對個人的經濟行為和經濟活動不加以干預，「一切聽其自然」，無須政府干預，經濟活動過程中自會有「看不見的手」（市場機制）來進行調節。

亞當‧史密斯的經濟人哲學觀與重農學派的自然秩序哲學觀在實質上是相同的，但是在形式上仍然有許多不同。在重農學派看來，只要政府的政策符合自然秩序，就會對經濟產生有益的作用；而在史密斯看來，任何政府的立法，都很少會對經濟產生正面的影響，因此主張完全的自由放任；重農學派把自然秩序視為上帝的力量強加於人類，而史密斯則認為是由利己主義自發產生的。史密斯的哲學觀從神學的框架裡解脫出來，把人類的本性抽象地歸納為利己主義，把資本家唯利是圖的本性，看成在一切制度下人類的本性。

(6) 大衛‧李嘉圖（David Ricardo）

英國工業發展十分迅速，階級矛盾也日益突出，史密斯的經濟人和自然秩序的觀念，已不能產生有效作用。於是，英國資產階級思想家邊沁（Jeremy Bentham）的功利主義哲學得到廣泛的傳播，李嘉圖及後來的

第二章 經濟學的變革與重塑

資產階級經濟學者都採用這個哲學思想。邊沁不承認所謂的自然秩序，他認為個人是社會的基礎，個人利益是人們行為的準則；社會完全服從於個人，並且完全融入個人之中；社會只是一個由個人組成的「虛構組織」，人們的行為準則是「最大多數人的最大幸福」；在道德上的善惡，不應當取決於教條或外來的規範，而應當取決於事物是否符合人們的本性，追求幸福是基於人們本性的根本動機，一切行為都是在獲得更大的快樂和更小的痛苦之間取得平衡的計算結果；任何人在追求自身利益時的行為都是正當的，不應當受到干預。邊沁在倫理學上的個人主義，為李嘉圖的經濟學奠定了思想基礎，李嘉圖之所以採用功利主義哲學觀，其根本目的是更能為資本主義私有制辯護，因此他的經濟政策主張實行完全的自由競爭，反對任何形式的國家干預，認為那是違反最大多數人的最大幸福。

(7)制度學派

制度學派與歷史學派有非常密切的關聯，更加具體地把社會——經濟的歷史相對性，推進到經濟制度的演化過程中，提出經濟學應當從經濟制度演化的途徑和方向來考察。主要代表人物之一是美國經濟學者凡勃倫（Thorstein Bunde Veblen），他採用達爾文的演化論作為哲學觀，認為一切生命都在不斷地變更，社會的發展和生物的發展一樣都是一個「過程」；批判以前的經濟學尋求一個不變的自然規律，為了尋求這個規律，首先假定一種「常態」的存在，但實際上並不存在什麼「常態」，而只有「過程」；過程實際就是制度的發展過程，是相對和不斷演化的；制度是指廣泛存在的「社會習慣」，例如私有財產、價格、市場、貨幣、競爭、法律等；經濟學應當是一門演化的科學，其任務就在於透過研究制度發展過程來考察和分析社會——經濟，這就是經濟學的「制度約束」；

人類的經濟行為並不只是受理智的支配，還受本能的支配，經濟制度是人類利用天然環境以滿足自己物質需求所形成的社會習慣；受本能決定的制度，本質也是不變的，而變化的只是制度的具體形態。

(8) 馬克思主義

馬克思主義政治經濟學的哲學觀是無產階級的哲學觀，馬克思和恩格斯認為，政治經濟學所要研究的，不是抽象的人與物質財富的關係，而應該是客觀存在的生產關係範疇；「人們按照自己的物質生產的發展，建立相應的社會關係，正是這些人又按照自己的社會關係創造相應的原理、觀念和範疇」；政治經濟學研究的是在特定生產方式之下的社會生產關係，而不是物與物的關係，更不是主觀設想出來的原理和範疇。馬克思批判古典學派總是認為經濟學研究的是財富、是物與物的關係，並指出：「我們在批判政治經濟學時，就要研究它的基本範圍，揭露自由貿易制度所產生的矛盾，並且從這個矛盾的兩方面做出結論。」研究對象具體化為各種社會制度下的生產關係，按照所有制關係來劃分各種人類社會制度，並以階級利益的觀點來評判各種社會制度的優劣，再用辯證唯物主義的世界觀，來說明各個社會制度的產生、發展和滅亡的必然規律；批判資本主義制度的剝削性和不合理性，說明社會制度的歷史階段性及客觀經濟規律的自然屬性與社會屬性的對立統一關係，無產階級的歷史使命就是要徹底消滅私有制，並且為社會主義制度的建立，產生決定性的作用。[017]

(9) 凱因斯主義

在1930年代爆發的「大危機」，使史密斯的「自由放任」和賽伊「供給自發地創造需求」的觀念，在現實面前力不從心，經濟學者不得不

---

[017] 牛曉帆. 經濟學哲學觀的評介與比較［J］. 思想戰線，2000（3）：26-29.

第二章　經濟學的變革與重塑

重新審視主流理論，其中具有劃時代意義的是凱因斯（John Maynard Keynes）的「政府干預」理論。與學者型的史密斯不同，凱因斯一開始便以官員的眼光注視社會，多年的政府工作，使他有充足的機會從一個新的宏觀角度去理解和掌握經濟活動，把政府行為引入經濟活動領域，由此形成一種新的哲學觀和方法論。

凱因斯認為，賽伊所說的供需自動均衡的定律並不都適用，總體不是個體的簡單疊加，全理性的個體不能代表總體的合理性，這包含著部分的系統論觀點；經濟危機的根源在於「有效需求」不足，而有效需求不足又起因於「邊際消費傾向」、「對資本未來收益的預期（資本邊際效率）」和對貨幣的「靈活性偏好」以及消費的邊際效用遞減和投資的邊際收益遞減；政府應該積極參與經濟活動，利用政策的力量來改善經濟的執行狀態，以實現充分就業的目標。凱因斯主義的真正意義在於第一次從總體和政府的角度掌握對經濟的執行。

凱因斯處在一個社會、政治、經濟環境迅速變革的時代，生產規模空前擴大、組織形式日益多元化、經營範圍超越國界。而與單個資本迅速擴張相對應的，卻是壟斷性的產生和公共設施建設的相對惡化，壟斷性在一定程度上抑制有效需求。他的成就一方面歸因於自身的經歷賦予一個頗具創新意義的哲學觀，另一方面歸因於所處的社會──經濟環境的變化。

在「二戰」後，西方先進國家持續多年的經濟繁榮，主要原因是以原子能、電腦、空間技術和生物工程的發明和應用為主要代表的「第三次科技革命」，涉及資訊科技、新材料技術、新能源技術、生物技術、空間技術和海洋技術等諸多領域。第三次科技革命大大推動了經濟、政治、文化領域的變革，影響了人們的生活方式和思維方式。經濟自身的結構

化調整，使資本和勞動力的重新分配得以部分實現，加上不斷擴張的貨幣政策，使得經濟保持 20 多年的成長活力。

(10) 後凱因斯主義

在 1970 年代出現的「滯脹 (stagflation，停滯性通貨膨脹)」，促使一大批實證經濟學者迅速成長起來。他們擅長使用理論模式的演繹來代替對實踐問題的切身感受，用大量的數學公式來代替煩瑣的語言表述。這種風格使經濟理論變得玄而又玄，理論模式顯得比對實踐問題的分析更為重要。唯一能支撐其理論大廈的似乎是理論或模式的可預測性，但這個預測性常常遭到實踐的嘲弄，從根本上看，政府行為及後果仍然是其所考察的主要對象。

在經歷滯脹後，經濟學者對政府干預的無能為力普遍表現出明顯的不滿。一些經濟學者開始重新回歸「自由放任」的哲學觀，掀起一股「新自由主義經濟學」的思潮，另一些經濟學者則試圖對政府描繪出新的行為模式。正如霍布斯所闡述的那樣：「原先在經濟學觀點裡明顯的政策效果也不再出現，政府部門和社會大眾對經濟學觀點的採用變得很小心；經濟學缺乏一種能產生像史密斯的哲學觀或凱因斯主義那樣具有明顯的實踐性的哲學基礎，面臨『哲學觀和方法論』的貧困境地。」[018]

2.1.2 主流經濟學的方法論

經濟規律來源於複雜的經濟活動，人們想深入了解經濟規律，首先會受到自身認知規律的支配。經濟學的方法論就是從科學的哲學觀角度，依據一定的邏輯前提，探討所研究主體的角度選擇、範圍確定、思

---

[018] 楊建龍. 經濟學者的哲學觀與經濟理論的發展 [J]. 延安大學學報 (社會科學版)，1997 (1)：34-37.

第二章 經濟學的變革與重塑

考方式、分析工具和認知規律,從而獲得特定的經濟知識,並把這些知識建構為系統化的經濟學理論。

在經濟學方法論史上,有過多次科學哲學意義上的論戰,包括歸納主義與演繹主義、實證主義與規範主義、個體主義與整體主義。透過長期的激烈論戰,各個學派、各種觀點開始由衝突走向融合,經濟學的方法論就是在這些論戰中完善起來的。

(1) 歸納主義與演繹主義

歸納推理是由個別或特殊的知識概括出一般性的結論,其思維過程是由個別到一般;演繹推理是從一般性的原理、原則中推演出相關個別性知識,其思維過程是由一般到個別。通常來說,歸納推理的前提數量是不確定的,演繹推理的前提數量是確定的;歸納推理的結論一般超出前提所涉及的範圍,而演繹推理的結論一般不能超出前提所涉及的範圍;歸納推理的結論與前提的連結不是必然的,而演繹推理的結論與前提的連結則是必然的,只要前提真實、形式有效,其結論必定可靠。

經濟學對歸納主義和演繹主義的應用非常普遍,經濟史學與新古典經濟學分別發源於古典政治經濟學的歷史學派和演繹學派。迄今為止,關於歸納與演繹的激烈交鋒共有兩次:一次在18世紀,馬爾薩斯(Thomas Robert Malthus)的歸納主義與李嘉圖的演繹主義;另一次在19世紀,德國歷史學派的歸納主義與英國奧地利學派的演繹主義。

①亞當‧史密斯的二重法。

古典經濟學的歸納主義認為歸納法是建立科學理論的方法,「科學始於觀察,觀察是建立理論陳述的基礎」。如果滿足歸納原理的條件,那麼從有限單位觀察的陳述中歸納出普遍性定律是合理的。運用歸納主義分

析最早的代表人物是亞當・史密斯。他運用歸納的方法，對不同時期和不同地域的歷史數據進行詳盡的研究，從而得出工作分工的一般原理。同時他又運用抽象演繹法，提倡歸納和演繹二重法。馬爾薩斯也強調歸納法，根據掌握的某些史實，運用絕對稀少等概念，歸納出「人口論」。

古典經濟學的演繹主義認為，科學是真命題的集合，是已經被證明的知識；科學的基礎是公理，是所有科學命題的原始前提，可以推演出整個科學理論體系；社會科學的經濟學所採用的方法應當是演繹法，主要在於經濟學領域的因果關係相互交錯，十分複雜，從而不可能像自然科學那樣進行可控制的實驗。因此經濟學應該在內省和觀察所形成的「顯然是正確」的假設基礎上進行邏輯推理，建構其演繹體系。

②邏輯抽象法和歷史描述法。

邏輯抽象法和歷史描述法之爭，實際上是演繹法與歸納法之爭的延續和深化。舊歷史學派的代表人物李斯特（Friedrich List）、羅雪爾（Wilhelm Roscher）認為，主流經濟學的抽象演繹模型是對自然科學方法簡單機械地模仿，這種方法對自然科學是適用的，但是社會科學應當採用歷史主義的方法論。

在 1880 年代，即「邊際革命」前後，奧地利學派的門格爾（Carl Menger）等與羅雪爾、德國的新歷史學派創始者施穆勒（Schmoller）等展開關於經濟學方法論的激烈爭論，圍繞著經濟學是一門關於論述歷史過程的科學，還是一門關於發展一套用以處理數據分析工具的科學而展開。雙方的觀點涉及經濟學的性質、範圍及對政策含義的不同看法。

③演繹法與歸納法的交替。

從 20 世紀初到 1920 年代，制度主義學派崛起，主張運用歸納法重新認識和解釋歷史，並且從描述歷史發展的過程中探尋制度變遷的規律。

第二章　經濟學的變革與重塑

　　1932年，英國羅賓斯（Lionel Charles Robbins）發表《論經濟科學的性質和意義》（*An Essay on the Nature and Significance of Economic Science*），重申邏輯演繹法傳統。在「二戰」後，證偽主義思潮出現，波普爾（Karl Raimund Popper）把歸納法視為一種神話，認為歸納法不是站得住腳的邏輯論證。

　　1980年代，隨著實證主義支持者的增加，主張重視歸納法的觀點也再次得到強而有力的支持，計量經濟學派的歸納主義與純理論建構學派的演繹主義之爭興起。實證主義堅持只有透過觀察（感覺）獲得的知識才是可信賴的，應盡可能地用數據和計量方法「說話」。

　　1990年代，實證主義被質疑，歸納主義也受到衝擊，演繹主義重生。而後波普爾主義理念出現，基於更加複雜的實證主義理念，顯示歸納主義沒有退出歷史舞臺。

　　經驗主義認為理性來源於經驗事實，因此在方法論上提倡基於經驗論的歸納主義；而理性主義認為理性是先驗的，因此在方法論上提倡基於先驗論的演繹主義。由於歸納主義與演繹主義都存在片面性，透過論戰，學術界出現歸納法與演繹法進一步融合的傾向。

(2) 實證主義與規範主義

　　對經濟學是「科學」還是「藝術」的反思始終未曾停止，根本原因還是對方法論的質疑，即經濟學研究是實證的還是規範的。

　　①科學哲學。

　　實證主義發端於黑格爾（Hegel）對純思辨哲學的反叛。實證主義哲學的創始人是法國的哲學家孔德（Auguste Comte），他借鑑自然科學的研究方法，一反「本體論」式思考、純粹邏輯推演和抽象論證等傳統思維

模式，把人類的認知對象限定在經驗範圍或科學可以實證的範圍之內。他指出：「哲學好像實證的自然科學，應該透過觀察和實驗得出事實和知識，建立以近代實驗科學為基礎的一種『科學哲學』」。以此為起點，以後又出現邏輯實證主義和歷史主義。

邏輯實證主義者承認人們關於物質或環境的價值知識的有效性，而不承認真正展現價值特點的描述性知識的有效性。他們認為，個人或社會對什麼是好或壞的信念是可「計量」的，但不承認那種認為本來任何事物就是或者可描述為好或壞的；只有能體驗的事物，才應該引起科學的注意，而不能觀察或計量的事物，是毫無意義的。

規範主義者認為，條件和狀況可以是好的或壞的，也可以是正確的或錯誤的。對於好和壞這個內在價值的描述性知識是可能存在的，這種知識可以用來得出什麼是對的和不對的，或者什麼是應該做的和不應該做的規則，猶如好和壞是可以體驗的。

實證主義排斥歷史主義崇尚的「形而上學」，用孔恩（Thomas Samuel Kuhn）的正規化理論來理解，「形而上學」就等同於「包含價值觀」，因此從「形而上學」問題引申到「價值觀」，表現出實證主義反對歷史主義崇尚「價值判斷」的差異。據此，實證主義把科學視為純經驗範圍的事情，而歷史主義的正規化理論則強調科學及其發展是與價值觀緊密相關的。

②經濟學方法論。

在經濟學方法論史上，關於實證分析和規範分析的爭端由來已久，其實質是科學哲學把命題分析方法滲透到經濟學研究領域的結果。最早可以追溯到西尼爾（Nassau William Senior）和約翰·彌爾（John Stuart Mill），他們有意識地區分實證經濟學和規範經濟學的「科學」和「藝術」形式：「科學」是一系列現實經濟的真理命題，指實證經濟學；「藝術」則

第二章 經濟學的變革與重塑

是一組規範性的經濟準則，指規範經濟學；經濟學者不應該提出任何政策性的建議，因為這種超科學的倫理價值導向，會不可避免地援引價值判斷。在此之前，賽伊曾經把政治經濟學和自然科學相比擬，認為政治經濟學與化學、物理學和天文學一樣，是實驗科學的一部分，且試圖透過區分政治經濟學與政治學，把意識形態與價值判斷等概念逐出經濟學領域。

1740 年，英國哲學家大衛・休謨（David Hume）在《人性論》（A Treatise of Human Nature）中，提出著名的哲學命題：人們不能從「是」中推論出「應該是」。此命題在事實領域與價值領域之間做出「一刀切」的邏輯區分，被稱為「休謨的鍘刀」。之後，多數經濟學者接受源自西尼爾和彌爾的「實證 —— 規範」二分法，少數經濟學者持有異議，他們認為：經濟學可以擺脫評價性或規範性價值判斷，但不能沒有描述性價值判斷；經濟學存在著實證分析，不應當受到規範分析的束縛。

圍繞「休謨的鍘刀」的長期爭論顯示，「是」並非完全獨立於「應該是」的領域，「應該是」受到「是」的影響，同時「是」的說明也始終根據「應該是」的說明而得到評價。儘管經過不懈的「實證化」、「理性化」和「科學化」的努力，實證和規範的爭論至今仍未結束。從當今的經濟學研究來看，純粹的實證分析是難以做到的。實證分析與規範分析的結合，顯現出經濟學融人文科學與自然科學為一體的學科特性。[019]

（3）個體主義與整體主義

談到經濟學研究的個體主義與整體主義，先要提到還原論和整體論。自 17 世紀開始，在伽利略、培根、笛卡兒和牛頓等人所建立理論的

---

[019] 坤鵬論. 還原論統治人類所有科學經濟學弄成物理學 [EB/OL]. 百家號，https://baijiahao.baidu.com/s?id=1632127390876940878&wfr=spider&for=pc，2019-04-29.

基礎上，逐漸形成以還原論為主導的科學正規化。正是還原論成就自亞當‧史密斯以來的主流經濟學，特別是新古典經濟學。

①還原論與整體論。

人們了解事物有兩種基本的思維方法：一種是從「窄處」著眼的還原論方法。把需要了解的事物像拆卸機械鐘錶一樣進行層層分解，先考察和知曉被分解後的事物的組成部分，然後把這些對組成部分形成的知識組合起來，從而推出對事物的整體了解。另一種是從「寬處」著眼的整體論方法。把事物視為一個整體來考察，在思考和解決問題時，把問題的全域性當作出發點和落腳點。這兩種思維方法交織互現、共同推進，在人類認知能力和認知程度不斷提升的過程中，都發揮了重要的作用，使人們對客觀世界的認知不斷深化。還原論的代表人物是古希臘的德謨克利特，他認為原子是不可再分的物質微粒，萬物都是由原子和虛空構成。這種細分事物為原子來了解事物的思想，經過轉化和發展，在17世紀的歐洲，形成系統的還原論。笛卡兒在《談談方法》中提出還原論方法的基本原則：「把我所考察的每一個難題，都盡可能地分成細小的部分，直到可以適於加以圓滿解決的程度為止。」

以牛頓運動定律的建立為代表，自然科學進入一個輝煌的發展時期，還原論方法從物理學向化學、生物學，甚至社會科學不斷滲透。化學原子──分子學說、細胞學說、能量守恆原理等科學原理，都是以還原論方法為基礎。經過這個時期的發展，還原論逐步獲得主導地位，成為一種觀察、了解事物的思維定式。當今人類所獲得大量的自然科學成果，仍然是建立在還原論基礎上的。[020]

---

[020] peachy 桃子同學 . 整體論與還原論［EB/OL］.
BiliBili，https://www.bilibili.com/read/cv15586142/，2022-03-09.

第二章 經濟學的變革與重塑

②個體主義與整體主義的對立。

個體主義與整體主義的對立是隨著近代自然科學的興起和社會科學發展的需求而逐漸明朗的。個體主義認為：對於社會生活的解釋，只能依據在該社會中個體的行為及其結果，並且執著於社會生活的個體性和解釋的個體原則。

整體主義則強調：社會科學只能從「整體」的視角來看待和解釋社會生活，謹守社會生活的整體性和解釋的整體原則。

個體主義的思想萌生於古希臘哲學的「原子論」中，原子論思想蘊含著對每一個原子式個體的重視。人身為單一的個體，其個體意識亦是在認知外部世界過程中得以逐步確立起來，並且在認知外部世界中逐步確立自身之地位，進而觸發「認識論（epistemology，或稱知識論）」的話題。「理性經濟人」一直是主流經濟學基本的假設條件，而原子式個體主義成為理性經濟人假設的哲學基礎。

整體主義的思想發軔於古希臘哲學家柏拉圖和亞里斯多德，其興起以生物科學的產生為先導。整體主義用以解釋社會活動的原則：整體的性質不能由其組成部分的性質得到完全的解釋，整體的狀態不能由其組成部分的狀態得到完全的表現；群體的行為規則不能還原為個體的行為規律；個體不僅不能說明和解釋整體，而且自身還必須透過整體得到說明和解釋。

1957年，英國哲學家卡爾‧波普爾在《歷史決定論的貧困》（*The Poverty Of Historicism*）中提出：「社會理論的任務是要仔細用描述性或唯名主義的詞語建立和分析社會學模式，這就是說，依據每個人以及他們的態度、期望、關係等情況來建立和分析社會學模式。」與整體主義對整體和結構的倚重不同，個體主義強調從個體層次去描述和分析社會生活，

認為所有的社會現象都可採用涉及該現象的個體動因的情境，比照相關個體行為的規律和理論加以描述、分析和解釋。由此觀之，整體主義和個體主義的對立，實質是圍繞社會整體與社會個體的相互關係展開的。

③個體經濟分析與總體經濟分析。

個體經濟分析與總體經濟分析是個體主義與整體主義的具體展現，個體經濟分析的哲學基礎是個人主義原則，總體經濟分析的哲學基礎是整體主義原則，在經濟學中的應用就是經濟學方法論兩大流派，即「經濟人」假說和「史學方法」的不同表現。

建立在還原論基礎上的古典經濟學，透過對經濟人的分析，奠定個人利己主義的方法論基礎，史密斯在西尼爾「四大公理」的基礎上提出經濟人假說。新古典經濟學是牢固地建立在個體主義方法論之上的，以經濟人假設為基礎，建立一套公理化的演繹體系，把經濟人的內涵擴展到「理性經濟人」，從而把社會的協調狀態，透過嚴格證明的方式給出，比如馬歇爾（Alfred Marshall）的企業組織理論、瓦爾拉斯（Walras）的一般均衡理論、希克斯（John Hicks）的邊際生產力理論、貝克（Gary Stanley Becker）的人力資本理論、薩繆森（Paul Samuelson）的消費者行為理論等。

歷史學派的方法論是一種運用歸納法研究有機體的總體經濟分析方法，繼承以李斯特為代表的反對英國古典經濟學的傳統，對古典學派分析正規化和邏輯演繹方法予以否定，提出自己的分析正規化，即「史學方法」，強調總體考察或綜合考察。他們率先質疑經濟人假設，認為經濟人是超乎社會和歷史之外虛設的人，不能反映人的全貌，以孤立的個人經濟動機作為分析的起點，就猶如「把政治經濟學變成一部單純利己主義的自然歷史」。

第二章　經濟學的變革與重塑

制度經濟學派是德國的歷史學派在美國的延續，其方法論是與整體主義方法論相連結的。他們認為個人首先是「社會人」和「組織人」，然後才是「經濟人」。在有限理性假設的前提下，分析制度的功能、構成和執行，研究重心應當從對個人利益的選擇，轉移到對社會整體的選擇上。凡勃倫、米歇爾的「集體行動」和默達爾（Karl Gunnar Myrdal）的「循環累積因果論」昭示著總體經濟分析和整體主義方法論的成功運用；寇斯（Ronald Coase）的「交易成本理論」和諾斯（Douglass North）的「制度供需論」突出經濟與社會、個人與環境之間的互動關係，表現出新制度經濟學堅持制度方法和新古典理論的整合。[021]

---

[021] 楊建龍．經濟學者的哲學觀與經濟理論的發展［J］．延安大學學報（社會科學版），1997（1）：34-37．

2.2 大數據經濟學正規化

主流經濟學者都習慣從單一的因果角度對複雜的世界做出還原論和確定論的思考,採用的最根本方法是演繹推理,注重借鑑自然科學,尤其是物理學的研究方法,相信經濟現象都有簡單的、內在的線性因果關係和規律,認為經濟前景是可以預測的。

2.2.1 大數據經濟學的哲學觀

在自然和人類的複雜大系統之中,試圖透過某些元素之間的簡單連結,掌握經濟發展全部規律與社會改造全部依據的想法,注定是簡單機械論的妄想。經濟系統演化的內在動力,只能來自複雜大系統各個部分之間的博弈和互動。這個過程的階段性結局,是要形成一種新的、具有特定能力的行為與關係模式。從這個意義上來說,經濟系統所要做和所能做的,僅僅是在總體規則層面保證各種力量有一個與時代發展相適應的互動原則,提供一個連結過去和未來的開放平臺,塑造一種相應的遊戲規則和生成機制,規則化的創新活動,導向建立一種適當可行的、被絕大多數人所接受的、更好的社會秩序。

(1) 統一獨立規律

在哲學觀中,唯物主義與唯心主義是兩種基礎的哲學觀,是一對矛盾對立的關係。其中唯物主義認為,物質第一性,意識第二性;唯心主義認為意識第一性,物質第二性。

從認識論和實踐論的主體與客體關係來看,物質屬於客體性範疇,在主體性中不存在物質問題;意識屬於主體性範疇,表現為人的主觀意

第二章 經濟學的變革與重塑

識、精神、信仰、價值觀、主張等,在客體中不存在意識問題。

從中西方哲學理論分析來看,主要的哲學觀可分為唯心論、唯物論、唯理論、形而上學、辯證唯物主義、辯證形而上學等六種基本哲學觀。其他的哲學觀,比如經驗論、唯名論、唯實論、先驗論、主觀唯心、客觀唯心等,都是基於六種哲學觀的不同觀念現象建立的。

哲學觀的不同,是邏輯原則的不同造成的。不同的邏輯原則,造成邏輯系統的不同邏輯趨向性,邏輯趨向性的不同,表現為不同的邏輯特性。從邏輯立場來看,不同的哲學觀,主要表現為主體與客體關係的不同。人的哲學觀問題是人對事物的認知觀念問題,所以哲學觀是一個認識論的問題。

在唯物主義的認識論中,客體的內在理性被認為是絕對真理。這時,人只能以「下屬方式」被動地反映對象事物資訊。但是在接受客觀事物資訊的過程中,也展現人的意識的「自為」特性,是對事物的動態認知過程,這個過程需要透過人的「意識實踐」來完成。

不同的哲學觀反映人們對事物不同的認知狀態和處理方式,人們的認識論總是在不同的認知狀態之間變化。在過程中所發生的一切哲學觀現象,都只是一種片面的分析判斷。對於哲學觀的邏輯合理性,必須在全過程基礎上才能做出綜合判斷,努力做到既有求真務實,又有客觀理性的辯證思維能力。[022]

大數據經濟學的哲學觀是統一獨立規律:整個宇宙首先是統一的;對於任何一個客觀事物來說,統一(同一)的力量總是大於分裂(分化)的力量;對於正常存在的事物,如果分化的力量大於統一的力量,那麼這

---

[022] 分形格致.哲學觀的邏輯原理簡介[EB/OL].知乎,https://zhuanlan.zhihu.com/p/348897519,2021-02-02.

個事物就開始分化瓦解，即開始消亡、將不復存在；事物的統一性是常態、發揮主導作用的，這是客觀事物最基本的屬性。

獨立性不是依存性，也不是對立，對立往往也不都是以鬥爭的形式表現出來。獨立性原本的、通常的意義，是指非依存性。具有獨立性的某事物，可以與別的事物發生連結，也可以不發生連結。對立的事物可以包含和諧的或合作的關係，在極端的情況下，才可能處於激烈的鬥爭狀態中。

(2)面向未來的經濟學原則

從某種意義上來說，經濟系統是部分「自然世界」和全部的「人類世界」，人類本身的世界有自然世界難以比擬的複雜性，這已然是具有哲學色彩的複雜性理論。經濟實踐並不是一種不要理想與追求的純粹技術性活動，更不是一個可以按設計好的藍圖加以簡單施工的工程。經濟實踐由於所面對的生存挑戰總是在不斷地變化，沒有必須達成一個什麼不可避免的目標，無論這個目標是披著意識形態的外衣，還是偽裝在經濟福利的藉口之下，唯一的任務是透過調動資源和調整內在關係，來達成一種「成功」的應對。

這樣的經濟哲學觀，不熱衷於運用理性的過濾器，把現實的紛繁複雜歸為一個簡單、明晰的模式；而是清醒地將經濟定位為一種持續的、充滿不確定性的變化過程，要在這個過程中實現經濟的短期穩定與有限度的發展，只能透過試錯與漸進。經濟哲學觀的任務就是探勘傳統中所透露出來的暗示，發現被人們所遵循的、符合時代發展變化的實踐性知識。在科學主義的推波助瀾下，又與個人自由觀、集體主義、國家意志具有某些天然的親和力。

第二章　經濟學的變革與重塑

進入大數據時代，以數據為主要生產要素的新經濟活動，主要發生在數據空間與物理空間的融合中，經濟活動的擴張，透過數據技術對傳統產業融合、滲透，大大地拓寬了主流經濟學的研究範疇，且衝擊著主流經濟學的研究正規化。

①經濟活動的參與者。

新古典經濟學以理性經濟人和效用最大化為基本假設或公理，這是對人類行為本質的一種很隨意的假設。新古典經濟學者認為，一切參與者或組織（消費者、家庭、生產商、政府等）都只是一個符號，既沒有任何獨特性，也沒有任何內部結構。而大數據經濟學以生命內在的創造性和面向未來的創造為基本前提和事實，每一個主體都是獨特的個人，具有創造性自覺或創造性潛能。每一個主體都不是無所不知的理性經濟人，而是內在的創造性和面向未來不確定性的承擔者或探索者。

②經濟活動的內在本質。

新古典經濟學者認為，從效用最大化或利潤最大化假設出發，可以推演出消費者的需求函數與生產商的供給函數，是最具有理性化的經濟人實現最大化意願的表示。把消費者意願需求量累加，可以得出一條市場需求曲線，把生產商意願供給量累加，可以得出一條市場供給曲線，需求和供給的相互作用，最終決定市場的價格，就可以引導市場對資源的最佳化配置，這樣的資源配置具有絕對的效率。而大數據經濟學認為經濟活動是面向未來的創造性活動，不是面向現有資源的適應性活動。創造性處於主導和支配地位；新技術、新產品、新服務、新產業、新組織不斷湧現，替代或毀滅舊的技術、產品、服務、產業和組織；風險和不確定性是基本現實，強調經濟行為結果和經濟系統本身的不可預測性、偶然性、突變或出乎意料的結果。

③經濟活動的均衡。

新古典經濟學借用經典物理學的均衡理念，建立區域性均衡和一般均衡的概念和模型，認為經濟系統總是一個自動邁向均衡的機械體系，經濟行為和經濟系統具有穩定性和可預測性。大數據經濟學則認為：經濟系統的主要趨勢和演化方向不是自動邁向均衡，暫時的均衡始終處於不穩定狀態；創造性經濟活動沒有一般均衡狀態，時時刻刻都在打破均衡狀態，創新性越強，遠離均衡的動力越大；非均衡或動態性，是適應性經濟活動邁向均衡的趨向性或可能性，往往被創造性活動所破壞。

④規模收益遞增或邊際效益遞增。

新古典經濟學不承認規模收益遞增是經濟系統最重要的本質特徵，而是把規模收益遞增視為一種例外，相信市場競爭總能達到最佳結果或最優結果，但是完全無法解釋像「摩爾定律（Moore's law）」這種高科技的神奇發展歷史。大數據經濟學並不否認某些區域性行為具有邊際效用遞減和規模收益遞減的趨勢，而是認為規模收益遞增或正回饋才是形成經濟系統特殊結構或形態的根本力量，邊際效用遞減和規模收益遞減不能描述創造性經濟活動，只能部分描述適應性經濟活動，壟斷或獨占、差異和個性化、贏者通吃、鎖定效應才是創造性經濟活動的基本特徵；競爭是各種獨特性之間的競爭，而非同質化之間的競爭；壟斷不可避免，經濟活動就是刻意追求壟斷和獨特性的行為，唯一應該反對的是政府權力所強加的壟斷；市場結果只是無限可能性中的一種，其存在性完全不可預測；摩爾定律真正揭示創造性奇蹟，越是富有創造性的行為，越符合規模收益遞增、鎖定效應或壟斷規律。

⑤經濟系統的關鍵變數。

新古典經濟學認為，從個別上看是價格和供需量，從總體上看是國內生產毛額和一般物價水準；價格、供需量、投資、儲蓄、GDP、技術

第二章　經濟學的變革與重塑

進步等，這些是經濟系統演變的必然結果，也是經濟成長或動態演化的動力。大數據經濟學認為，經濟系統是自發生長的自組織（自我組織）或特殊結構（譬如企業、大學、政府、非政府組織、創業孵化器等）之間的相互作用，決定經濟系統的內在活力或經濟成長；經濟系統的關鍵變數是衡量創造性活動的各種變數，比如頂尖科技大獎的獲獎人數、突破性的科學研究成果數量、突破性的專利和新發明數量、創新型企業和頂尖品牌數量、人均創業投資額等；以創造性指標體系來衡量，資源稟賦並非經濟成長的必要條件，更不是充分條件。相反地，創造性思想、創造性教育、創造性科技才是所有國家或地區經濟成長最基本的條件，是必要條件，也是充分條件，更是最重要的資源；經濟活動的資訊不是「就在那裡」等著去尋找，相反地，瞬息萬變的資訊本身就是創造性個體所創造出來的，是從創造性活動所產生的大數據裡產生和挖掘出來的。

⑥經濟系統的演變動力。

新古典經濟學總是把經濟成長或變化的動力歸功於某種外部的衝擊，就此而言，根本無法解釋經濟成長和人類經濟的演化歷史。大數據經濟學則認為，經濟系統演化的內在動力，就是每一個主體內在的無限創造性；重新審視國民所得核算和統計體系，更加重視衡量創造效能和結果的各種數量指標；經濟活動是一個永不停息、時刻演化發展的動態體系、生態體系、複雜體系，秩序與混沌交相輝映，均衡和非均衡隨時轉換，突變、轉折點、自組織、特異性隨時出現。

⑦經濟系統是不可預測的。

新古典經濟學相信經濟系統的變化具有某種數學或物理學那樣的邏輯必然性或決定性。大數據經濟學則認為，經濟系統的動態演化，沒有數學或物理學那樣的邏輯必然性或決定性，而是像生命體系演化所具有

的那種偶然性、複雜性、不確定性,只有歷史演化發展的辯證必然性;未來不是預測出來的,而是創造出來的;改變人類經濟歷史程序的大事都是不可預測的,譬如英國工業革命的爆發、日本明治維新的突然崛起……。[023]

(3) 適應性主體

在大數據經濟學中,適應性(或者主動性)主體的思想是一個重要的概念,以此來解構在構成論基礎上「實體」與「關係」相分離的二元論,提出在生成論基礎上理解兩者關係的新思路,深化系統生成論的認識論路線,其核心思想是「適應性造就複雜性」。

在複雜經濟系統裡的基本單元,被稱為具有適應性的主體(相互作用的主體),不簡單地使用還原論和構成論的方法分析和理解主體與系統的關係,只有在有生命的主體、非線性的相互作用中,才能把系統簡化為各個部分。然而舊的還原論認為實體是第一位的,關係是第二位的,或者是在思維邏輯上,採用從實體到關係的分析方法,亦即還原論和構成論的方法,離開主體的相互連結來分析事物,從而導致簡單化的結果。

在大數據經濟學中,選擇適當的主體作為構件,利用電腦程式刻劃少數支配主體相互作用的行為。對哲學觀來說,則是克服實體與關係分離的二元論,在實體與關係的統一中,使生成論獲得堅實的認識論根基,使辯證思考和系統思考建立在以相互作用為事物和系統演化主要動力的基礎上。

唯物辯證法闡述相互作用、相互連結在事物存在和發展中的作用,對立統一規律揭示事物的內部矛盾是事物發展的泉源和動力,矛盾的雙

---

[023] 向松祚. 新經濟學(第二卷)[M]. 北京:中信出版集團,2020:109-116.

方既對立又統一，由此推動著事物的發展。適應性主體理論豐富了這個思想，提出是主體的相互作用，而不是主體的行為決定事物的行為；適應性主體在持續不斷的互動作用過程中，不斷地「學習」或「累積經驗」，並且根據學到的經驗改變自身的結構和行為方式；個體之間、個體與環境之間的相互作用，是系統演化的主要動力，使系統湧現出新的質和新的層次、湧現出新的系統和新的物質形態；主體的適應過程是一個學習的過程、一個自組織的過程。這種適應性及其相互作用，在系統演化中的地位和作用，豐富事物內在矛盾及其辯證運動的思想。[024]

2.2.2　大數據經濟學的方法論

大數據經濟學的方法論包括認識論、具體方法論和具體研究方法，與時代的改變同步、與技術的進步契合、與哲學的發展相關，其變革具有基礎性、現實性和繼承性等原則和規律。小數據時代主流經濟學方法論自身的理論缺陷及暴露出的問題，例如過度的抽象化和過簡的假設化，在解釋和預測方面不盡如人意，這是主流經濟學方法論必須變革的關鍵原因。

(1)認識論層面

社會存在決定社會意識，在不同的歷史階段，人們具有不同的思維方式。大數據時代具有不同於小數據時代的思維方式，對經濟學認知的複雜性，終結人們對於確定性、決定論追求的可能性。雖然適合於簡單線性系統的哲學觀沒有過時，但我們必須意識到其適用範圍的有限性。大數據經濟學的檢驗和預測都不再過度地被現實或實驗制約，與此相

---

[024] 韓毅. 複雜適應系統「適應性主體」的哲學意蘊 [EB/OL].
　　　https://www.doc88.com/p-9923636054310.html，91-95.

應,多元、開放、寬容和承認理性的局限性,則是在大數據經濟學領域必須堅持的合理態度。

在轉變人們的經濟學思維方式方面,大數據具有「全體而非抽樣、效率而非精確、相關而非因果」等三大顯著特徵。

①全體而非抽樣。

過去的數據儲存和處理能力有限,所以在經濟學研究中,一般採用抽樣的方法,而現在有大數據技術的支持,我們可以分析更多的數據,可以直接針對全樣數據而不是抽樣數據進行分析,有時甚至可以處理與某個特別現象相關的所有數據,而不再依賴隨機抽樣。在以往的統計分析時,通常把隨機抽樣看成理所應當的限制,但高效能的大數據技術,讓我們意識到這其實是一種人為限制。

大數據時代運用歸納主義方法所得出的結論,與小數據時代相比,降低了結論的機率性。小數據時代的方法論,學者曾經批評歸納主義者所提出的「摒棄先入為主的觀念」,認為去除觀察者已經存在於大腦中的觀點和見解,是不可能也不必要的,所以小數據時代的歸納主義方法,在這一點上受到質疑。大數據的歸納方法反而要求人們的大腦的確不能預先存在已經有的觀念,置於我們面前的數據才是最真實可靠的,由此得出的結論才不會有任何主觀的因素干擾,而展現出結論的客觀性和正確性。

②效率而非精確。

在經濟學統計中,如果採用抽樣分析,那麼分析需要做到精確,否則分析後的結果誤差就會被放大。為了保證誤差在可控範圍內,必須確保分析結果的精確度,因此傳統的分析往往更注重演算法的精確,演算法的效率則在其次。在大數據時代,研究數據如此之多,以至於我們不

第二章　經濟學的變革與重塑

再熱衷於追求精確度，數據分析的效率就成為被關注的重心。擁有大數據，對一個現象，只要掌握大體的發展方向即可，適當地忽略在個別層面上的精確度，將使我們在宏觀層面擁有更好的洞察力。

在小數據時代，如果只是機械地從有限的數據集合歸納得出結論，可能使結論不夠真實或正確，所以人們認為應該充分發揮人的思維主動性，注重思維本身存在的獨有規律。在大數據時代，人們不再關注精確性而接受混雜性，無論是怎樣的資料，正確的或錯誤的，都有可能提供不一樣的資訊。曾經人們認為歸納主義缺乏思維主動性，如今人們不再需要深刻地去思考更深的內容，對思維主動性的要求似乎不如從前。

③相關而非因果。

在大數據時代中，相關關係能夠告訴我們想要的結論，因果關係似乎顯得有些多餘。此時的歸納主義方法，在其內涵與運用上的確發生變化，相比從前，似乎更加簡單。歸納主義雖然還是同樣地觀察、實驗與分析、綜合，然而卻在其思維過程中與結果上發生變化，面對全體數據所得到結論的隨機性大大降低，傳統的歸納主義所主張的「摒棄先入為主的觀念」，在大數據時代找到存在的合理理由，似乎給予不再強調思維主動性及其規律獨立性一種預設的支持。[025]

因果關係是人們在日常執行中最經常用到的，也是在普遍相關聯的世界中，令人困惑的一種關係。對於「人類如何完成因果推論」問題本身的研究和解釋變得至關重要，圍繞其展開的科學與哲學的爭論不計其數，對其了解的深化，決定人類認知能力的飛躍。對因果關係的不斷改進和反思，不僅決定現代科學體系的基石是否牢固，也決定能否在未來

---

[025] 袁海瑛．大數據思維與歸納主義方法論的變革［J］．長沙理工大學學報（社會科學版），2016（3）：26-31．

創造出具有主動實現因果推論的可能性。

因果推斷能力是人類大腦智慧的主要表現之一，大腦是一個處理多重資訊的動力學系統，數百億個神經元時時刻刻接受內部和外部刺激，在神經元的複雜網路之中編碼。處理資訊的機能，本質是從神經元活動的動力學中湧現出來的，就是我們「主觀意識」所體驗到的統一、整合的狀態。

在科學研究中，我們面臨的根本性問題，就是客觀世界本身是否存在著因果的必然性，還是僅存在隨機性，正如在量子力學中「測不準原理（不確定性原理）」對個別粒子的因果關係的根本挑戰。英國哲學家休謨說過，任何兩個事件之間只是存在相關關係，任何經驗性規律都只能從歸納法而來。客觀世界並不存在任何意義上絕對必然的因果關係，這些因果性關係是人類理智缺陷的產物、是人類頭腦的產物。[026]

(2)研究方法層面

在大數據時代，隨著萬物數據化的實現，經濟學的直接研究對象，從傳統的人與物、人與人的關係，轉變為反映人的一切思想、行為、意識、偏好等的各種自動化和智慧化方式所採集的巨量數據。從傳統基於「理性經濟人」假設，轉變為基於「全面社會人」假設，研究正規化不斷完善，在原有的思辨驅動正規化、模型驅動正規化基礎上，加入大數據驅動研究正規化。

經濟系統價值核心的實質，要由以簡單理念為支撐的烏托邦經濟理想，轉向以實踐為圭臬的務實經濟取向，把經濟問題的探討，從尋求純粹的客觀性和確定性中解放出來。在這裡蘊含著經濟學者、政府官員對

---

[026] 遇見你. 大腦的因果迷境：為什麼我們會問「為什麼」[EB/OL]. 賢集網, https://www.xianji-china.com/news/details_252320.html, 2021-02-06.

第二章　經濟學的變革與重塑

經濟哲學的性質、經濟系統的效能和社會發展的內涵理解的深刻轉變。以實質價值尋求為核心價值訴求的經濟哲學觀，是一種理性主義的建構論，建立在經濟發展規律、社會非線性發展觀的基礎之上。

隨著大數據技術的發展，經濟學的研究方法也發生巨大的變化，演繹法與歸納法、實證分析與規範分析、定性分析與定量分析、證實法與證偽法等有了新的前提，即數據探勘和數據分析；數學方法、心理分析方法、制度分析方法因為融合大數據而時效性大大提升。

第一，結合歷史分析與定量分析方法，汲取各個學科的方法與模型。發展非線性、非均衡、非穩態及多體和群體的研究方法，來拓展線性、均衡、穩態、單體和二體的數學模型；用歷史發展的多線性、階段論與樹狀分岔論來取代單線論；用層次論、系統論來取代均衡論和個體論。

第二，把複雜現象分解為可以理解的基礎現象。古代哲學早有複雜現象與整體論的世界觀，但是沒有找到簡單化與掌握複雜現象的科學方法，只能停留在哲學的猜測與感覺的藝術上。研究經濟學的複雜現象，必須借鑑物理學對數量級與時空標度，以確定是哪一個層次及時空範圍發生的問題。

第三，注意跨學科分析的基礎約束與作用關係。例如經濟人首先是生物，必須服從基本的物理化學規律，經濟人的無限貪婪假設，就違背基本的生物約束；又如計量經濟學的雜訊驅動模型等價於熱力學第二類永動機，是永遠實現不了的金融「鍊金術」；再如一個民族的生存方式是漁獵、放牧還是種植，取決於當地的生態環境，但是農業經濟結構一旦形成，其生活方式、社會組織、文化及政治形態，對今後技術變革的選擇和生態環境的變化，將產生重大影響。

第四，注意科學方法從簡單到複雜的歷史過程。經濟學理論從靜態的供需曲線到動態的經濟波動模型；從線性的循環偶極和布朗運動到非線性的混沌模型和群體的隨機過程；從線性的穩定理論到非線性的分岔理論，都經過上百年反覆驗證。對此既不能墨守成規，也不能完全否定。[027]

作為數學抽象分析框架，經濟學模型時常被用來理解現實世界，既是經濟學的力量所在，也是「阿基里斯之踵」。不同的社會條件需要不同的模型，永遠不可能發現普適的通用模型，但由於主流經濟學者把自然科學當作榜樣，會把具體模型誤解為無論何時皆適用的普適模型，他們經常遭遇失敗。經濟學者是簡單化、與世隔絕的，提出普適性斷言而忽視文化、歷史及背景條件的作用，充滿潛在的價值判斷和立場批判，把市場這個抽象概念視為現實，無法解釋和預測經濟的發展狀況。

比如在經濟學抽象過程中的推理合成謬誤，由於某一原因對個體是正確的，就被認為對整體來說也是正確的。美國經濟學者奧爾森（Mancur Olson）在《集體行動的邏輯》中闡述了一個問題：「為什麼個人的理性行為往往無法產生集體或社會的理性結果？」即著名的「奧爾森困境」——一個集團成員越多，從而以相同的比例、正確地分攤群體物品的收益與成本的可能性越小，搭便車的可能性越大，因此距離預期的最佳化水準就越遠。大集團比小集團更難為集體利益採取行動，也就是所謂的「三個和尚沒水吃」。[028]

又如在經濟學類推過程中的分割謬誤——對整體是成立的規律，對構成這個整體的區域性和個體未必也成立。很多時候，經濟學的區域性

---

[027] Bachmozaninoff. 複雜經濟學原理［EB/OL］.
BiliBili，https://www.bilibili.com/read/cv7837284/，2020-10-04.
[028] 朗坤投資科學實驗室. 合成謬誤是如何導致投資失敗的？［EB/OL］. 雪球網，https://xueqiu.com/1172116208/143500176，2020-03-10.

第二章 經濟學的變革與重塑

現象和個體事件是隨機的、雜亂無章的,但是整體往往被某種規律支配著。德國數學家高斯發現的「大數法則」和德國物理學家哈肯(Hermann Haken)創立的「協同學」,非常可以證明這個觀點,不能隨意地把適合整體的規律移植到區域性。總體經濟學討論經濟成長的「三駕馬車」,通常只是適合具有一定經濟規模的國家或地區,而不僅僅運用到一個省,甚至一個縣。[029]

因為經濟現象和經濟問題的異常複雜性,針對某一現實建構理想的經濟學模型往往是困難的,有些甚至是不可能的。所以在建構經濟學模型的過程中,經常需要進行「折中」,只要能夠達到預設解決問題的目標要求,就可以認為相應的經濟學模型是合理的。至於要折中到怎樣的程度,不是小數據,而必須是大數據才能夠解決。

(3)生物學思維層面

生物學思維和物理學思維是理解世界的兩種不同方式,經濟系統和其他社會系統的建構方式,與人類思維的建構方式不一樣。人們根本不具備同時應對數百萬個組成部分及相互間大量的交流活動,並且把所有結果都記在大腦中的能力——大腦會「嚴重超載」,繼而宣告失敗。[030]

生物學思維是以唯物辯證思維方法與生態哲學思維方法,來自覺審視和積極思考人與自身生存發展於其中的自然界,特別是人和自然生態環境的共同演化與和諧發展的複雜關係。生物學思維的核心原理是在生態中廣泛相關的事物,所以個體事物的發展趨勢、狀態變化和各種選擇並不是隨機的,也不是完全獨立自主決定的,而是受到整個生態的影

---

[029] 陳茂榮. 評當代經濟學者的六大錯誤[EB/OL]. 溫嶺新聞網,http://wlnews.zjol.com.cn/wlrb/system/2009/07/20/011283528.shtml,2009-07-20.

[030] 湛廬文化. 數學家、經濟學者力薦:洞悉複雜世界的最佳思考方式[EB/OL]. 百家號,https://baijiahao.baidu.com/s?id=1679802473238718918&wfr=spider&for=pc,2020-10-07.

響。這種思維方法，在哲學上被稱為連結，萬事萬物都是相互連結的。

「物競天擇，適者生存」，生物學思維可以從三個角度去理解，即個體、物種、生態圈。各類生物都在不斷地演化，目的都是——求生存。[031]

經濟現象其實是一種生命現象，是自然演化向社會演化的延伸過程，自然界的一切生命都為了從環境中攝取更多能量而不斷競爭，人類也是如此。有所不同的是，生物只能依靠自然的器官來攝取能量，而人類則是一種特殊的、能夠依靠體外器官的物種，這些體外器官就是各式各樣的工具、裝置等。熱力學第二定律是美國經濟學者尼古拉斯‧喬治斯庫－羅金（Nicholas Georgescu-Roegen）所研究的生物學經濟思想體系的基礎，他於1971年出版《熵定律和經濟過程》，把物理熵的概念引入經濟學，認為主流經濟學與生物經濟學之間的差別，可以透過比較兩者的實質性特徵來說明。

首先，主流經濟學理論的研究方法是內向的、封閉性的，越來越多應用數學對經濟學者理解經濟活動的本質和基礎並沒有帶來什麼變化。除此之外，主流經濟學理論很少吸收其他學科的成果，例如在研究能源經濟時，許多經濟學者仍然忽視支配著從能源到作「功」的轉化過程的物理規律。生物經濟學的研究方法則是外向的、開放性的，吸收經濟學、演化生物學和熱力學的研究成果，促進以往分散的各學科相互結合和滲透。

其次，由亞當‧史密斯建立的近現代經濟理論，把經濟系統視為一種機械過程，商品與貨幣、供給與需求之間的關係，就像鐘錶一樣來回

---

[031] 盧寶榮．生物學思維極簡清單：活著［EB/OL］．前瞻網，
https://t.qianzhan.com/daka/de-tail/180823-2bd737f0.html，2018-08-23.

第二章　經濟學的變革與重塑

擺動，以不斷地維持平衡。這種經濟模式展現的是一種靜止狀態，是各經濟變數之間的數量關係，各個變數絕不會使經濟系統發生任何變化。至於這些變數背後的社會意義、經濟活動的基礎，則被忽視或者被歪曲。生物經濟學則把人類的經濟活動視為一種生命現象，強調相互依存和演化。每一個經濟活動都會以累積的方式對系統產生影響，經濟系統將經歷一個個生命週期：單位資本實際產量的下降，然後上升，接下來進入收入遞減階段；單位資本產量在增加，但是以遞減的比例增加；經濟系統進入收入絕對遞減階段，單位資本產量下降。但是這並非意味著系統的自動崩潰，只要管理得當，即使收入絕對遞減，經濟系統也會持續很長時間。在生物經濟學中，無所謂終點或「一般均衡」，同時由於熵的性質，經濟過程既是無限的，也是不可逆的。

最後，特別是凱因斯以後的主流經濟學理論，為了實現物質財富成長和達到充分就業，一直把需求放在首位，完全忽視經濟活動的供給，而能源和原料的供給，被假設是無限的。在1980年代興起的供給學派，實質上是自由放任思想的復活，信奉「供給自動創造出對其自身需求」的賽伊法則，強調投資動機，試圖以此來刺激生產，進而恢復「健康的經濟成長」，然而並沒有什麼新意。相反地，生物經濟學首先強調的是供給，認為所有資源都是稀少的，所有物質都像能源那樣，具有熵的衰變性質；雖然有些資源可以循環，但是在重複使用時總會磨損，最終將消耗殆盡；那種擁有無限能源和資源的世界，只有在抽象的經濟學論文中才存在。

在相當程度上，從生物演化到社會演化的轉向，也就意味著分析方法的轉換，需要打破長期根植於主流經濟學中的還原論思維。個體現象不同於社會現象，要解釋社會現象只能根據社會本身的性質。社會現象

具有一種強制個人的權威,強制個體的行為方式和思維方式,使個體感受到壓力,由社會整體作用於每一個個體。

新古典經濟學把個人視為同質化的「原子」,相應地,承襲這種思維的生物演化,也把同質化的個體視為行為的基本單位,從而很少考量社會主體在社會地位上的差異。但是社會演化的一個重要特徵,就是行為主體的異質性,這表現在特徵、偏好以及相應的行為方式等方面。

在經濟演化論中,異質性或非對稱性卻是基本的原則;在「協同學」的研究方法中,異質性使學習、合作等活動產生特定的結構和自組織的特徵。且社會演化認為:推動社會發展不僅是個體之間的互動,更重要的是社會互動中的集體力量,是集體組織之間的對抗,推動社會發展,集體行動而非個體行動,應該成為演化分析的基本單位;正由於異質性的存在,導致行為主體間的激烈競爭,而競爭又引發創新的衝動,創新則產生變異,從而又衍生出新的異質性……這樣的不斷自我回饋和循環,就推動組織和制度等社會事物的持續演化。

生物演化觀認為把物種選擇視為一個自然過程,這由基因的突變和與環境的相適應決定,也是一個漫長的過程;同時由於基因和物種的多樣性以及環境的不確定性,因而演化方向是隨機的。社會演化觀則認為人的理性並不是給定的,而是在社會互動中不斷學習和發展的;同時相互競爭的規則也不是既定的,那些強勢的個體,往往可以制定有利於自身的競爭規則;社會演化方向就不是隨機的,而是具有一定程度的指向性,展現人們對社會發展的認知。[032]

---

[032] 朱富強. 演化經濟學面臨思維轉向:從生物演化到社會演化 [J]. 南方經濟,2016(3):86-101.

第二章　經濟學的變革與重塑

第三章
需求與供給的基本法則

　　在市場經濟中，商品價格引導著資源配置的方向，促使稀少資源得到「最佳」配置。市場供需是決定商品價格的基本力量，對於需求和供給的分析，是經濟學理論研究的邏輯起點。需求指的是消費者在一定時期內，各種可能價格下願意且能夠購買該商品的數量，有效需求包括消費者有購買的欲望和購買的能力；供給指的是生產商在一定時期內，各種可能價格下願意且能夠提供出售該商品的數量，有效供給包括生產商有出售的願望和提供的能力。

第三章 需求與供給的基本法則

3.1 消費者的效用

　　效用的本質屬於心理學的範疇，而心理又是人腦直接的功能反映。然而大腦的決策過程難以進行有效的量化，於是不得已迴避這個原本不容忽視的經濟學數理化的生理基礎與核心機制，簡單地、牽強地把大腦視為「黑箱」，致使主流經濟學理論只能利用假設出來的外在標準，表示消費者的滿意程度。身為消費者的每一個體，對各自收益的主觀感受存在著較大的具體差異性，因此效用在實際應用中難以抽象，這在事實上阻礙了主流經濟學模型化的程序。

3.1.1 欲望的本質

　　欲望(Desire)引起消費者需求和資源稀少性的衝突，人們的欲望是無限的，但是用來滿足人們無限欲望的資源是稀少的，考察欲望是分析消費者行為的出發點。由於新古典經濟學受英國哲學家邊沁(Jeremy Bentham)提出的功利主義影響很深，大多把人們對物質利益的追逐當作分析人類經濟行為理所當然的前提，對欲望背後的本質卻經常忽視，在主流西方經濟學的理論與實踐中所遇到的許多不解之謎，即由此而來。

　　從行為心理學分析，人各種欲望的形成，都是以相應的生物官能的存在為基礎。當人體接觸外界的事物時，事物訊號經由人的感覺器官轉換為神經訊號後，傳導到中樞神經系統，大腦中樞根據傳入的訊號與自身各種官能的狀態進行綜合分析，然後產生需要的或排斥的決策與效應行為。

　　任何動物的大腦都在不斷地受到感覺器官從環境獲得的資訊「轟炸」：這些資訊先是在大腦的感覺皮層中被處理，接下來透過大腦內部的多種狀態得到過濾，而這些狀態就代表生物不斷變化的欲望和情緒，最

終導致運動皮層產生與環境相適應的運動行為。美國神經科學家安妮·邱吉蘭德（Anne Churchland）說道：「過去我們認為動物就是某種對刺激產生反應的機器，而現在我們開始意識到，在牠們的大腦中，會產生各式各樣有趣的東西，而這些東西改變感官輸入訊息的處理方式，從而改變動物的行為輸出。」[033]

以簡單的果蠅大腦為例，研究者設計了一套測試動物是否知道飲食均衡重要性的實驗。在果蠅的飲食中去除酵母，相當於去除蛋白質來源，如圖 3-1 所示。在「吃素」一週後，這些果蠅被轉移到含有酵母的環境中，牠們開始瘋狂地吃起「肉類大餐」——酵母，彷彿知道自己的身體缺乏蛋白質一樣。如果在去除酵母的同時，提供胺基酸（蛋白質組成部分），這些果蠅在一週後，對酵母的熱情就大大減少。結果顯示，果蠅的確知道自己需要注意飲食均衡。

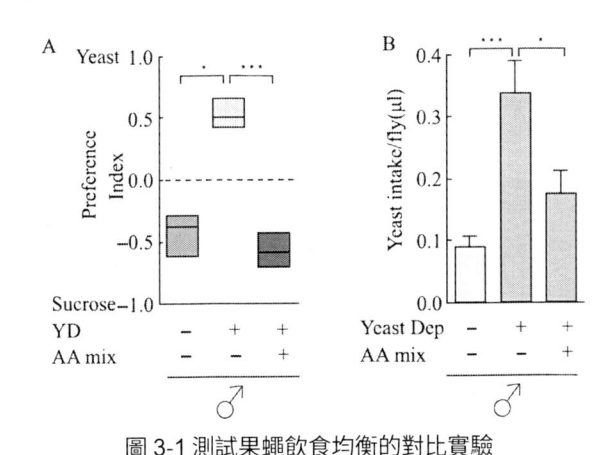

圖 3-1 測試果蠅飲食均衡的對比實驗

資料來源：MrakWu. 大腦如何產生「食慾」？〔EB/OL〕. 新浪網，https://med. sina. com/article_detail_103_1_25719. html，2017-05-11.

[033] 艾利森·阿博特. 窺探大腦內部：我們是如何產生情緒和欲望的 [EB/OL]. 新浪科技，ht-//fance.sina.com.cn/tech/2020-09-23/doc-iivhuipp5927974.shtml?cre=tianyi&mod=pcpager_&loc=18&=9&func=95&tj=none&tr=9，2020-09-23.

第三章　需求與供給的基本法則

在果蠅的大腦中，研究者找到一個特殊的神經通路，即一群相互溝通交流的神經細胞。當這條通路被抑制時，果蠅對酵母的食慾就有所下降；而當其被啟用時，果蠅比尋常情況下要攝取更多的酵母。更有意思的是，無論是開啟還是關閉這條通路，果蠅的總食慾不變。也就是說，這條通路僅僅決定果蠅對蛋白類食物的偏好。[034]

人類的大腦更為複雜，是地球生命經過30多億年才演化出的產物，是已知中最複雜、最精細的生物組織。人類正是因為有無與倫比的大腦，才能成為主宰世界的「萬物之靈」。大腦的結構和功能，始終是科學研究最具挑戰的課題，神經科學家希望從大數據中了解大腦產生的欲望、情緒等內部狀態。

在正常的生理和心理條件下，當人體感受到良性事物刺激時，將會引起大腦中樞神經的興奮過程，產生或加強對某事物的需求；當人體感受到不良事物刺激時，將會引起大腦中樞神經的抑制過程，產生消退、逃避或排斥的行為。所以人的欲望滿足與各種需求行為，總是與相應中樞神經的興奮過程一致。

欲望在前一步的實現，又會增加或擴大中樞神經的興奮度，直至欲望得到充分滿足，在後一步產生保護性抑制為止。興奮一般都反映為不同程度的精神興奮或者快樂，精神快樂即是透過興奮的心理機制反映出來。因而各種滿足人們欲望的活動，實際上都是服從於大腦相應中樞神經興奮的需求而產生，都是對以中樞興奮為生理基礎的精神快樂需求的追求。

正如在商品社會中，人與人的關係表現為物與物的關係一樣，人類

---

[034] MarkWu. 大腦如何產生「食慾」？［EB/OL］. 新浪網，
https://med.sina.com/article_detail_103_1_25719.html，2017-05-11.

對精神快樂的需求，從表面上看也表現為對各種物質對象與實際利益的追求。但是這些形式追求的實質，是人們對精神快樂的需要和追求。人們吃美食、聽音樂、住別墅，或者孜孜以求新的成果等，在本質上無一不是受到大腦相應中樞神經興奮要求的支配，反映人們對精神快樂的追求和需要。

滿足精神快樂少不了物質對象，沒有物質存在、物品生產與物質消費、財富累積，就沒有精神存在與精神滿足。人們之所以需要金銀、珠寶，是因為這些物質對象能為人們帶來快樂，達到人類欲望的本質。在個體之間，則存在著無窮多具有差異性的快樂需求、苦樂觀念和滿足快樂的各不相同的行為方式。快樂觀念及其行為方式不僅隨歷史進步而不斷變化，還會受到相應歷史時期價值觀念與道德規範的檢驗。

人類消費的物質對象不僅僅停留於形式，最終都將轉化為精神上的樂與苦，這就是「物質變精神」的道理。人類根據自己的快樂需求而展開各式各樣的經濟活動，創造各式物質財富，這又是「精神變物質」的道理。經濟系統「生產——消費」的動力機制，正是在這種「物質變精神、精神變物質」的循環中產生。[035]

市場經濟（商品經濟）的前身是自然經濟，自然經濟以「自然規定性」為特徵，顯示人類生產、工作的自然經濟性質，即人類受最初生存欲望的驅使，其生產、工作僅僅發生在人和處在自然狀態的土地之間。生產商的直接需求量，決定自然經濟的生產規模是有限度的，人們的欲望及滿足欲望的生產矛盾，直接統一於物質生產單位。由於物質生產單位的狹隘性和封閉性，人們的欲望所構成的需求和生產總是長時期地相互制約，沒有新的欲望和需求去引起新的生產，也沒有新的生產去啟用

---

[035] 陳惠雄．欲望的本質：一個經濟學的基本問題［J］．當代經濟科學，1999（5）：48-51．

第三章　需求與供給的基本法則

新的欲望和需求。

在近現代，人們強烈的致富欲望，是推動市場經濟的重要內在力量，促進社會化生產的分工與合作日益深化。這種欲望是對自然經濟生存欲望的重大提升，把有限的自然本能的欲望，變為一種對抽象財富占有的欲望。亞當·史密斯在《國富論》中指出，在這種圍繞市場交換而組織的分工體系下，每個生產商的直接生產目的，不再是生產自身需要的產品，而是市場交換價值。人們為了交換價值而生產，就是為外在的抽象財富而生產，致富欲望成為一切生產活動的主要動機。這種欲望越強烈，越會刺激人們的經濟交換行為，從而使交換的空間——市場，無論在質與量上，都會得到開拓和擴張。

滿足個體欲望的主要途徑有兩種：一種是個體透過生產性努力，創造出能滿足自己和他人需求的產品；另一種是個體透過非正當性手段，去剝奪他人擁有的財物。當欲望不斷擴張，而個體的生產性努力難以滿足這種擴張的欲望時，個體就會產生強大的動力，採取各種方法攫取超額利潤，甚至掠奪和非法占有他人的財富。此時對私人所有權的保護，只有利於少數富人。而他人預期到這種剝奪情況的產生，又會採取一系列方法來保障自己的利益不受侵犯，從而形成在社會中個體與個體之間的侵害與反侵害的爭鬥。

市場經濟的動力機制能透過刺激人類欲望，促使個體更加努力地生產和供給，新古典經濟學者試圖以此來消除社會所面臨的稀少性。但這種動力機制，也會導致個體與個體之間為了滿足自身的欲望而發生更多的爭鬥，從而浪費更多資源且增加稀少性。如果任由這種透過物質來刺激個體欲望為市場提供動力的方式發展下去，將使財富分配不公，導致社會兩極化。

3.1.2 人性的假設

感性所產生的情感問題，通常由倫理學或哲學來解釋，而涉及理性的自利行為，則留給經濟學，這就是經濟學人性假設的分裂。如果說在經濟學的歷史中，理性與感性的分離及經濟學與倫理學的分離，僅僅是經濟學者們無意識的狀況，那麼在英國古典經濟學者西尼爾那裡，經濟學對倫理學的排斥，就成為一種強烈意識，他說經濟學「是論述自然、生產和財富分配的科學」，而不是相關福利問題的討論。這樣，經濟學就成為與其他社會科學不再相干的一門「純粹的」學科。[036]

(1) 理性經濟人

從1760年代工業革命之後，幾乎所有的科學都在使用「抽象」這個工具，經濟學也不例外，把人抽象為理性經濟人。亞當·史密斯在《國富論》中寫道：「我們期待的晚餐並非來自屠夫、釀酒商或麵包師的恩惠，而是來自於他們對自身利益的特別關注。我們不說喚起他們利他心的話，而說喚起他們利己心的話。我們不說自己有需求，而說對他們有利。」[037]

主流經濟學關於理性的理解，有其固有且無法迴避的問題，即便理性經濟人在告訴人們「應該達到什麼整體性目的」這方面具有說服力，但是在「應該如何達到這個目的」這方面欠缺解釋力、指引性、操作性，在實證層面上也難以通過檢驗，突出地展現在對「利己」和「利他」的理解上。

① 如何理解「利己」？

利己可以是客觀的，透過物質性標準進行比較與衡量；也可以是主觀的，比如主觀的幸福就是一種正的利己、痛苦就是一種負的利己。但

---

[036] 高德步. 感性活動與感性解放：論經濟學人性假設的重建 [J]. 教學與研究，2013（9）：28-36.
[037] 黎少峰. 經濟學人性假設的多樣性 [J]. 開放導報，2004（6）：105-108.

第三章　需求與供給的基本法則

是在客觀利己與主觀利己之間，以及不同的主觀利己之間，如何進行比較和衡量，則成為一個尖銳的問題。由於涉及個體的判斷與認定，理性經濟人主張的利己，在更深刻的意義上，是精神而非物質的。

認知神經科學提供了一些更具說服力的解釋，用來填補理性經濟人在利己解釋方面的漏洞。例如人們在寒冷和飢餓時，才能體會或更能體會豐衣足食的快樂；在失去自由時，才能體會或更能體會自由的快樂。主觀的利己，需要個體的經驗和體會在具體的時空中做出判斷，所以如果判定事物自身是否能為個體帶來利己，可以從物質的角度切入，這種判斷和認定，具有相對客觀的標準。但如果把主觀性納入考量範圍，那原有的解釋框架仍然會出現難以勝任的情況。因為不同的個體有不同的需求、不同的經驗與體會，從而對同一個事物會產生不同的感覺，主流經濟學理論無法對此做出判斷。

②如何理解「利他」？

在真實的世界中，總有一些人為了他人而放棄或犧牲自己的利益，「樂於助人」、「捨己為人」，乃至「捨生取義」，在不同國家和不同時代中都有所見，這是典型的利他行為，降低自己對環境的適應性。人們有時是利己的、有時是利他的，是兼具利己與利他雙重屬性的人。這個時候套用理性經濟人解釋並不確切，經濟學迫切需要更具有說服力的觀點。

有關利他行為的既有解釋，主要有演化心理學、社會規範論和社會交易論。演化心理學認為：「延續基因」是生物最根本的利益，個體之所以能夠甘於奉獻或自我犧牲，是出於延續基因這樣「自私自利」的目的。因為這樣可以使得與他們具有同樣基因的人提高存活機率，進而讓自己的基因延續下去。但這樣的解釋可以適用於族群聚居的原始部落，對充滿陌生人的現代社會，則相當缺乏解釋力。社會規範論從人們的主觀心

理狀態入手，更強調人們感到對那些需要幫助的人負有某種責任。與之相類似的是社會交易論，人們是為了獲得自己內心的滿足或獎賞，這種滿足或獎賞來自價值的認同，也可能來自同情心或其他一些因素。[038]

(2) 有限理性

理性經濟人假設是主流經濟學最基本的先驗假設，從這個假設出發，經濟學不斷走向規範化，形成解釋人類行為完整的理論體系和分析框架。然而數學主義扼殺了人們對開放系統的本質思考，限制經濟分析的範圍和效力，尤其是對數學工具和建模的高度依賴，把現實經濟生活中特性不同的個體，抽象為同質的個體，降低經濟理論對經濟現實的指導和預期能力。

對理性經濟人的假設，主流經濟學進行部分的完善，獲得的成就包括美國經濟學者、政治學家、認知神經學家西蒙（Herbert Alexander Simon）的有限理性理論，美國經濟學者阿克洛夫（George Akerlof）的資訊不對稱理論和以色列心理學家康納曼（Daniel Kahneman）的前景理論（展望理論）等。非主流經濟學進行少量的修正，獲得的成就包括奧地利政治經濟學者熊彼得（Joseph Schumpeter）的創新理論、美國經濟學者納爾遜（Richard R. Nelson）和溫特（Sidney Graham Winter）的慣例理論等。這些完善和修正，對個體行為的回答都是片面的，在提升經濟理論對經濟行為的解釋力方面，仍存在很大的改進餘地。

經濟學的理性分為三種類型：工具理性是在「方法 —— 目的」框架內，選擇最有效率的方式，以實現既定目的；過程理性把行動與目標分開，把個體描述為規則的遵從者；表達理性關注追求的目標，而不是實

---

[038] 郭春鎮. 經濟理性的完善及其與道義理性的對接 [J]．廈門大學學報（哲學社會科學版），2014（5）：7-14．

第三章 需求與供給的基本法則

現目標的行動。一般而言，經濟理性是工具理性，是預期效用或預期利潤的最大化。

理性經濟人假設認為：個體（消費者或生產商）的利益最大化目標是給定的；個體進行某種行為以實現自身利益最大化；消費者追求效用最大化，生產商追求利潤最大化；消費者需要的是商品的使用價值，商品的使用價值決定消費者從商品中獲得的滿足程度；使自身利益最大化的行為就是理性行為；個體追求效用最大化或利潤最大化，直到邊際量相等的一點，就是理性行為的最優點。

新古典經濟學理性假設的要素包括：有代表性的個體、自利、無所不知（「資訊完全」）、有意識的深思熟慮等。理性行為假設是新古典經濟理論的重要基礎，新古典經濟學和制度經濟學使用理性假設成功地解釋個體在完全競爭市場、完全壟斷市場、壟斷競爭市場和寡頭市場等不同條件下的經濟行為，甚至非法的和不道德的行為。

經濟學關注行為的模式，而不是導致這些行為的信仰和認知過程；經濟學者強調選擇的一致性，而不是考量過程和目標。然而在現實經濟中，經濟行為的最終目標，往往被眼前的目標所掩蓋，想分析經濟行為，必須界定行為的最終目標。同樣，針對當前目標，多樣化和多變性的選擇是常態，其原因在於影響選擇過程因素的複雜性和動態性。

在完善理性假設的過程中，經濟學者把不確定性、直覺和個人由社會環境決定的偏好等因素考量進來，以解釋新古典經濟學不能完全解釋的人類行為。薩繆森提出並經由傅利曼（Milton Friedman）發展的「價值無涉」原則，即經濟學不需要考量人類的任何目標或價值，人類行為的目標是不需要驗證的。然而這個先驗目標不足以解釋和預測人類行為，在不同時間約束條件下，也會有不同的行為選擇，時間約束緊，則快速

3.1 消費者的效用

決策和行動，讓受傷害的風險最小化，尤其在生命週期的不同階段，個體計算自己在長期和短期投入及收益時的心理狀態和方法不同，所以產生不同的行為模式。

主流經濟學關注的是經濟理性，較少考量生物理性，從而弱化其對個體行為的解釋力。從生物理性的角度來理解個體經濟行為，個體必須把生存和繁衍的行為目的優先於生存和繁衍的行為效率本身，個體首先必須做正確的事情，即為生存和繁衍而行為；然後正確地做正確的事情，即按照效率原則指導自己的行為。[039]

①經濟人具有「不完全理性」。

神經經濟學在腦機制的層面上，找到「不完全理性」神經活動規律的依據。研究發現，在正常人的大腦中，有兩個處理資訊的過程，造成對理性經濟人假設的先天限制，這就是「自動處理」過程和「情感處理」過程。自動處理是人腦在有意識地思考之前進行的前期加工、篩選、過濾、傳遞給大腦高級認知區的過程，或者是直接透過神經系統迴路進行處理的過程，往往具有快速、無意識控制和非內省、不受邏輯影響的特點。情感處理是人的行為在相當程度上受到自我情緒調節系統的影響，自然環境、社會環境、生理環境都會影響個體的情緒平衡，使大腦對行為的控制產生難以預期的調整。

②經濟人具有「有限理性的潛意識」。

認知神經科學透過對大腦 SCRs 的測量，發現人類的神經系統在處理資訊時由不同部位進行，對應著受控過程與潛意識過程，解決問題的方法也分為認知的和情感的。透過核磁共振的實驗發現，大腦前額葉皮層參與長期決策，理性思維在這個部分很活躍；而大腦邊緣系統在短期

---

[039] 惠豐廷. 生物理性對經濟學理性假設的啟示 [J]. 浙江科技學院學報，2020（10）：401-407.

第三章 需求與供給的基本法則

決策時異常活躍，潛意識更能影響到短期決策行為。當人處於不確定的情況下，大腦無法弄清楚情況，杏仁核和前額葉表現得更活躍，杏仁核將恐懼感傳輸到皮層底部，此時人思索更多的是長期利益。[040]

---

[040] 楊婷．神經經濟學視角中的非理性 [J]．科技瞭望，2008（5）：36-37．

3.2　生產商的效率

科技的進步總是帶來一波又一波生產率的提升，每一次的工業革命，都在為高效率生產提供強大的助力。如今隨著大數據的出現，高效率生產又一次迎來與以往完全不同的新變革。各個智慧生產單元與其他環節相互呼應，從物料處理到工具管理、從生產流程到工序安排，從供應商到設計、製造到物流配送和消費者，高效率生產的前提是機械的正常運轉，預防機器出現問題和及時提供解決方案，需要大數據。生產商透過大數據即時監控生產的各個環節，以快速、靈活的方式分批次進行生產。

3.2.1　生產函數

生產函數（Production Function）是指在一定時期內的既定技術水準情況下，所投入生產要素的數量與所能達到的最大產量之間的對應關係。生產函數與特定的技術條件相關聯，是總體經濟成長的個別單位表現。經濟系統在演化過程中，「創造性破壞」將引發產業革命，促進新技術的擴散和應用，從而產生新的生產函數。

(1)古典經濟學的生產函數

在農業經濟時代，生產條件的技術水準受到自然條件的制約而低下，土地和勞動力是核心的生產要素，工作者主要採取以家庭為單位的人力耕種形式進行農業生產。古典經濟學的生產函數模型是由以亞當・史密斯、馬爾薩斯和李嘉圖為代表的經濟學者所創造的。他們認為人口成長是經濟成長的主要因素，因為人口成長，使可用於生產的勞動力供

第三章 需求與供給的基本法則

給相應地增加。雖然他們也發現在分工基礎上的技術進步和資本累積的作用，但他們認為這些都是為勞動力服務的，也就是認為其他因素有作用，但是很微弱。

$$Q=A \cdot f(L)$$

式中，Q是產品產量，A是技術水準，L是勞動力要素。

這個模型顯示經濟成長只能依賴於人口的成長，且生產的成長是有極限的。此模型表現出在經濟上的悲觀主義，馬爾薩斯的人口論即是這個模型的實證。

(2)新古典經濟學的生產函數

在工業經濟時代，生產條件的技術水準以大型機器設備為特徵，物質資本、勞動力資本（主要指體力的付出）和土地（自然力）成為核心要素，以生產商內部組織為核心的大規模標準化生產，是主要的生產組織方式。在1940年代，英國經濟學者羅伊·哈羅德（Roy Harrod）提出新古典成長模型，他認為資本和勞動力可以相互替代；資本是內生變數，技術進步因素是外生變數，資本和技術進步也是重要的影響變數；技術水準隨時間改變，透過對生產函數本身的改變，使同樣的要素投入有更大的產出，但這種外在作用被看成微弱的，因為技術進步是緩慢的累積效應；在短時間內，技術進步對生產函數的影響微乎其微，生產函數保持不變，只有資本和勞動力產生主導作用。[041]

$$Q=A \cdot f(L, K)$$

式中，Q是產品產量，A是技術水準，L是勞動力要素，K是資本要素。

---

[041] 高勇，張軼揚. 知識經濟下的新生產函數[J]. 中外科技資訊，2001（7）：6-7.

(3)大數據經濟學的生產函數

大數據成為新的生產要素,具備邊際成本遞減和邊際報酬遞增的特點。當數據用於生產活動時,位元化數據複製與傳播的時間成本和勞動力成本微乎其微,摩爾定律使數據儲存和處理成本呈等比級數下降,打破農業社會和工業社會的生產要素投入邊際成本遞增規律。學習效應使數據和資訊迅速擴散到整個經濟系統,從而成倍地提高社會生產率。「任意對象的數據化」使生產商便利地連結市場主體,市場的「贏者通吃」法則使具有優勢的生產商進一步擴大領先地位,分散的研發成本趨近於0。

構造一種概括大數據特徵的生產函數模型,展現出數據的價值創造性、非獨立存在性、動態演化性,有助於我們加深對生產商真實生產過程的進一步理解。盡量避免為了追求數學模型的精確性和統計檢驗的通過率,從而放棄普遍的解釋力。

短期生產函數:$Q = A \cdot f(N, K, L, D, u) \cdot \sum u$

長期生產函數:$Q = B \cdot S \cdot f(a \cdot A, n \cdot N, k \cdot K, l \cdot L, d \cdot D, \sum u) \cdot \sum v$

$$\begin{cases} \dfrac{\partial f}{\partial K} > 0, \ \dfrac{\partial f}{\partial L} > 0, \ \dfrac{\partial f}{\partial D} > 0 & \text{(邊際產出是正值)} \\ \\ \dfrac{\partial^2 f}{\partial^2 D} > 0 & \text{(邊際產出遞增)} \end{cases}$$

式中,Q是產量水準;A是技術水準(包括管理方式、組織方式、人工智慧等);B是營商環境;S是基礎設施建設水準(包括互聯網、雲端運算等);N是自然資源;K包括K_1和K_2,K_1是實物資本,K_2是借貸資本和自有資本;L包括L_1、L_2、L_3、L_4,L_1是普通工人,L_2是具有研發能力的技術工人,L_3是普通生產商家,L_4是具有創新精神的生產商家;

第三章 需求與供給的基本法則

D 是大數據要素；a、n、k、l、d 是數據 D 分別對技術水準、自然資源、資本、勞動力、自身的增益倍數；u 是不可控事件的短期影響力；v 是不可控事件的長期影響力。

在大數據時代，存在著資本要素供給的結構短缺問題。與工業經濟時代的資本總量短缺性質是不一樣的，生產商面臨「熊彼得競爭」，即透過創新來獲取市場優勢，將導致很高的制度性投資風險，因此需要政府建立風險融資、退出和監管機制。除了破產制度外，透過建立創業板的證券市場、相關收購與兼併的法律以及允許創業者回購股權的所有權制度來保障風險融資的順利進行，這是大數據經濟發展的基本條件。[042]

3.2.2 生產規模

企業的成長過程與生命高度相似，都會經歷誕生、發育、衰老、死亡，規模是企業生命長短的決定因素之一。對生命個體的成長來說，汲取能量的能力跟不上體重的成長程度，所以生命個體長到一定程度，就無法繼續成長，只能停止、成熟、衰老。對企業的成長來說，在剛開始時，規模成長相對快速，年輕企業維護支出，沒有隨著規模擴大而迅速增加，得到資本支持，實現快速成長。接下來，規模成長逐漸放緩，達到一定規模後，規模越大則維護支出越多，企業反而越脆弱。想進一步壯大，必須做到汲取的能量大於消耗的能量。

從不同的產業模型來看，企業的規模越大，則存活率越高、當期死亡率越低，小規模企業和大規模企業的生存危險期均為第 3 年。根據美國《財富》(Fortune) 的統計數據，美國有 62% 的企業生命不超過 5 年，只有 2% 的企業能存活 50 年。根據日本的調查數據，日本企業平均生命為 30 年。

---

[042] 高勇，張軼揚. 知識經濟下的新生產函數 [J]. 中外科技資訊，2001 (7)：6-7.

3.2 生產商的效率

在經濟學界，用於理解企業機制的理論主要分為三種：交易成本、組織架構和市場競爭。①交易成本最小化反映最佳化原則驅動的規模經濟，比如企業實現利潤最大化；②組織架構是企業的內部網路系統，傳遞資訊、資源和資本，用於支持、維持和推動企業成長；③競爭帶來市場生態內在的演化壓力和選擇過程。

如果要在市場競爭中生存下來，企業就必須具有適應能力，這使資源、資本、資訊、能量與數據的整合成為必要。不同規模的企業都是典型的複雜適應性系統，大多數企業的生命週期並不長。由此一來，作用於企業的市場力量達到亞穩定結構的時間也更短。規模法則是支撐不同系統的網路結構最佳化的結果，源於自然選擇和「適者生存」內在的連續回饋機制。以此來推算「演化」時間更短的企業，如果也遵循比例變化，那麼其數據圍繞理想比例曲線的波動會比生物體更大一些。

從演化論的角度來說，企業的消亡是經濟系統產生創新活力的重要組成部分，而這個過程來自「創造性破壞」和「適者生存」。正如所有生物體必須消亡以使新生物綻放一樣，所有的企業都必須消亡或改變，以使新的「物種」繁榮發展。企業的高流動性，尤其是持續的併購，是市場程序的必要組成部分，與發展緩慢的 IBM 或通用汽車相比，Google 或特斯拉帶來的興奮和創新更加美好，這是自由市場系統的基礎之一。

企業通常是高度受限的自上而下的組織，努力提高生產效率、降低營運成本以實現利潤最大化。為了在追求更大市場占有率和增加利潤方面達到更高的效率，企業通常會在組織的微小層面增加更多的規則、規定、協議和程序，這導致官僚控制的增加，以管理、執行並監管規定的實施，通常以犧牲創新和研發作為代價，而後者本應是企業未來和生存力長期保險政策的重要組成部分，如圖 3-2 所示。

第三章　需求與供給的基本法則

企業創新很難被直接量化，且隨著規模擴大，對創新的支持跟不上管理成本的成長，規則和約束逐漸增加，通常伴隨著某家企業與消費者、企業關係的停滯不前，這將使企業變得更加僵化，由此無法對巨大的外部趨勢或衝擊做出反應，企業從誕生、成熟期後到最終停滯。企業面臨的巨大挑戰，必須在市場力量的正回饋和開發新領域、新產品的長期策略需求之間取得平衡，前者會強烈鼓勵繼續生產市場檢驗過的有效產品，而後者是有風險的，不會立即帶來報酬。然而大多數企業是短視的、保守的、不支持創新或風險觀念的，這或許是能夠確保短期收益的「好」做法。由此，企業將會變得越來越單一化，重新調整、徹底改造會變得越來越困難、成本越來越高昂。當企業家意識到自己所處的狀況時，通常都為時已晚。當一場出乎意料的巨大波動、變化或衝擊到來時，企業便會陷入嚴重的風險之中。[043]

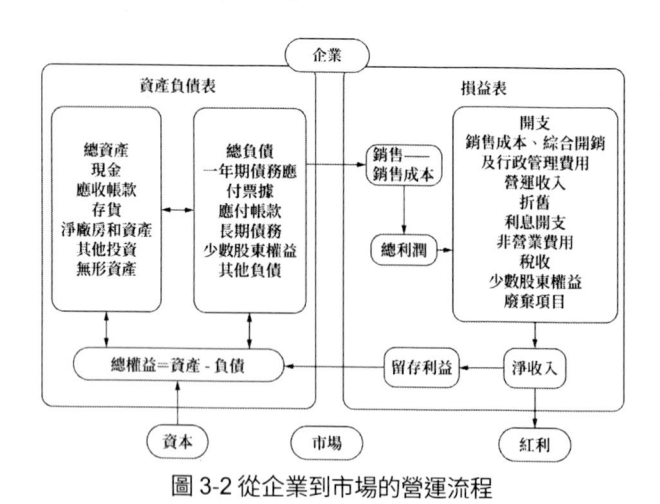

圖 3-2 從企業到市場的營運流程

資料來源：〔美〕傑佛瑞·韋斯特（Geoffrey B. West）. 規模：複雜世界的簡單法則〔M〕. 北京：中信出版集團，2018.

---

[043] 〔美〕傑佛瑞·韋斯特（Geoffrey B. West）. 規模：複雜世界的簡單法則〔M〕. 北京：中信出版集團，2018：388-419.

3.3 交易與匹配

市場是人類為了滿足欲望和需求而進行物質或利益交換的場所。不同於當今理性的功利交易行為，古代先民認為萬物都是有靈魂的，除了分配社會資源以外，物質交換還具有傳遞精神、歷史和凝聚社會的功能，這就為早期的市場交易增添了一些儀式感。固定的市場作為城鎮經濟的一部分，提供居民的日常所需。而在商貿路線上的市場，把各地物產匯聚一堂，勾勒出地區性至世界性的貿易網路。[044]

3.3.1 交易和商品合約

亞當·史密斯在《國富論》中寫道：「人類獨存在交換與易貨的傾向。」實際上，這句話是值得商榷的，原因在於以交易維生是被迫的。交易只能算是人們的第三種選項，還有兩種生存方式：一是掠奪，二是控制。能輕而易舉地掠奪，誰願意費力交換？能生產、控制銷售，誰願意冒險交易？只有在難以輕而易舉地掠奪或無法控制銷售時，人們才會想到，並實施相互交換、各取所需。[045]

從歷史來看，「商品」概念的範圍是不斷擴張的，從有形的商品到無形的勞務或服務。物品、技術、知識、資訊和數據作為商品，既是古老的，也是現代的，諸如「碳排放權」之類的交易，展現人們對市場經濟系統的理解和運用獲得新的進步。生產既是對相關的物質元素重新進行排列、組合的過程，也是把精神智力元素加入其中的過程，還是物理元素

---

[044] 地平線 HOA.「人類文化史」市場的故事—起源 [EB/OL].百家號, https://baijiahao.baidu.com/s？id=1663978265758994771&wfr=spider&for=pc, 2020-04-15.

[045] 智本社. 市場交易是如何出現並且發展起來的？[N/OL].知道日報, https://zhidao.baidu.com/daily/view？id=219519, 2020-09-22.

第三章 需求與供給的基本法則

與精神元素的重構過程。商品在物質、能量、資訊等「實體」的分化組合與循環流轉中，在特定的階段與場合中，才會形成對人有價值的效用，而消費者和生產商所要捕捉的，就是這些特定的階段與場合。商品的具體形態，展現生產商掌握作為物理元素與精神元素「合成的技術」，在特定的時間與空間環境中，商品立即具備消費者需要的某種有用性，即效用，這種「現成性」，正是商品的一個本質屬性。

稀少性是大多數有用商品的一種沒那麼令人滿意的性質，數量的不足只是一個簡單的方面，比如人們對商品的評價，既隨著情境而變化，也隨著時間流逝所引起的認知深化而改變，還可能因為他人的評價而產生新的評價。由於主流經濟學特別強調數量因素，其他沒那麼令人滿意的因素就被隱藏起來，然而這才是人們發起經濟活動的重要原因。

可以被人們利用的商品，只要數量上顯著超過人們的需求，就可以被近似地理解為具有充足的，甚至無限的供應，就像空氣那樣。且稀少性也可能是有用的商品供應未能到達需求的時間或空間——「遠水解不了近渴」。反之，商品的數量只要被意識到可能有所不足，那麼人們就會發起爭奪戰，從而導致所有制的產生和所有權的劃分。[046]

合約安排在經濟生活中產生重要的作用，降低人們在交易過程中的不確定性和交易成本。與現代經濟發展相關聯的某些經濟意識或成分，例如人力資本投資、專業化和交換、所有權與合約安排，主要是按照互惠性交換原則與再分配原則來組織，形成原始非排他性的共有所有權制度。

人類經過漫長的過程，以定居農業經濟代替狩獵採集經濟，美國經濟史學家道格拉斯·諾斯認為，狩獵採集經濟是以非排他性共有所有權

---

[046] 李斌．演算法經濟理論［M］．北京：經濟日報出版社，2019：508-529．

來組織，而定居農業是以排他性共有所有權來組織，這是在人類歷史上的第一次經濟革命。隨著定居農業的出現，在部落內的專業化分工開始細化，工作生產力隨之提高，剩餘商品也隨之出現。剩餘商品的出現，使交易成為必不可少的活動，這樣也促進更為複雜的交易方式與所有權合約安排的出現。

後來，手工業從農業中獨立出來，成為專門的生產部門，使交易行為和交易方式發生重大的革命——交易主體由部落之間的交易而逐漸被個人之間的交易取代，相應地，建立在傳統習俗、宗教、宗法、禁忌等基礎上的合約安排，也被個人合意上的合約關係所取代。個人對財富的完全占有，顯示私人所有權的出現，而某部落的強大，往往會以暴力的方式控制社會資源。確立國家所有權制度，原始定居農業社會的排他共有所有權，分別被私人所有權和國有所有權代替。

隨著經濟專業化和分工程度的提升，人們交易次數增加，交易越來越複雜。為了減少在市場運作中的交易費用，人們往往會用企業組織合約安排來代替市場合約安排。而現代生產商制度的出現，又引發現代經濟交易中的兩個根本問題，寇斯認為：「第一個問題是對投入和產出的衡量問題，這是能判定個別要素的貢獻，並衡量各個生產階段的產出和最終產出。第二個問題是循環替代價值低但是使用壽命長的龐大固定資本投資，必須使交易關係和合約的時間延長。在此期間，價格和成本的不確定性，以及交易當事人一方或另一方可能做的投機行為都會出現。」

這些問題導致企業內與企業間合約關係的策略性行為，無論是市場交易還是生產商內部交易，由於所涉及的時間和空間、環境與條件越來越複雜，要求更為複雜的履行合約機制來實現交易者的合作。合約安排之所以影響經濟系統的績效，主要在於有一套複雜的合約履行機制促進

市場要素流通、知識和技術取得、連續生產、快速方便的資訊傳遞和新技術之發明與創新，從而減少交易過程中的交易成本。[047]

3.3.2 實驗和交易匹配

實驗經濟學透過對市場理論的實驗模擬，集中在對市場均衡結果的檢驗，以及對可能影響市場均衡結果的市場內外引數的研究上，肯定理性經濟人假設與實驗模型的模擬預測是一致的，特別是存在的各種制度，保證經濟人趨向能夠預期的均衡。事實上，經濟人幾乎從來就沒有明確的最大化期望效用的意識，但是在一個多期博弈的市場中，透過調整性學習，就能很快地趨向均衡狀態，不需要特別嚴格的理性經濟人假設。

1948 年，美國壟斷競爭理論創立者愛德華‧錢柏林（Edward Hastings Chamberlin）在哈佛大學課堂上開展了第一個市場實驗。在實驗中，透過控制相關條件以模擬真實的市場交易，初衷是引導學生理解競爭市場均衡的實現過程，然而實驗結果與預期結果並不一致。儘管實驗結果不理想，但為之後的經濟學提供了新的研究思路，由此開啟了市場實驗的研究熱潮。

在模擬市場的課堂中，學生們被隨機地分為消費者和生產商，商品是一些沒有真正內在價值的物品，比如撲克牌、小紙條等。錢柏林發給學生們一張張標有字母和數據的卡片：字母「B」和「S」分別代表消費者和生產商，在每張卡片上標有一個價格數據，對消費者代表保留價格，對生產商代表生產成本，比如「B-30」表示該消費者願意最高出價 30 美元購買商品，而「S-25」表示該生產商願意最低出價 25 美元銷售商品；

---

[047] 易憲容. 從合約和交易的演進看市場經濟的產生［J］. 社會科學戰線，1997（6）：48-54.

生產商的收益為交易價格與生產成本的差值，消費者的收益為保留價格與交易價格的差值；每個參與者都尋求利潤最大化，並且不會透露卡片上的資訊；學生可以在教室中隨意走動，買賣雙方討價還價，直到最後交易成功；如果雙方成交，則交還卡片，同時報告成交價格，最後在黑板上進行公布。

根據理論的預測，均衡交易數量為 15 個、均衡價格為 57 美元。然而實際交易數量為 19 個，平均實際交易價格為 52.63 美元。交易數量超過競爭性市場出清水準的均衡數量，且交易價格低於市場出清時的價格，實驗結果出現系統性的偏離，如圖 3-3 所示。

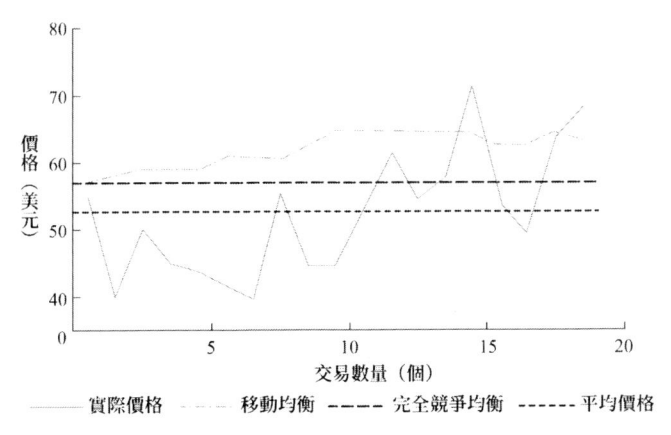

圖 3-3 錢柏林於 1948 年進行的不完全競爭市場的實驗結果之一

資料來源：陳葉烽．實驗經濟學講義：方法與應用〔M〕．北京：北京大學出版社，2021：429.

在理論的預測中，生產成本為 58 美元的生產商與保留價格為 56 美元的消費者進行配對，最終無法達成交易；而在實際交易中，生產成本為 58 美元的生產商與保留價格為 68 美元的消費者達成交易。或者說，擁有許多貨幣的消費者，可能無法買到商品，因為商品已經被以低於市

第三章　需求與供給的基本法則

場出清的價格出售，這在一定程度上違背了「利益最大化」的原則，如圖 3-4 所示。

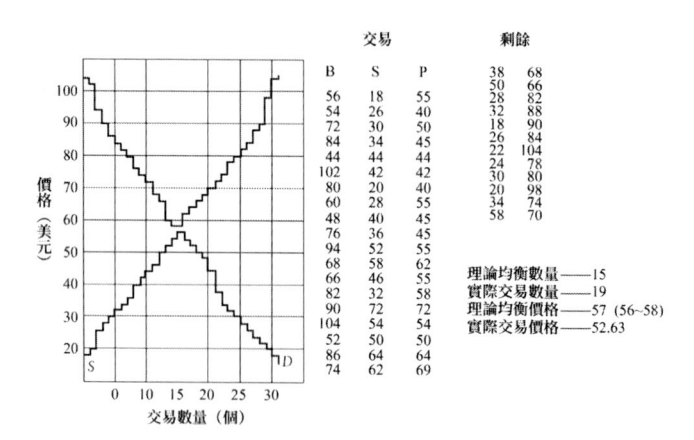

圖 3-4 錢柏林於 1948 年進行的不完全競爭市場的實驗結果之二

資料來源：陳葉烽. 實驗經濟學講義：方法與應用〔M〕. 北京：北京大學出版社，2021：429.

錢柏林認為實驗的失敗源於資訊不對稱的交易市場，買賣雙方不知道對方的私人資訊，從而導致部分均衡交易未成立；在現實生活中，諸多因素無法滿足市場均衡的前提假設，不可能產生競爭性均衡。他沒有對實驗方法進行後續的研究。

身為參與實驗的一名學生，美國實驗經濟學之父弗農·史密斯（Vernon Lomax Smith）的看法卻不相同，他認為失敗的原因在於市場交易制度的設計。1962 年，史密斯在普渡大學的課堂上再次進行實驗，交易機制由最初的「一對一」變成「雙向拍賣」，檢驗在雙向拍賣機制下、完全競爭市場均衡的結果。結果是產生競爭性均衡，由此獲得市場實驗的首次成功。

在實驗中，交易價格趨向於競爭均衡。隨著交易期的增加，收斂速度逐漸減小，交易結果收斂於競爭市場均衡。實驗結果證明，公開資訊減少、低效率交易，使交易價格逐漸逼近競爭市場的均衡價格；市場達到競爭均衡的有效性與市場的初始經濟條件無關，但是初始經濟條件會對收斂速度產生影響；透過合適的機制設計，可以考察買賣雙方在物質激勵下真實的經濟行為，如表 3-1 所示。

表 3-1 史密斯於 1962 年進行的完全競爭市場的實驗結果

	實驗條件	理論均衡價格（美元）	理論均衡數量（個）	實際交易價格（美元）	實際交易數量（個）	α
1	—	2.00	6	2.03	6	3.5
2	供給與需求富有彈性	3.425	15	3.42	16	2.2
3	供給與需求缺乏彈性	3.50	16	3.55	15	5.7
4A	供給曲線完全彈性	3.10	10	3.32	9	7.6
4B	供給曲線完全彈性且需求曲線左移	3.10	8	3.29	6	6.5
5A	被視為經濟學專業研究生	3.125	10	3.12	9	0.6
5B		3.45	12	3.52	12	4.3
6A	供給能力受到限制	10.75	12	10.90	12	9.4
6B		8.75	12	9.14	6	11.0
7	買家租金小於賣家租金	3.40	9	3.34	9	2.7

	實驗條件	理論均衡價格（美元）	理論均衡數量（個）	實際交易價格（美元）	實際交易數量（個）	α
9A	允許一次交易兩個單位	3.40	18	3.07	18	13.2
9B	允許一次交易兩個單位且需求曲線右移	3.80	20	3.52	20	10.3
10	允許一次交易兩個單位	3.40	18	3.38	17	2.2

資料來源：陳葉烽．實驗經濟學講義：方法與應用〔M〕．北京：北京大學出版社，2021：430.

以此實驗為契機，史密斯確立經濟學實驗的基本原理，並且提出誘導價值理論，即構造與現實相似的市場環境，並提供物質激勵。後續的研究轉向關注影響市場均衡的引數變化以及市場勢力。

實驗經濟學為經濟理論的驗證提供了一個簡易、可操作的平臺，實驗的方法對市場匹配設計具有重要意義：一是實驗能幫助研究者發現和診斷現有市場的問題、測試新的市場設計；二是實驗結果能幫助政策制定者理解新設計的實際效果。

實驗經濟學的發展，為市場結構與市場效率的研究做出重大貢獻，使經濟學者可以藉助實驗，對複雜的現實進行簡化，而且藉助實驗的精確、可控性，來探索和評價市場機制及交易制度。實驗活動並非提供一個靜態的結果，而是一種有意識的干預活動，以此保證實驗的可靠性。隨著實驗現象產生的條件與存在的邊界得到澄清，實驗知識逐漸形成，實驗向理論的回饋由此產生。

證偽主義所設想的新理論取代舊理論的景況,讓位於理論知識的不斷改進與實驗知識的不斷累積,經濟學累積進步的觀念得以形成。[048]

---

[048] 馬濤,王玲強.實驗能夠為經濟學提供適當的經驗基礎嗎? [J].社會科學戰線,2022(3):93100.

第三章　需求與供給的基本法則

第四章
市場機制與競爭動態

　　人類之間結成特殊、緊密、複雜的交往關係，只要一有剩餘產品，就本能地進行市場交易活動，這是一種自然史的過程。市場作為一個自組織系統，具有非線性、漲落性、協同性和非平衡性，生產力在工業革命之後出現超常規的爆發式成長，這就是創造財富奇蹟的「法術」。平等的市場交易主體與開放的市場體系，能夠自我組織、有序地執行，以「看得見的手」輔助「看不見的手」，自行調節經濟執行、實現資源的最佳配置。

第四章　市場機制與競爭動態

4.1　市場自組織機制

在經濟學裡經常使用「組織」、「結構」、「系統」這些概念，顯示經濟學與系統論存在內在的連結。耗散結構論、協同學、突變論等系統科學的研究，顯示自然界、社會現象、經濟活動之間存在著相近的形態，自組織理論的一些原理可以用於經濟學分析。市場執行和演化具有自組織過程，價值規律是非線性的相互作用，市場均衡其實是一種動態化的非均衡狀態。

4.1.1　從經濟系統到價值目標

產生自組織現象的經濟系統是一個開放系統，與外界進行物質、能量、資訊的交換，不同的要素、變數、力量、模式、趨勢共同運作，在整體上湧現和維持有序的結構。在市場中，任何一個企業既自成體系，又與周圍的要素相互連結，構成更大的經濟系統。企業適應環境的基本策略是遵循自組織演化的一般規律，形成創新、創造的自生成長機制。

(1)經濟系統的自組織理論

基於耗散結構論與協同學的共同認知，凡是由大量子系統組成的系統（無論該系統是物理的、化學的、力學的，還是生物的、社會的、經濟的），只要滿足一定條件，其子系統都可以自己組織、協同動作，從原先宏觀上混亂無序的狀態，突變為在某種有序的結構，或從原先某種較低階的有序結構，突變為某種較高級的有序結構。

其一，透過漲落達到有序。由於內部和外部各種隨機因素的影響，在系統內的大量子系統隨機執行和相互作用，必然使系統的總體狀態發

生各種隨機的起伏波動,即「漲落」。每一內部漲落都包含著在區域性範圍內子系統間相互耦合的某種集體執行方式,即「模式」。作為系統演化的結果,是出現新的總體有序結構,包含由原先區域性的範圍擴大到整體範圍,並且穩定下來而成的某種模式的漲落。

其二,非線性是有序之源。漲落能夠從區域性範圍擴大到系統整體,在子系統之間必須具有某種正回饋類型的非線性相互作用機制,比如自催化、自複製等。透過這種機制,某種最初的微漲落作為原因,引起漲落範圍在一定程度上放大原先的結果,結果又可以反過來成為新的原因,引起漲落範圍進一步放大。這種正回饋類型的因果循環的連鎖進行,能夠使納入漲落體內子系統的數量呈指數級迅速成長,從而使漲落迅速擴大到系統整體範圍,而形成一種新的總體有序結構。

其三,遠離平衡的開放是有序之源。作為演化的結果,如果不是像晶體這樣無生命的有序結構,而是各種有生命的有序結構。系統一定對環境開放、與環境持續交換大量的物質和能量,這樣才能驅使系統遠離平衡狀態。在物質流和能量流的支持下,子系統之間正回饋互為因果循環的相互作用才能持續地進行下去,從而使漲落由區域性範圍擴大到整體範圍,並且穩定下來。一旦失去這種物質流和能量流的支持,系統又將退回混亂無序的狀態。

在經濟學中所研究的對象,無論是企業、市場、區域還是國家,都是由大量子系統組成的,這些經濟系統無一例外,都是與外界環境持續存在物質、能量和資訊交換的遠離平衡的開放系統。內部各子系統、因素之間的相互關係高度複雜,從實質上看,都是非線性的。由於內部和外部各種隨機因素的影響,經濟系統的任何狀態和子狀態,都存在各種

第四章 市場機制與競爭動態

隨機的漲落現象。[049]

把經濟系統和市場子系統作為自組織過程的思想，可以追溯到亞當·史密斯，他認為市場機制猶如「看不見的手」，一切經濟活動都被指揮和操縱著，利用價格、利潤等工具，對勞動力、資本、土地等資源進行最高效能的配置。萊昂·瓦爾拉斯（Walras）也有同樣的認知，他在《純粹經濟學要義》中寫道：「自由競爭結構不但是對服務轉變為產品來說，且也是對儲蓄轉變為狹義資本財來說的，是一個自發和自動調節的結構。」[050]

(2) 自組織價值目標的分類

在經濟系統中，形形色色的人們出於各種自身利益，將會透過多種途徑實現向自組織狀態的演化，以不同的方式對經濟系統產生各不相同的影響。自組織就是為求生存而改變自身的演化規律，自組織現象的價值目標分析，就是自組織理論應用於市場經濟研究的中間過渡環節；而自組織價值目標的分類，就是基礎理論應用研究的起點。

市場經濟允許利用經濟波動規律從事適度投機，但投機一旦過度，就會引發有害的自組織現象，例如股票市場虛假資訊的傳播和擴散，將會導致股民偏離正常的交易軌道，蜂擁而至地拋售或購入過量的股票，致使股票交易陷入困境。此時，政府的適度直接干預，就成為十分必要的措施。沒有任何一個國家的市場經濟可以完全脫離政府的直接干預，那種認為市場經濟是自組織經濟，市場經濟不需要政府直接干預的觀點，實際上是沒有看到市場經濟的許多具體背景和基礎。

市場經濟還有一個突出特點，是允許經濟主體自行追逐最大化利

---

[049] 林超然，胡皓. 自組織理論在社會、經濟研究中的應用[J]. 中國軟科學，1988（2）：26-30.
[050] 胡義成. 市場經濟和人類社會的自組織演化[J]. 唐都學刊，1994（5）：6-11.

益。在特定的經濟發展階段，某個經濟領域裡的高額利潤，將會引誘大量經濟實體不約而同地奔向同一領域，從而引發經濟行為共振，即所謂的在某個領域裡的「過熱」現象。當特定行為共振進入尾聲時，出於自身利益的迷惑，導致主體對經濟資訊回饋的滯後效應，仍然無法主動地實現經濟目標的轉換，因而社會——經濟的整體協調發展將受到損害。政府作為市場經濟的監護人，有責任和義務為經濟主體主動提供資訊服務和政策引導。[051]

4.1.2 從市場執行到企業邊界

市場是開放、耗散、複雜性的巨大系統，使得子系統之間透過非線性相互作用，產生協同現象和相干效應，形成新的結構有序和功能有序。開放性是從無序到有序的關鍵，表現為市場只有不斷地與外界環境交換物質、能量、資訊，才能保持基本平衡，交換只有與生產、消費、分配等環節密切相關，才能保持正常的執行。市場也是一個複雜系統，其複雜性不僅在於包含大量的子系統和層次，而且在於子系統和要素間存在經濟的、政治的、社會的、倫理的等各種複雜關係。

(1) 市場執行的自組織原理

在市場執行和演化過程中，各元素和子系統相互連結、相互制約、相互作用，當一個市場構成要素發生變化後，其他要素都會發生相應的變化，從而形成新的市場秩序。比如當某一商品的價格過高時，消費者的需求量減少，企業為了售出更多的商品，於是調低價格，消費者手中的貨幣購買力提高，引導需求量增加，在經過多次調整後，市場恢復原有秩序。

---

[051] 劉和平，崔援民. 自組織理論在市場經濟研究中的應用 [J]. 河北經貿大學學報，1999（3）：107-110.

第四章　市場機制與競爭動態

　　商品執行的分子機制深刻地反映市場靈活性、無序性和自組織性的特點：一方面，市場是無序的，就像混沌理論描述的那樣，靠得非常近的市場要素，隨著時間的推移，會呈指數級發散開來；兩個相距很遠的市場要素，又可能無限地靠近，在混沌區中隨機地執行。所以無法簡單地描述執行的軌跡，更無法預測其未來的狀態。另一方面，市場具有自組織性和有序性，作為在經濟系統自然執行演化活動中發揮作用的「自然力量」，依據消費者個人選擇權和企業、經銷商的靈活反應，自行完成千千萬萬個個別供需過程、實現資源的自動配置。

　　市場系統的突變，是指市場控制引數越過臨界值時，被市場自我增強、自我擴張的力量（正回饋機制）不斷地放大，使微漲落變成巨漲落，最後促使原有的狀態失穩。由於市場相變導致的利益結構變化，引導市場主體和各子系統之間相應調整、相互協同和相干關係，從而不斷調整各自的生產、交換、消費行為，並且逐漸形成新的市場有序結構。突變還包括市場狀態性質的改變，或市場執行混亂導致的市場危機等，就像1998年的東南亞金融危機。

　　主流經濟學認為，市場在本質上是一種資源配置系統，市場機制是調節資源配置的內在機制，價格機制、競爭機制、供需機制是市場機制的基本內容，價值規律是貫穿其中的、產生支配作用的規律。如果簡單地以價格圍繞價值上下波動來解釋價值規律作用過程，給人們的感覺就是價格始終處在以價值為中心的線性區域附近上下波動。但是，根據自組織理論，價格處在作用力的線性區域，不可能形成有序結構，因而是不穩定的、多變的。

　　從自組織的非線性理論來分析價值規律及市場機制作用的過程，才能更清晰地解釋市場的自穩定機制。價格波動的過程是非線性的，當市

4.1 市場自組織機制

場上出現價格變動後，變動的資訊在系統內橫向傳遞。雖然價格的相應調整都是生產商或經銷商根據價格變動可能帶來的利益盈虧而做出的最終決策，但是生產商並不是直接根據價格變動來調整自己產品的產量和價格，而是要考量競爭對手可能採取的行動，這中間存在著一個相互博弈的過程。同時，生產商或經銷商與消費者之間也存在著博弈。這些博弈過程，就是市場主體間相互影響的非線性作用過程，根據博弈參與者支付總和的情況，博弈的結果可能是調整價格或產量，也可能是維持現狀（非零和博弈、變和博弈及零和博弈）。

市場從以物易物，到簡單的商品交換，再到發達的大宗交易，經歷無數次的突變，不斷地從低階向高階演化，自組織規律的推動是重要的內部原因。在市場形態的演化中，分工發揮關鍵性的作用。分工可提高市場結構的細密程度，使市場主體之間的非線性相互作用更加複雜化和多樣化，減少市場主體因為偏好趨同而採取同向行動的可能性，從而使市場系統更加穩定。

亞當·史密斯指出：「分工促使個人所需的物品更需要透過交換來獲得，因此分工越細，所需交換的物品越多，市場交換越細密，則市場越發達，分工程度決定市場的發達程度。」「看不見的手」最重要的功能，就是協調人們選擇專業化水準和模式，以最大限度地利用分工，自動加強市場擴張的正回饋網路效應。分工的拉動力源於人類需求的無限性和多樣性，分工的推動力則源於人們對獲取利益可能性的追逐。這與主流經濟學認為利益驅動是市場根本動力的觀點基本上一致。市場發達程度更是制約著交換的便利度，從而制約著分工的細密度和發達程度。[052]

---

[052] 王冰，張軍. 市場運行和演化的自組織理論探析 [J]. 稅務與經濟，2006（5）：1-6.

第四章　市場機制與競爭動態

(2)企業邊界的離散化特徵

企業邊界的本質是與周圍環境之間的界限，具有二重屬性：其一是規模邊界，源於交易成本經濟學（以寇斯、威廉姆森（Oliver Williamson）為代表）；其二是資源能力邊界，源於資源基礎觀管理學（以彭羅斯、沃納菲爾特（Birger Wernerfelt）和巴尼（Jay B. Barney）為代表）。

對企業邊界的研究，可以追溯到亞當・史密斯在《國富論》中指出分工帶來的規模報酬遞增，會導致企業的形成和擴大；寇斯在〈企業的性質〉裡首次明確地提出企業邊界的概念，把企業視為一種可與市場相互替代的治理結構，邊界位於內部組織成本與外部市場交易成本權衡的結果處；威廉姆森細化交易屬性，包括不確定性、交易頻率和資產專用性，其中資產專用性最為重要。

企業的規模邊界顯示出一個企業生產什麼、生產多少的問題，取決於工作、資本、土地等有形資源，圍繞分工而展開。作為有形的界限，規模邊界有橫向和縱向之分：①橫向邊界是指企業所生產的產品數量和種類。如果不考慮策略性因素，比如實現壟斷，那麼企業以利潤最大化為原則，橫向邊界就位於邊際成本等於邊際收益之處，即規模經濟和範圍經濟決定企業的最佳橫向邊界域。②縱向邊界是指價值鏈各環節在企業內部開展的活動集合，製造還是購買的決策行為，決定縱向的邊界域。基於產品分工理論的企業規模邊界，其縱向邊界主要取決於由資產專用性決定的交易成本，而橫向邊界則取決於邊際成本和邊際收益。

橫向變化類似於企業多元化策略，主要獲得規模經濟和範圍經濟，沒有主次產業之分，業務向其他領域延伸觸角，各種業務之間存在內在價值關聯，消費者之間經由企業提供不同業務，而形成銷售量的正回饋機制。在大數據經濟下，橫向邊界域不斷被突破和變革，主要機制是透

過對數據的超強處理能力來降低成本，提高調配各種資源的掌控力。

縱向變化與企業垂直一體化發展策略具有相似之處，垂直一體化的過程，就是企業邊界域發生縱向變化的過程。透過融合產業鏈的各個環節，降低外部交易成本，這是未來企業發展的一個重要趨勢。

大數據經濟推動市場，本身產生諸多的結構性變革，市場資源和要素，由機械化的存在逐步過渡到離散化的分布與表達，經濟關係向以價值關係的全像化網格形式轉變，商品交易的發生不再依賴固定地點和場所。企業邊界不再囿於特定的時間和空間，而是更多地表現為與資源和要素價值關聯的聚合體中。大數據技術已經突破企業發展的邊界，成為一種社會的公共資源。

市場主體的經濟活動，主要依賴於網路平臺，巨量資訊、即時資訊和互動資訊，改變市場主體的經濟行為方式，數據探勘、數據分析、數據處理成為經濟活動的重要組成部分。特別是資訊的表達方法、獲取方式與解決途徑，發生了質的變革。資訊不對稱一旦得到數據化表達，其獲取、傳遞、搜尋、處理方式等，都會發生變化，進而改變在資訊不對稱結構下的市場結構。從資訊本身的不對稱發展為資訊處理能力的不對稱，進而表現為數據處理成本的不同，而這些變化影響交易成本，進而直接決定市場結構、企業形態與邊界。

大數據使企業邊界的主要影響因素發生變化，表現在交易成本結構的變化方面。同時企業與政府的邊界發生改變，即公權與私權的邊界被突破。大多數的商業模式變化，就是基於這兩個方面：一方面，空間交易成本呈現下降趨勢。空間成本從儲存、管理急速下降，因為企業決策更依賴數據處理和分析結果，科學地、合理地配置資源、調節庫存，傳統的倉儲、管理環節要求逐步減少，空間交易成本只剩下物流成本。另

第四章　市場機制與競爭動態

一方面，大數據技術處理成本，演變為交易成本的主要類型，企業處理數據的成本，等於透過社會智慧化處理數據的成本，這是對交易成本的顛覆式變革，改變外部邊界域，導致企業的形態與邊界出現離散化與無界化特徵，直接推動產業機制的重塑。

在大數據經濟時代，企業不存在傳統意義上的實體邊界，而擁有抽象意義上的價值邊界。這種價值邊界確立的根基，在於擁有資訊資源的多寡，和對這些資訊資源掌控、利用及據之進行價值創造的能力。抽象價值範疇以一種抽象的離散化數據形態進行表達後，價值本身成為經濟系統關注的對象，而不再透過固定的企業組織形態和機械分工組合間接展現出來。在這種價值鏈分工和全像化協同模式主導下，企業可以聚焦在抽象的離散價值關聯層面，展開生產和交換活動，企業邊界必然呈現出一種邊際模糊的跨界化特點。[053]

---

[053] 塗永前，徐晉，郭嵐. 大數據經濟、數據成本與生產商邊界［J］. 中國社會科學院研究生院學報，2015（9）：40-46.

4.2 競爭共演化原理

當今的市場、技術、人才、空間都在快速變化之中，變化成為影響企業各方面的一個常數，激烈競爭、不可預測，是當前企業面臨的市場環境的顯著特徵。作為自組織，系統演化產生於由大量子系統組成的非平衡系統，企業面臨的重組、變革、更新、淘汰、新生，無時無刻不在進行著，以往建立在固定目標、合理假設、線性預測、分析和模糊猜測基礎上的企業傳統生存策略與變革策略，已經無法適應。隨著外界環境對企業作用的增加，引起經濟系統根本性質的變化，即量變過渡到質變。[054]

4.2.1 從競爭到淘汰

主流經濟學把新古典理論的「完全競爭」作為市場結構的理想參照：消費者和生產商都是價格的接受者，沒有直接的、有意識的對抗；商品的市場價格是由許多消費者和生產商所形成的供給和需求決定；商品是同質的，各個生產商的產品可以完全替代；生產要素可以自由流動；消費者和生產商擁有完全資訊；競爭確保「看不見的手」真正發揮作用，競爭的結果保證市場實現「帕雷托最適（Pareto optimality）」狀態。

大數據技術工具增加經濟學跨學科的研究方式，應用領域遍布經濟學、社會學、生物學、管理學、資訊科學、生命科學、環境科學等，基於主體的模擬方法，特別適合複雜經濟系統。在複雜經濟系統中，大量個體的動態行為構成整個系統演變的基礎，每一個個體均在遵照規則行動，整體呈現出有序模式，並且反映出演化規律。在現實世界裡，存在

---

[054] 陳衛東，顧培亮，王楠. 基於自組織理論的生產商臨界競爭戰略［J］. 石家莊經濟學院學報，2002（10）：435-439.

第四章　市場機制與競爭動態

著許多非集中控制的離散系統，例如蟻群、鳥群、消費者群體、生產商群體和市場經濟等。基於主體的模擬建模，既重視群體中的每一個體的特性，也重視個體之間的相互互動作用，具有更強的描述和表達能力，更接近客觀現實世界的真實情況。

基於主體的模擬模型，賦予市場整體一個虛擬的個體經濟基礎，採用自下而上的方式，模擬完全競爭市場的情況：個體之間的非線性作用，使市場的整體狀態不是單個個體的簡單疊加；市場的整體性質與單個個體、子系統的性質並不存在必然的因果關係；消費者可得到任何一家生產商的產品，生產商可以迅速地提供產品；價格為外生的均衡價格，無論是消費者還是生產商，都不能影響價格；消費者選擇是隨機的、沒有偏好的；產品是同質的、無差異的；生產要素都可自由地流入市場；消費者在全域性選擇，生產商在全域性提供，消費者的選擇範圍和生產商的供給範圍被視為資訊。

在一個虛擬市場模型的執行過程中，有 8 個生產商的情況，生產商程式碼標注從 N1 至 N8，每一個消費者都隨機地選擇生產商的產品，從當期已有的產品中選擇一種作為下一期的消費。由於潛在進入者的競爭，從而迫使市場價格不變。由於模擬模型初始時設定及主體之間作用的隨機性，所以對同一種情況做 6 次模擬試驗，然後對模擬試驗的結果進行分析，模擬執行結果如表 4-1 所示。

表 4-1 在完全競爭市場中有 8 個生產商的模擬情況

	次數	第一次	第二次	第三次	第四次	第五次	第六次
8個生產商	初始占優勢生產商	N7	N8	N6	N3	N1	N2

次數		第一次	第二次	第三次	第四次	第五次	第六次
8個生產商	初始最劣勢生產商	N2	N7	N8	N1	N6	N7
	演化結果	N3	N1	N2	N3	N4	N5
	消費者選擇次數	400	1688	1156	822	1564	923

資料來源：王利，韓振國．基於主體的完全可競爭市場演化模擬模型〔J〕．經濟與管理研究，2005（10）：68.

在表 4-1 中，列出隨機分布的初始生產商產品占有率最高和最低的生產商。從最終結果來看，初始占優勢的生產商，在第四次模擬試驗時勝出。這顯示初始生產商的產品分布不影響最後結果，最終勝出生產商與初始產品的情況無關。8 個生產商共有 6 次試驗的演化過程，如圖 4-1 所示。中間一度占據優勢的生產商 N6 和 N1 也陸續被踢出局，N4 和 N2 經過較長時間的隨機較量，最終市場的選擇是 N2 勝出。這顯示在當前市場競爭局勢下，某一生產商可能暫時占優勢，但只要有競爭對手，就面臨著被逐出市場的可能性。

第四章 市場機制與競爭動態

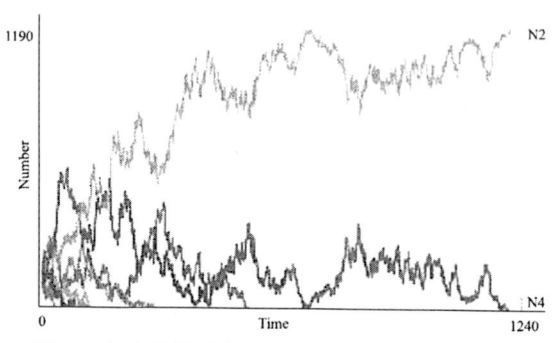

圖4-1 在完全競爭市場中8個生產商的演化過程

資料來源：王利，韓振國．基於主體的完全可競爭市場演化模擬模型〔J〕．經濟與管理研究，2005（10）：68.

在另一個虛擬市場模型的執行過程中，測試消費者的資訊完全程度對市場競爭演變的影響，分為兩種情況：①消費者只能從上、下、左、右4個鄰居和自己所消費的產品中，隨機選擇一種作為下一期購買的產品；②消費者隨機選擇周圍的8個鄰居和自己所消費的產品中的一種，作為下一期購買的產品。為了盡量減弱隨機分布的影響，對於市場中8個生產商的情況執行50次，計算演化到某一生產商占領市場所需消費者選擇次數的平均值與消費者擁有全域性資訊演化50次的平均值，如表4-2所示。

表4-2 消費者資訊完全程度對市場競爭演變的模擬情況

消費者資訊	10個	8個	6個
全域性資訊	1096.6次	1084.7次	954.0次
8個鄰居資訊	965.9次	1002.3次	851.2次
4個鄰居資訊	1195.8次	1290.4次	1193.4次

資料來源：王利，韓振國．基於主體的完全可競爭市場演化模擬模型〔J〕．經濟與管理研究，2005（10）：68.

4.2 競爭共演化原理

在表 4-2 中，消費者隨機選擇 8 個鄰居的區域性資訊，與根據全域性資訊的選擇沒有明顯差別，市場演變的速度沒有明顯的變化。原因在於生產商的資訊是完全的，且生產商數量對消費者 8 個鄰居的數量沒有顯著差別，8 個鄰居的資訊基本上涵蓋全域性消費者消費的資訊，也就是在生產商個數與鄰居個數相當時，消費者從鄰居中獲得的資訊，與從全域性獲取的資訊相當。儘管數據有隨機性，但是消費者的不完全資訊可以減緩市場演變的進度，這個結論是合理的。

改變本模型中生產商的初始個數，假設在市場中消費者每期的消費總量一定，生產商沒有完全資訊，其中有少於 10% 的生產商出於主動占領市場的目的，每期隨機增加市場容量 0～3% 的產品。如果商品總量超過市場容量，市場將隨機淘汰多餘的產品（相當於沒有消費者選擇該產品）。當某個生產商的產品全部被逐出市場，該生產商便隨之出局，模擬情況如圖 4-2 所示。

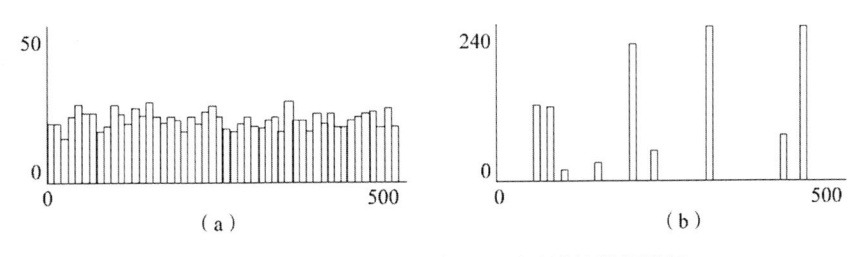

圖 4-2 生產商初始個數對市場競爭演變的模擬情況

資料來源：王利，韓振國. 基於主體的完全可競爭市場演化模擬模型〔J〕. 經濟與管理研究，2005（10）：68.

圖 4-2 (a) 是在模擬執行初期，不同的生產商以相同的占有率充斥市場的直方圖，市場競爭隨機地淘汰超過市場容量的產品。當某個生產商的產品全部被逐出市場時，相應的生產商便被淘汰。圖 4-2 (b) 為演化到

第四章 市場機制與競爭動態

9個生產商占有市場時的情況。儘管在初始市場中生產商個數不同，然而最終結果仍然走向少數幾家寡頭壟斷，甚至獨家壟斷的局面，最終的贏家與初始分布無關。

在表4-3中，從500家生產商演化到10家生產商，與從250、100、50、25家生產商演化到10家以下生產商的時間是遞增的，這主要取決於市場容量。在既定市場容量的條件下，生產商越多，則競爭越激烈，多餘的生產商將被迅速淘汰。但是隨著市場中廠商家數的減少，再進一步排除廠商，所需要的時間週期就越長。例如從3家生產商演化到2家生產商的平均時間週期，是從5家演化到3家的1.5倍；進一步演化到1家生產商的時間週期，是上一階段所需時間週期的3.6倍。另外，初始生產商的數量越少，每期隨機增加市場容量的0～3%產品的數量也越少，從而減輕競爭壓力。在初始生產商為25家時，每期只有0～2家生產商（少於10%）擴容，增加的產品也只有0～65件（市場容量的0～3%）。由於市場基本上處於平衡狀態，淘汰率降低，導致演化得非常緩慢。這說明，雖然市場最終會演化為單一的壟斷市場，但是必須經過一個相當長的壟斷競爭和寡頭壟斷時期才能達到。[055]

---

[055] 王利，韓振國. 基於主體的完全可競爭市場演化仿真模型［J］. 經濟與管理研究，2005）：6-70.

4.2 競爭共演化原理

表 4-3 生產商初始數量對市場獨占演化週期的模擬情況

初始廠商數	廠商減到 10 家	廠商減到 5 家	廠商減到 3 家	廠商減到 2 家	廠商減到 1 家	↘10	10↘5	5↘3	3↘2	2↘1
500 家	32.6	67.6	109.3	163.2	276.3	32.6	35.0	41.8	53.8	113.1
250 家	38.8	76.7	122.8	174.8	294.9	38.8	37.9	46.2	52.0	120.1
100 家	54.4	111	184.7	267.1	623.8	54.4	56.6	73.7	82.4	356.8
50 家	50.6	127.9	250.3	386.3	1063.2	50.6	77.3	122.3	136.0	675.9
25 家	62.8	127.6	311.3	672.9	1207.9	62.8	64.8	183.8	361.6	1207.9
平均演化週期						47.8	54.3	93.6	137.1	494.8

資料來源：王利，韓振國．基於主體的完全可競爭市場演化模擬模型［J］．經濟與管理研究，2005（10）：69.

101

4.2.2 從競爭到合作

在生產製造領域裡，伴隨著大數據、物聯網、雲端運算的發展和應用，以「製造即服務」為核心理念的大數據技術，為經濟系統注入資訊化活力。大數據技術把多種主體、多種資源聚集到一起，突破傳統的產業邊界，形成一種面向製造生產商的市場「競爭——合作」（競合）的生態系統，每個參與到其中的生產商，都占據一定的地位和活動空間，透過互動、競爭、合作等方式，達到需求滿足和價值創造的目的。

在生態系統中，生態區位（ecological niche，生態棲位）是衡量個體與族群生存空間及競爭能力的關鍵因素。同樣在市場系統中，每個參與主體都有自己的生態區位，生產商之間的良性競爭與充分合作，是系統持續動態平衡的關鍵。透過大數據資訊平臺提供方的有序組織，以及生產商的廣泛參與，形成一個以消費者為中心的價值網路。在大數據技術支撐下，包括消費者、生產商、軟體服務商、檢測提供方等多種主體，透過競爭合作和互動，共同實現價值創造。

在市場系統的競合過程中，形成共存發展、相互競爭和互利共生（合作）的關係：

①主體間共存發展。在一個健康的生態系統中，物種的多樣性是非常重要的。只有多種生物共同發展，才能實現物質與能量的正常循環，從而維持系統平衡。同樣在一個開放的市場生態系統中，多種主體共存發展，才能形成穩定的價值網路，支持市場平臺的不斷創新和持續發展。

②同類主體間相互競爭。消費者是平臺賴以生存的資源，但是數量總是有限的。在供大於求時，主體之間產生激烈競爭，有的主體被淘

汰，有的主體則透過提升服務水準來擴大競爭優勢，而得以生存。長期競爭的結果是各主體生態區位分離，從而能夠共同發展、維持系統的穩定。

③主體間互利共生。一類是消費者與生產商之間相互依存的關係，另一類是處於產業鏈上下游的主體間的合作關係。消費者構成生產商的資源，同時消費者也依賴生產商來滿足需求，實現價值轉化。同為生產商的主體，構成產業鏈上下游，透過合作來共同創造價值，彼此依存。

在生態系統中，依賴同一資源的族群彼此競爭，互相抑制對方成長。在競爭過程中，各族群的成長規律，遵循洛特卡－沃爾泰拉模型（Lotka-Volterra Equations）所描述的方式。在市場系統中，主體間的競爭合作關係，與自然物種之間的相互作用十分相似：大量主體提供相同或相似的服務，因而產生激烈競爭、優勝劣汰，市場主體因此不斷最佳化服務資源、提高服務品質；許多處於產業鏈上下游的主體也會開展合作，因此市場也是一個複雜的、自組織、開放的生態系統。

在市場系統中，生產商的生態區位是指參與交易活動的生產商對環境因素（資源種類、價格區間、年齡層次等）的選擇範圍，生態區位寬度與生態區位重疊這兩個因素，能夠有效描述生產商在市場中的位置及與其他生產商的關係。

(1)競爭關係

競爭是在生態區位重疊且資源有限的條件下產生的，競爭激烈程度與重疊度、雙方當前的需求及資源占有狀態相關。兩者重疊度越大，一方的資源占有量越趨近於上限，影響對方的程度也越大。兩個生產商和交易量的關係可以表示為：

第四章　市場機制與競爭動態

$$\begin{cases} \dfrac{\dot{x}}{x} = r_1\left(1-\dfrac{x}{K_1}\right)-\dfrac{b_1 y}{K_2} \\ \dfrac{\dot{y}}{y} = r_2\left(1-\dfrac{y}{K_2}\right)-\dfrac{b_2 x}{K_1} \end{cases}$$

式中，x 和 y 表示生產商當前的交易次數；r1 和 r2 是與自身生態區位及成功率等相關的成長率；b1 和 b2 是與生態區位重疊度相關的競爭影響係數；K1 和 K2 是在 d 無競爭條件下各自交易次數可以達到的上限。

(2) 合作關係

透過技術引進和擴散、協同設計、製造，在供應鏈上下游之間都會產生合作關係，生產商之間的合作程度，取決於相互的依賴關係。通常來說，在兩個有合作關係的生產商之間，一方的交易量越大，則對另一方的合作需求也越大。生產商交易量的成長率，受自身成長率、生產商的競爭與合作關係的影響。考量合作關係交易量的動力學模型，可以表示為：

$$\begin{cases} \dot{x} = x\left[r_1\left(1-\dfrac{x}{K_1}\right)-\dfrac{b_1 y}{K_2}+\dfrac{c_1 y}{K_2}\right] \\ \dot{y} = y\left[r_2\left(1-\dfrac{y}{K_2}\right)-\dfrac{b_2 x}{K_1}+\dfrac{c_2 y}{K_1}\right] \end{cases}$$

式中，c1 和 c2 是合作效應係數。

以中小生產商的模具服務平臺系統為例，藉助 Matlab 軟體進行模擬研究。

從平臺中選擇 6 家生產商，獲取 3 個月的交易數據，如表 4-4 所示。

表 4-4 中小生產商的模具服務平臺的交易數據情況

序號	模具設計	模具加工	品質檢測	計算分析	軟體租賃	專家諮詢	資料整合
A	442	193	80	0	0	0	0
B	23	0	7	1	0	0	0
C	147	8	4	1	0	0	0
D	23	70	2	10	0	0	0
E	257	24	9	0	0	0	0
F	2	0	0	0	35	24	23

資料來源：彭巍，郭偉，趙楠．基於生態區位的生產製造生態系統主體競爭合作演化模型〔J〕．電腦整合製造系統，2015（3）：845．

經過計算，第一，在生態區位寬度方面，F 最突出，因為 F 提供的產品類別較多，且產品次數分布均勻，也說明其具有較佳的業務轉移能力，不會輕易地被淘汰；C 和 E 的生態區位寬度較窄，主要與產品次數分布嚴重失衡有關，業務過於集中在激烈的競爭環境下，很難進行轉移。A 和 D 的生態區位寬度既不突出也不狹窄，這類生產商最多，既能保持適度競爭，又能不斷成長。對於新進入的生產商 B，雖然已具備一定的發展基礎，但後期發展如何，還取決於自身的競爭能力。第二，在生態區位重疊度方面，F 與其他生產商的重疊度最低，幾乎可以忽略，主要是因為 F 所提供的產品與其他生產商基本上沒有交叉，之間也不會有強烈的競爭。而 A、C、E 之間的生態區位幾乎完全重疊，提供的產品類別及次數，占總產品量的比例都相似，這類生產商在面臨需求資源有限的情況時，將產生激烈的競爭，而過度競爭將會阻礙市場系統的發展，如表 4-5 所示。

第四章 市場機制與競爭動態

表 4-5 中小生產商的模具服務平臺的生態區位重疊度

序號	A	B	C	D	E	F
A	1.000	0.405	0.928	0.656	0.942	0.037
B	0.405	1.000	0.298	0.117	0.304	0.011
C	0.928	0.298	1.000	0.361	0.969	0.041
D	0.656	0.117	0.361	1.000	0.395	0.013
E	0.942	0.304	0.969	0.395	1.000	0.041
F	0.037	0.011	0.041	0.013	0.041	1.000

資料來源：彭巍，郭偉，趙楠．基於生態區位的生產製造生態系統主體競爭合作演化模型〔J〕．電腦整合製造系統，2015（3）：845.

為了獲得生產商在競合環境下的發展趨勢，取競爭係數作為生產商之間的重疊度值，假設 D 和 E 之間存在合作關係，用相關係數近似代替合作係數，在模擬 2,000 步後得到結果，如圖 4-3 所示。

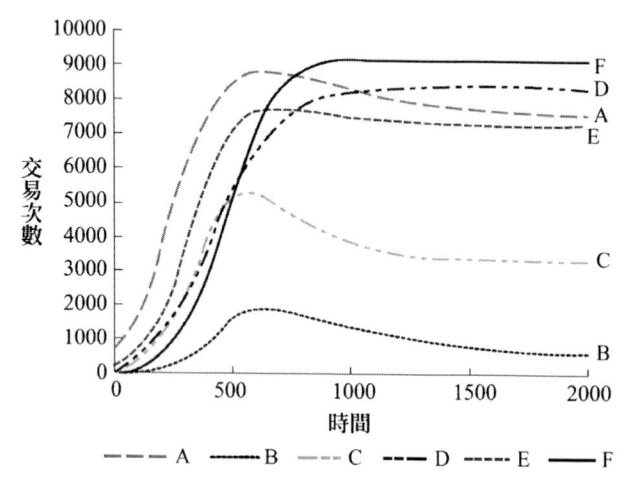

圖 4-3 中小生產商的模具服務平臺競爭合作的演化趨勢

資料來源：彭巍，郭偉，趙楠．基於生態區位的生產製造生態系統主體競爭合作演化模型〔J〕．電腦整合製造系統，2015（3）：845.

由圖 4-3 可見，生態區位的寬度和重疊度，對生產商的市場競合具有很大的影響。A、D、F 的生態區位相對較廣泛，最後能達到的交易總量也很高。F 由於與其他生產商在生態區位上幾乎沒有重疊，競爭少且交易次數最多；D 與其他生產商的重疊度很低，能夠獲得較多的資源；A 由於與 C 有較大的生態區位重疊，雖然在初始階段占優勢，但隨著競爭的加劇，後期發展反而不如 D。

C 由於生態區位狹窄且與其他生產商重疊度大，初期因專注於少數幾項業務而獲得很快的發展，後期則在競爭中難以占據優勢，趨於邊緣化。E 由於與 D 有合作關係，在與其他生產商有較大生態區位重疊的情況下，也能存活下來，且兩者都有不錯的發展態勢。B 在初期獲得一定發展後很快走向衰敗，一方面是因為生態區位狹窄、適應性差，另一方面是因為成功經驗少、競爭能力不足，所以難免被淘汰。[056]

---

[056] 彭巍，郭偉，趙楠. 基於生態區位的生產製造生態系統主體競爭合作演化模型 [J]. 電腦整合製造系統，2015（3）：840-847.

第四章　市場機制與競爭動態

4.3　生產商投資與決策支援

　　長期以來，主流經濟學關於生產商認知過程和決策思維的分析，以理性經濟人正規化為引導。在理性選擇中，經濟學者選擇和運用抽象的理論模型，來解釋生產商投資經營決策如何才能符合、實現理性，這其實是受到來自資訊和認知的雙向約束。大數據的極大量、多元度和完備性，正在成為生產商投資經營決策的依據，這樣的思維模式和認知過程的變化是革命性的，意味著生產商想準確判斷和預測供需關係和價格波動等市場現象來決定產量和價格，必須掌握和運用大數據、互聯網和人工智慧等新技術。[057]

4.3.1　從投資到風險控制

　　大數據、人工智慧、物聯網和行動網路正在深刻地改變生產商的經營理念和行銷模式。從主流經濟學來理解，社會制度、經濟制度、科技進步、政治變革都會影響生產商思維；從純市場角度來理解，科技進步的影響和推動，要比其他因素大得多，或者說，對生產商思維有持續影響力的因素是科技進步。因為科技進步，將導致其投資經營的市場效用變化，既能改變投資選擇途徑、方法，也能改變投資選擇的目標和方向。

　　大數據實踐對生產商投資選擇的影響，是一個漸進的動態過程。在短期內，由於生產商的大數據思維和大數據運用是相對穩定的，比如數據蒐集能力、利用雲端整合和分類數據能力、雲端運算能力、機器學習

---

[057] 程平，孫淩雲．大數據、雲端會計時代考慮數據品質特徵的生產商投資決策［J］．會計之友，2015（12）：134-136．

能力等，處於相對穩定狀態；在長期內，由於生產商駕馭、控制和運用大數據的能力增強，將提高大數據思維，其投資選擇的途徑和方式，隨著大數據思維的變化而變化。

最值得研究的，是生產商投資選擇越來越受到大數據實踐的「綁架」。具體來說，生產商選擇任何投資專案，都將採用數據智慧化方法，透過大數據及網路平臺，來預測該專案的未來供需數量、預測成本和收益的未來變動趨勢、預測產品和服務的未來市場占有率，以及潛在競爭者的市場勢力變化、預測該項投資的未來智慧化發展及其變化。生產商在大數據思維下的投資選擇過程，都可以視為對大數據的蒐集、整合、分類、加工和處理的過程。

大數據的應用能夠調整經濟學者，要麼從經驗，要麼從實驗得到認知的分析路徑，所顯現表徵實際績效的效用函數，在相當程度上，能糾正相關效用期望調整的分析論斷。或者說，大數據實踐改變生產商投資選擇的偏好函數、認知函數和效用函數。隨之，經濟學者將掌握更多精確的資訊，甚至完全的資訊，由原先主流經濟學對心理活動的模糊、甚至臆測分析，轉變為對大數據的分析，從利己偏好面對效用函數。

物聯網在大數據採集和人工智慧運用方面展現出很高的技術層級，是生產商投資經營實現數據智慧化和網路協同化的重要執行媒介。從物聯網角度來考察生產商的投資選擇，需要從物聯網覆蓋面和複雜場景、物聯網駕馭力和效用函數這兩個方面展開。

(1)物聯網覆蓋面和複雜場景

物聯網是邊界極其寬廣的生態圈，開啟生產商投資選擇的活動空間，投資選擇偏好的表現形式，處於經常變動狀態，使產品和服務進入「時空錯開、同步並聯和即時評價」的線上狀態。從圍繞「物理世界、

第四章　市場機制與競爭動態

心理世界和智慧世界」三大主網路的建構，進而從物聯網跨越互聯網，向智慧網過渡來分析，物聯網的線上狀態，顯露心理世界主網路向智慧世界主網路的發展。由於物聯網有著邊界極其寬廣的生態圈，儘管生產商投資選擇偏好的底蘊仍然是自利最大化，但其偏好的表現形式，隨著大數據支配或反映的心理世界主網路的變化而變化。物聯網寬廣的生態圈，決定其擁有複雜場景，這些複雜場景，與其說是各大主體及其行為的關聯，還不如說是多元數據的分布及融合。物聯網生態圈是由物聯網服務平臺（PaaS）承載，對於這些具有複雜場景的數據，生產商必須運用「數據驅動法」進行甄別，以獲取準確資訊。數據驅動法不是依賴單一抽象模型，而是事先設定許多針對複雜場景的簡單模型，運用大量計算，確定這些模型中的引數。生產商這種探勘、搜尋、整合、分類、加工和處理數據的過程，就是生產商利用物聯網平臺架構，使其適合於物聯網生態圈，從而實現數據智慧化、網路協同化以及網路協同效應的過程。

在物聯網時代，生產商選擇投資專案、投資金額和投資方式，一方面會考量物聯網生態圈及技術融合；另一方面，會透過物聯網的智慧運用和學習能力，來選擇經營方法和途徑，即充分利用物聯網平臺選擇經營品種、銷售模式和物流模式等。

(2) 物聯網駕馭力和效用函數

主流經濟學有關利己偏好決定消費者、生產商、政府追求效用最大化的分析，同樣適用於物聯網時代的生產商投資選擇。然而新古典經濟學把認知作為外生變數，而踰越認知的分析；大數據經濟學把認知作為內生變數、力圖解釋物聯網時代生產商投資選擇行為。物聯網時代的大數據，包括「行為數據流」和「演算法數據流」兩大塊，效用函數及期望的調整，取決於對人類演算法數據流的駕馭能力。

4.3 生產商投資與決策支援

　　物聯網大數據不僅包括事物數量的資訊數據,還包括圖片、圖書、圖紙、影片、影像、指紋等與人類行為結果相關的所有非數據化資訊。對於生產商投資選擇來說:一方面,大數據可以解釋為已發生數據和未發生數據之和,前者指歷史數據和正在產生的數據,後者指未來將產生的數據;另一方面,就數據對生產商投資選擇的影響來說,大數據又可以解釋為行為數據流和演算法數據流。

　　生產商利用物聯網進行投資選擇,通常依據已經發生的行為數據流,對其進行探勘、搜尋、整合、分類、加工和處理,以決定選擇什麼樣的投資專案、投資多少和如何投資。當匹配和處理大數據的機器,深度學習發展到較高水準、人工智慧在物聯網得到廣泛和精準運用時,生產商投資選擇的效用函數是有可能準確預期的,所以不會出現效用期望的調整問題。生產商的效用期望預期,是投資選擇的一項重要內容,這是工業化時代不存在的情形,主流經濟學理論對此無法進行解釋。

　　在大數據和人工智慧背景下,演算法數據流觀點認為:人們行為之間存在可靠的數量關係,可以透過互聯網,成為一種改變人類選擇的重要因素。如果機器學習在將來得到充分發展,生產商可以在機器強化學習和深度學習的基礎上,依據歷史數據和正在產生的數據,進行機器學習模擬,並且推測未來數據,那麼就會出現被控制的演算法數據流,從而為準確推測未來事件提供大數據和人工智慧的分析依據。運用生產商考察在物聯網時代投資選擇的效用期望,就在理論上成為一個不需要討論的問題。

　　物聯網發展同樣使生產商投資選擇的效用函數以最大化為核心,但這個效用函數不同於主流經濟學圍繞最大化分析而得出的效用函數。生產商選擇投資專案、投資金額和投資方式以及效用期望,都離不開對影

第四章　市場機制與競爭動態

響投資的極大量、多元度和完備性之大數據的雲端運算。根據大數據和物聯網執行分析所得出的效用函數，與主流經濟學在工業化背景下分析出來的效用函數一樣，兩者都是以最大化為核心，並且在形式上都是將偏好函數、認知函數、效用函數統一於最大化分析框架，這對於進一步理解物聯網影響生產商投資選擇是有幫助的。

透過大數據平臺的搭建，與風險相關的數據採集、處理、分析來進行風險種類、出現機率、影響程度等的進一步判定，使生產商在風險辨識、風險控制方面具有資訊優勢。在大數據環境下，生產商對投資模型的依賴程度顯著提升，對影響投資決策的行為加以量化研究和分析，進一步最佳化投資行為。開放的網路環境，使數據真實性、可靠性難以保障，生產商需要從全域性、競爭性來建立突發事件應急機制，並且針對資訊安全風險，制定相應的控制對策，積極完善數據管理流程和規範，利用大數據來辨識和預測風險，掌握投資方向。[058]

以發電專案投資的風險控制為例，企業風險主要來自經營風險，即電力市場的價格波動風險。投資決策應該注重考察專案的市場適應性，不同的風險組合，將會影響發電技術的選取、發電企業的運轉策略。比如，燃料價格對燃料成本在單位成本中占較大比重的發電專案，將會產生一定風險，天然氣發電專案的燃料成本，在總成本中占較大比重，對燃料價格及電價變動敏感。由於天然氣市場的自由化，未來天然氣價格變得更加不確定，燃料價格的易變性，增加發電專案的短期風險。又如，市場價格風險對建設期長、容量大的發電企業影響大，負荷成長、價格變化及建設融資的不確定性，都導致投資大容量電廠風險增加。再如，汙染物排放控制成本影響發電廠的投資獲利能力，相關的法律，使

---

[058] 張豔玲．大數據環境下公司投資策略中的風險控制探析［J］．現代行銷（學苑版），2021：18-189.

二氧化碳的排汙控制界限更加不確定，二氧化碳排汙價格將會直接影響以化石為燃料的電廠的獲利能力，將對電價產生很大的影響，如表 4-6 所示。

表 4-6 不同發電技術的定性比較

發電技術	容量大小	建設期間	單位容量成本	運作成本	燃料成本	CO_2 排放量 [059]	管制風險 [060]
天然氣電廠	中等	短	低	低	高	中等	低
燃煤電廠	大	長	高	中等	中等	高	高
核電廠	很大	長	高	中等	低	零	高
水力發電廠	大	長	很高	很低	零	零	高
風電廠	小	短	高	很低	零	零	中等
燃料電池	小	很短	很高	中等	高	中等	低
太陽能光電發電	很小	很短	很高	很低	零	零	低

資料來源：丁偉，李星梅．電力市場中發電專案投資風險研究〔J〕．現代電力，2006（6）：85.

發電專案投資評價方法通常採用平均成本法，核心思想是把成本和收入按照一定的貼現率折算到某一年，以此評價專案整體的投資經濟性，反映長期投資和融資的可行性。再結合風險因素的投資報酬率，詳細分析權益報酬率、短期回收資本計畫，當發電成本低於預期上網電價、內部收益率高於投資者期望的資產報酬率水準時，該發電專案具有經濟性。在近期經濟風險與生命週期風險之間取得平衡，以投資者預期的投資報酬率為判斷準則，得到期望的報酬率，並不是追求最小的投資成本。

---

[059] CO_2 排放量指電廠自身的排放量
[060] 管制風險展現的是管制機構對某項發電技術發展所持的態度。

第四章　市場機制與競爭動態

電力建設投資專案面臨的風險因素非常多，包括技術風險、市場風險、管理風險、政治風險、自然風險和其他風險。在不同的階段也有不同的風險，且風險源的變化是無窮的，所以企業需要根據全面性、可比性、可操作性的原則，利用大數據技術，按照風險來源進行歸納、比較、分類，建立電力專案投資風險評價指標體系，對在專案投資中可能發生的風險，進行全面、仔細的評估，把不確定性轉化為可度量、可控制的風險，提高投資的風險管理水準和經濟效益水準。

4.3.2　從監測到決策支援

大數據能夠推動生產商的營運和服務更新，推進數據資產價值探勘，有利於營運監測管理精準化、多樣化。綜合運用先進資通訊技術和現代控制技術，深入探勘大數據價值，發揮數據的基礎資源作用和創新引擎作用，建構生產商營運監測業務體系和大數據資產全生命週期管理體系，打造智慧化監測平臺，主動預警營運管理的異動和問題，實現生產商營運監測分析管理由線下轉為線上、由被動轉為主動、由人工轉為智慧的智慧型運轉模式。

在大數據管理策略規劃中，生產商應該確立長期數據監測意圖，制定數據管理品質的長期目標和短期目標，按照「數據模型 —— 數據取值 —— 數據使用」來確立數據管理責任，開展數據資產全生命週期管理，為建立長期的大數據管理體系奠定堅實的基礎。

結合 Hadoop 系統和 MapReduce 軟體技術，以物聯網和行動網路作為數據互聯的基礎，以大數據分析和雲端運算作為數據處理的基礎，不僅對各種類型數據進行有效的蒐集，而且對巨量數據進行妥善的處理。內部數據主要來自生產管理系統、採集與監視控制系統、財務系統等；

外部數據主要來自互聯網、行銷系統、地理資訊系統等。數據具有分散性、異構性，同時又有安全分割槽、橫向隔離的要求。

數據平臺透過物聯網和行動網路技術，匯集營運管理業務全鏈條數據及外部數據，挖掘透過大數據探勘和雲端運算分析數據呈現出的業務規律，應用釋出對生產商營運業務開展線上監測，及時預警業務異動和問題、釋出監測分析成果，加值服務輸出數據分析產品，提供數據分析服務。

在生產商營運監測工作中，首先要對數據進行整合，對這些分散的數據進行抽取、轉換、載入和資料淨化；其次，透過數據探勘，挖掘出數據中所包含的知識。依託全業務數據中心，以數據資產全生命週期管理體系為基礎，深入探勘數據資產價值，把所有數據融合到一起，形成統一的數據池，透過雲端運算模式的儲存和計算服務，對數據進行淨化、抽取、轉換、融合等處理，實現數據的安全共享與高效能處理。最後整合生產商業務系統數據和外部數據，實現系統間的數據互聯互通，提升數據使用價值和共享水準。

生產商建立並完善業務明細數據的即時獲取機制，應用數據倉儲和數據複製技術，結合不同業務系統特點，採用 Web Services 及 Oracle Golden Gate 數據複製方式使用，實現各類營運數據的即時獲取及共享應用。同時透過數據治理來提升數據的完整性、規範性、及時性和準確性，實現數據的即時生成、自動匯總和提交。把各系統相關指標的巨量數據進行分析和監測處理，透過數據整合和整合技術，全面打通生產商內部完整的數據服務鏈條，如圖 4-4 所示。[061]

---

[061] 蔣秀芳，於皓傑．大數據環境下電力生產商智慧型營運監測管理研究［J］．華北電力大學學報（社會科學版），2018（6）：38-45.

第四章 市場機制與競爭動態

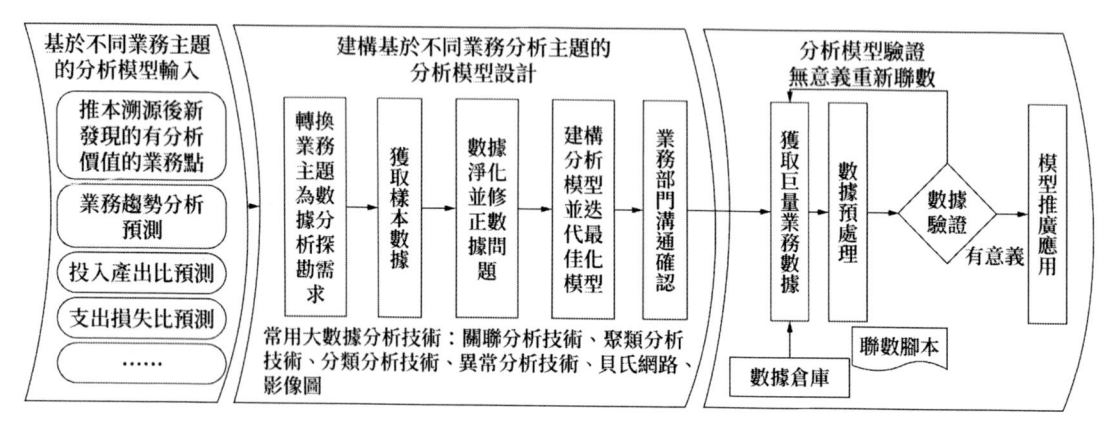

圖4-4 生產商內部完整的數據服務鏈條示意圖

資料來源：趙永良，付鑫．基於大數據的售電業務營運監測分析探索〔J〕．電力資訊與通訊技術，2016（8）：55．

以營運監測業務體系為挖掘分析對象，運用機器學習和數據探勘，開發消費者行為分析、特性分析等數據分析模型，建構風險預測、預警模型，把模型和演算法固化到智慧營運監測管理平臺中。從跨專業視角開展數據分析，深度探勘數據背後的資訊和數據間的關聯，把數據轉化為有效資訊，透過數據探勘分析，深入尋找生產商管理的薄弱點和風險點。[062]

在大數據監測領域中，人工智慧更加有效地透過機器高效能運算，提升監測大數據的精準度，提升數據資訊的監測辨識匯總品質，促進人工思維與機器融合的效率。人工智慧技術能夠透過數理邏輯來處理專業問題，實現監測大數據的穩定性，解決監測大數據因為體系龐大造成的數據遺失和邏輯漏洞。人工智慧所蘊含的演算法和數理邏輯，必須符合實際的建設場景，監測大數據環境滿足人工智慧演算法落地的需求。多元化的數據資訊能夠完整提供場景模式，從豐富的數據監測屬性和靜態

---

[062] 胡建．基於大數據的複雜裝備生產商決策支援體系建設［J］．中國軍轉民，2021（5）：35-37．

結構環境入手,以提供單一確定和多源異構的資訊為切入點,確保人工智慧技術在數據監測工作中的高效能運用。

監測數據具備時間序列循環的穩定性,透過大數據與人工智慧相結合,探勘資訊安全中的時序性監測數據關聯,以大數據技術的多核心分散式操作模式,實現對巨量資訊安全數據的模態解析,且透過類似 Devops 公司提供的深度學習方法,實現對處理數據的精準控制,使其在雲端大數據平臺終端中實現視覺化。人工智慧技術的最佳化監測學習方法,降低了監測數據叢集節點的容錯率,當網路節點走訪超出以往走訪模態最大值時,透過即時性大數據監測通報,實現資料傳輸與處理的安全穩定性。在網路異常入侵監測中,透過多元常態分布和異常值監測等人工智慧技術,實現對電腦網路的三級過濾,透過高頻率的數據走訪請求,來設定網路訊號危險指標,以替代傳統監測系統的異常行為,從而指向性地提升監測時效性。[063]

為了解決上述問題,生產商迫切需要建立基於大數據的決策支援體系,以有效提升生產、品質、科學研究、開發、財務等各方面資訊的智慧分析與決策能力。從產業應用、數據服務、數據採集與模型管理等多個層次出發,面向全業態、全級次、全過程,建構生產商大數據決策支援系統,如圖 4-5 所示。[064]

---

[063] 曹春華,唐雅娜,黃德研. 人工智慧技術在大數據監測中的應用 [J]. 中阿科技論壇,2021 (8):82-84.
[064] 胡建. 基於大數據的複雜裝備生產商決策支援體系建設 [J]. 中國軍轉民,2021 (5):35-37.

第四章　市場機制與競爭動態

圖 4-5 基於大數據的複雜裝備生產商決策支援體系建設

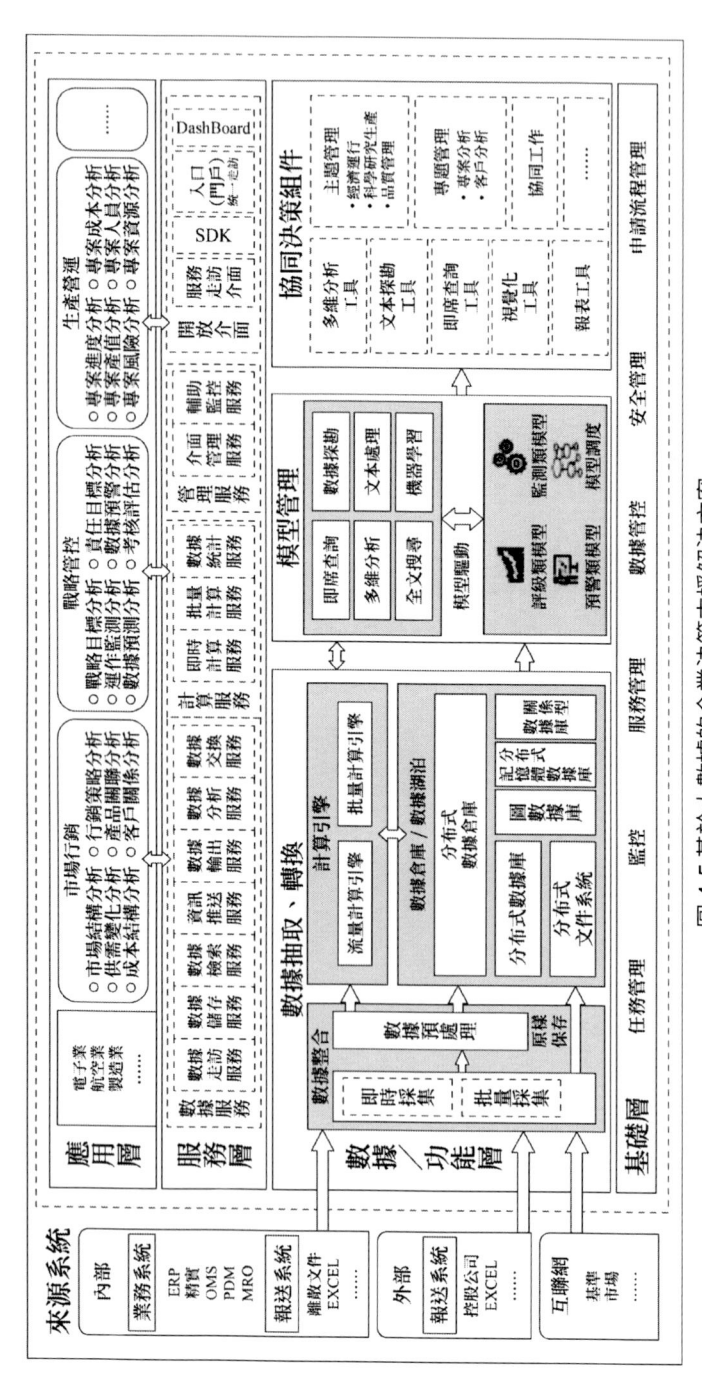

資料來源：胡建．基於大數據的企業決策支援解決方案〔J〕．中國軍轉民，2021（5）：36.

4.3 生產商投資與決策支援

　　以某電力企業的經營決策支援為例，在各項經營統計指標中，售電量是重要的實物性指標。只有保證一定數量的售電量，才能把銷售收入維持在較高水準，進而創造更多利潤。電力企業關鍵經營統計指標體系包括：①售電量，是反映經濟效益的核心指標，也是指標預測的首要目標，其他指標的預測則建立在本項指標的基礎上；②售電均價，是衡量經營業績的指標；③線損率，用於考核電力系統執行的經濟性，是一項綜合性技術經濟指標；④售電收入、購電成本、毛利，是反映經營成果的指標。

　　為了排除單一預測方法的片面性，並提高預測精度，利用加權移動平均、多元線性迴歸、灰色模型等三種基本方法來預測售電量指標，把GDP、人口也作為神經網路的兩個輸入條件，藉助 Matlab 軟體和徑向基函數神經網路（Radial Basis Function Neural Network，RBF 神經網路），把三種方法的預測結果擬合，以完成對核心指標售電量的預測。

　　在電力企業關鍵經營統計指標體系之間有一定的關聯，採用系統動力學（System Dynamics，SD）模型，將各指標連結起來進行系統分析。把系統動力學模型引入指標分析，不僅可以系統化、形象化地定性分析，還可以定量規模求解，便於指標預測及運算。在輸入數據後，根據各指標計算公式建立的內在數量關係，即可以進行定量分析。同時改變單一指標值，其他指標值亦相應變化，為後續的敏感性分析提供良好條件。

　　藉助 STELLA 軟體建構 SD 模型，主要由線損率、毛利兩個預測子模組組成，並且由售電量指標把這兩者連為一體：①線損率模組，以線損率指標為中心，連結售電量成長係數、供電量、各損耗指標。②毛利模組，以毛利指標為中心，連結電價、收入、電量及購電成本，如圖 4-6 所示。

第四章　市場機制與競爭動態

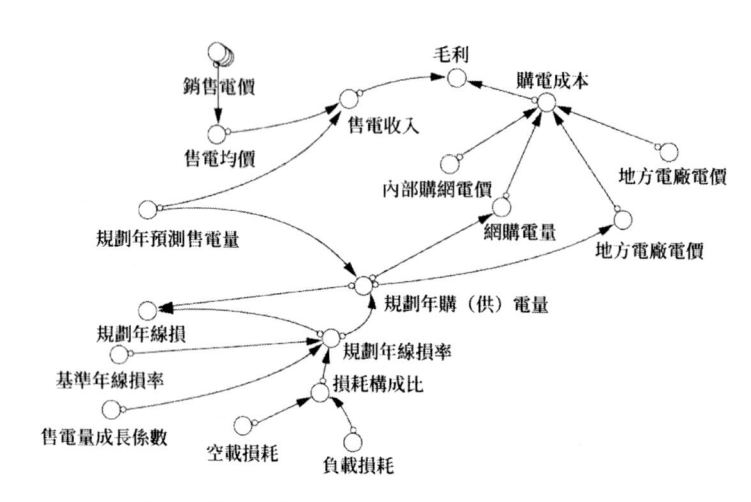

圖 4-6 某電力企業關鍵經營統計指標 SD 預測模型

資料來源：李雪亮，薛萬磊，彭麗霖．系統動力學模型在電網公司經營決策支援中的應用〔J〕．水電能源科學，2013（9）：241.

生產商使用基於大數據的決策支援解決方案，建成上下一體的智慧經營管控與決策支援系統，透過系統視覺化，查看生產現場的重要產品、重要設備的生產資訊，實現工廠透明化管理，高效能保障策略循環管控，實現經營管理視覺化展示、自動化預警、決策支援和智慧決策功能，有力提升全過程智慧管理，風險控制實現由單點分析向聚合分析轉變，及時防範經營風險。[065]

---

[065] 李雪亮，薛萬磊，彭麗霖．系統動力學模型在電網公司經營決策支援中的應用［J］．水電能源科學，2013（9）：240-242.

第五章
集體行為與社會分化

　　相比個體獨立的方式，人類以團隊合作的方式，能獲得更多的產品，自身的行為與他人的行為互動，構成複雜自適應的經濟系統。這個系統的約束條件不僅包括自然資源、市場供需等，而且包括在生產與交換過程中個體所受到的分散式認知約束，群體的認知過程也會受到這些認知性約束的影響。社會網路是群體認知的基礎，個體生存能力和群體生存能力的約束，必須同時得到長期的滿足。這意味著，要在不同組織中找到一種以持久折中方式為基礎的群體理性，也就是一種分散式的適應性群體理性。

第五章　集體行為與社會分化

5.1　群體理性與社會行為

　　現代社會的基本特徵是存在多元化的價值觀，穩定有序的現代社會，存在著任何價值主體都認同的共同價值觀，但每一個價值主體因為其理性的有限性，無法提供這個共同價值觀。美國政治哲學家約翰·羅爾斯（John Rawls）認為，共同價值觀存在於群體理性之中，以成熟自律的公民社會為基礎的利益整合機制和能力，是種種理性之間，為了社會共同的善惡問題和基本的正義問題，而展開的交往、對話和溝通。

5.1.1　從烏合之眾到羊群效應

　　人在世界上是最複雜的動物，物質與精神、理性與感性、先天遺傳與後天環境糾結在一起。法國社會心理學家古斯塔夫·勒龐在《烏合之眾：大眾心理研究》中指出，在某些特殊條件下，聚合在一起而喪失自覺的個性、受群體心理支配的人們，被稱為「烏合之眾」，即由大量的無名者構成從而喪失身為個體人的本質的龐大群體。每一個個體的個性完全被淹沒，不再是原來的自我，通常表現出迥異於個體的特徵。[066]

　　群體不只是在數量上的群體，更是一種擁有共同思想的群體。勒龐所說的烏合之眾，有時也會陷入一種群體無意識的極端狀態，變得衝動、易怒。正如法國歷史學家、政治家托克維爾所說：「民主將是一種不可阻擋的趨勢，但是民主極其容易形成多數人的暴政。」其可怕之處就是不僅在政治領域形成一種專制，而且攜帶著多數人形成的道德正義感，裹挾整個社會，形成一種社會專制。處於其中的人們受到暗示、傳染而形成無意識，以至於出現各種極端，法國大革命便是最顯著的例證。

---

[066] 秦文竹.強弱衝突事件中的烏合之眾與理性受眾［J］.西部廣播電視，2015（7）：82.

5.1 群體理性與社會行為

由個體組成的群體中的個體，是趨向同質化的，如果個體的理性思維受到群體心理的壓制，就容易受到預設立場的影響，無意識地回應吶喊者的呼聲。勒龐認為孤立的個體「可能是一個有教養的人」，但是聚合成群的個體「卻變成一個野蠻人」，對於他人的暗示、傳染毫無抗拒之力，此時的個體喪失理性，沒有推理能力，不知道懷疑和確定性為何物。

①人云亦云。個體與群體相比是渺小的，群體力量的強大，總使個體心生畏懼。人們情願放棄自己的思想而去迎合眾人，認為眾人不僅代表力量，且代表真理。像古希臘蘇格拉底那樣，為了真理而獻出自己生命的人，畢竟是罕見的。從眾的觀念，使獨立的個體逐漸喪失獨立判斷的能力，成為整齊劃一的個體。在群體中，個體之間是相互連結的，「群體在相互傳染之下，很容易接受暗示，猶如進入催眠狀態，一切思想完全受催眠師左右」，傳染現象與接受暗示也是烏合之眾形成的重要原因。

②法不責眾。群體責任是判斷個體與群體的關係、進行歸責的參考座標。受到法不責眾思想的影響，個體在群體中存在僥倖心理，認為可以逃脫懲罰，所以極易產生衝動或偏激的行為。德國政治理論家漢娜·鄂蘭是反對群體責任說的，認為在對群體進行歸責時，必須還原到個體。美國經濟學者、社會學家奧爾森在《集體行動的邏輯》中闡述了「搭便車現象」，雖然個體都想獲取公共物品，但個體都不想因此付出代價，人與人之間進行直接監督的可能性會降低，這也是烏合之眾產生的一個原因。

③平庸之惡。烏合之眾產生的群體無意識，使個體極易服從權威，受到領導者的煽動與蠱惑。德國思想家、政治理論家漢娜·鄂蘭在《艾希曼在耶路撒冷：一份關於平庸的惡的報告》(*Eichmann in Jerusalem: A*

第五章　集體行為與社會分化

Report on the Banality of Evil）中提出，被奉為惡魔的艾希曼，「只不過是在龐大的官僚機器上的一個齒輪，在納粹意識形態這種包羅的世界觀的強大力量下，個體只不過是納粹實現其統治世界的政治野心的一顆棋子」。每一個個體都是被去掉個性化的普通人，只有無條件地服從才能保住自身，從而成為烏合之眾的一員，因為反抗的代價遠遠大於服從的代價。[067]

在主流經濟學理論中，都有理性人（經濟人）的前提假設，同時還假定資源供給不受限制、技術水準足夠、資訊完全對稱、市場機制充分有效等條件，但是在現實中，這些充分條件很難同時具備。理性經濟人假定的實質，是在資源的有限性和人們需求的無限性之間永恆的矛盾，其核心的假設是個體偏好的一致性和外顯性，即不同偏好的個體進行決策時，對外在刺激的排序基本上是相同的。

對於群體理性的存在性問題，美國經濟學者肯尼斯·阿羅（Kenneth Joseph Arrow）和印度經濟學者阿馬蒂亞·森（Amartya Sen）分別得出不可能定理（阿羅悖論）和不相容性定理：如果可選擇集合包含至少三項元素，個體成員至少有三位，且每位都有自己的私人領域，那麼對任何滿足最弱理性（非循環性）假設的選擇規則，帕雷托最適配置與每一個個體至少在其私人領域內具有決策自主權，在這二者之間不可能相容。即理性人條件下的個體理性加總後，不可能得出群體理性。反之，如果仍然堅持群體可以有理性，那麼或者拒絕承認每一個個體在其私人領域內的自主權，或者放棄對經濟資源帕雷托最適配置的追求。前者是在政治上的條件限制，後者是在經濟上的條件限制。

在群體中存在著理性和非理性行為。對於群體理性的分析，必須結

---

[067] 魏美薇. 在理性與本能之間—勒龐群體心理思想探究 [J]. 學理論，2014（8）：69-77.

合個體在群體中行為的特點，才能真實分析出群體的行為屬性。勒龐指出，群體並不是絕對的喪失理性或不受理性的影響，在狂熱的群體中，個體的理性被暫時矇蔽，受到群體力量的壓制，無法抵抗強大的壓倒性意見。但是「民眾理性一旦甦醒，就有可能轉變為一種可怕的解放力量」。理性的個體面對摻雜著主觀感知的數據，能夠透過客觀、冷靜的分析，真實、準確、公正地推理出事件的真相，理智地做出判斷，從而決定自己的立場，做出理性回饋。[068]

羊群效應（Herding）在股票市場上是一個令人迷惑的現象，表現為在一定時間內，投資者不約而同地買賣類似的股票或進行相同方向的操作，理智、信念、常識都失去效力，每一個個體都變為一種瘋狂的動物，從眾心理、投機心理、過度炒作、監管缺失、資訊不對稱等，都可能導致羊群效應。1936年，凱因斯確立在股票市場中存在羊群效應，引起股票市場在一段時間內大幅度波動的原因之一，就是在非理性情緒下產生的群體行為，市場漲跌幅度被擴大、價格機制混亂、交易有效性降低。深入分析羊群效應的非理性行為，有助於人們從實證的角度解釋現實的經濟現象。

羊群效應是行為財務學和大數據經濟學的一個重要研究方向，主要包括四個方面的描述：一是支付外部性（Payoff Externality），二是委託－代理模型（Principal-Agent），三是資訊瀑布（Information Cascades），四是實證性羊群效應模型（Empirical Herding）。現有的對於羊群效應的實證檢驗方法，主要有三種：適用於檢測機構投資者之間羊群效應的LSV方法、以股價分散度為指標檢驗投資者之間羊群效應的CH方法（又稱CSSD方法），和使用個股收益率檢驗市場收益率的橫截面絕對偏離度指標的

---

[068] 鄭建庫. 群氓狂熱與集體理性[J]. 寶雞文理學院學報（社會科學版），2012（12）：106-110.

第五章　集體行為與社會分化

CSAD 方法（又稱 CKK 方法）。[069]

　　隨著大數據技術的發展，人工股市模擬為羊群效應的研究提供有力支撐，藉助於計算實驗方法，能夠展現個體行為湧現出的市場整體現象：①根據需求，人為控制實驗環境，觀察個體的反應，更能分析市場個別結構，這是對市場價格的主要影響因素；②可以引入固定鄰近者網路結構的自旋結構及湧現特徵，重現更為豐富的金融市場複雜演化特徵；③基於個體之間私有資訊的傳遞和市場情緒對股市波動將產生重要影響，有限理性的個體會導致羊群效應；④可以透過複雜網路模擬在近鄰擇優策略下的羊群效應，投資行為、演化行為和路徑，受到股市網路結構、鄰近者擇優策略、股市網路連通度異質性的影響。

　　假設某一股市流動性充足、無交易摩擦，存在價值型和市場型這兩類參與者，都是價格接受者，擁有不同的交易動機：價值型參與者立足股票內在價值，投資目標為獲取生產商未來的長期收益；市場型參與者關注市場行情，希望在短期內透過買賣股票獲取生產商即時的利潤。

　　T 為建構模型所需用於測算股票波動性價值的總時長，t 為其中的任意時點，有 t ∈ [0，T]。令 A_0 為市場中可正常交易的股票，當 t=0 時，其市價為 S_0。A-1 為與 A_0 對應的虛擬股票，當 t=0 時，市價為 S-1，假設 A-1 可流動但是價格無波動，當 t ∈ [0，T] 時，只能以價格 S_0 賣出，除此之外，與 A_0 無差別。

　　參與者 G 有策略 1 和策略 2 可以選擇：

　　策略 1：①以當前市價 S-1 買入一份 A-1；②以價格 P_C 買入一份或者有請求權 C，其執行價格為 S_t，即可正常交易的股票 A_0 在 t 時的真

---

[069] 吳福龍，曾經勇，唐小我．羊群效應理論及其對中國股市的現實意義［J］．預測，2003（2）：62-68．

實市場價格，持有者為參與者 G，可以在有請求權的有效期內的任一時點，以價格 S_t 賣出一份 A-1；③以價格 P_Z 賣出一份或者有請求權 Z，其執行價格為 S_0，持有者為參與者 F，可以在有請求權的有效期內的任一時點，向賣出方（參與者 G）賣出一份 A_0，價格為 S_0；④或都有請求權 C 和 Z 中若有一個先行權，另一個則作廢。

策略 2：以價格 S_0 買入一份 A_0。

當市場參與者 G 認為這兩種策略無差異時，需要 S-1 的取值。策略 1 建構的資產組合完全複製 A_0 的價格和收益，根據無套利原理，有：

$$S_0 = S_{-1} + P_C - P_Z$$

$$S_0 = S_{-1} + P_C - P_Z$$

$$f(x) = a_0 + \sum_{n=1}^{\infty} \left(a_n \cos \frac{n\pi x}{L} + b_n \sin \frac{n\pi x}{L} \right)$$

由此定義股票波動性價值為：

$$VLA = \frac{S_0 - S_{-1}}{S_0} = \frac{P_C - P_Z}{S_0}$$

式中，VLA 為股票波動性價值，用以描述股價波動在股票價格構成中的貢獻，其大小和方向受到有請求權 C 和 Z 的影響。基於參與者 G 的立場，當選擇策略 1 時，隨著 A_0 價格的波動，C 將帶來價值或收益，Z 卻將帶來風險或損失，所以 C 為波動性收益請求權，Z 為波動性損失請求權。C 與 Z 的博弈，最終決定波動性價值的取值，可以證明 VLA＜1，且從直觀上說，根據參與者 G 對未來股價走勢的預期不同，VLA 的取值可正可負。

第五章　集體行為與社會分化

股票的波動性價值展現波動在資產定價中的貢獻度：波動性價值的絕對值越大，那麼在股價中可以被波動解釋的部分就越多；股價偏離假設的可流動性，但是價格無波動的股票 Λ-1 的價格越多，那麼可以認為股價波動越大。

(1) 基於資訊的羊群行為模型

早期對股票市場採用的是在資訊不對稱條件下羊群行為序列模型，認為羊群行為產生的主要原因，是資訊不對稱導致的資訊瀑布，參與者可能在觀察到前面參與者的決策之後，放棄自己的私人資訊，且選擇與前面投資者相同的決策，進而產生資訊瀑布和羊群行為。此外的原因還包括不完全資訊、基於聲譽的考量和基於報酬的考量。

(2) 基於資訊的羊群行為對選擇權博弈模型的修正

假設參與者的私人資訊是不對稱的；市場公共資訊公開且對稱，但是參與者對這些資訊的加工、評價和判斷可能不同，且加工、評價和判斷的結果屬於參與者的私人資訊；參與者雖然無從得知他人的私人資訊，但是能夠觀察到他人的行為，並且可能根據他人的行為調整自己的決策。風險中性的參與者 G 和 F 分別代表一類參與者，在每一類中每一個參與者都在不確定條件下面對相同的投資決策，即 G 類參與者面對波動性收益選擇權 C 是否行權（執行）的決策，而 F 類參與者要決定手中的波動性損失選擇權 Z 是否行權。

把基於資訊的羊群行為模型應用到對選擇權最佳停止時的判斷中，從而修正股票波動性價值模型，分析羊群行為對股票波動性價值的影響。對波動性收益選擇權而言，在每個選擇權處於價內的時點上，市場上所有持有該選擇權的參與者（G 類參與者）都是按一定順序依次決定是否行權，且這個順序是外生決定的。

第 1 個 G 類參與者 G_1 將會根據自己獲得的私人資訊做出決策；第 2 個 G 類參與者 G_2 了解到 G_1 的決策，依據貝氏定理，從 G_1 的決策中推斷出他可能獲得的私人資訊，且據此對自己的私人資訊加以修正之後，再進行決策；第 3 個 G 類參與者 G_3 也將根據 G_1 和 G_2 的決策，推斷他們獲得的私人資訊，同時修正自己的私人資訊；其後的參與者 G_4、G_5……均是如此，這樣就會產生羊群行為。參與者在分別決策 C 和 Z 時，可能產生的資訊瀑布和羊群行為，將造成參與者行使權利的時點相對集中，最終對股票的波動性產生影響。

(3) 模型的求解

求解羊群行為的股票波動性價值模型，關鍵在於參與者不完全資訊條件下資訊瀑布的形成，對選擇權 C 和 Z 博弈結果的影響。根據模型設定的規則，在二者中，仍然最多只有一個可以行使權利，即先行使權利的兌現收益，後行使權利的則作廢。為了解決求解過程中必然涉及的不完全資訊問題，採用最小二乘蒙地卡羅模擬技術（LSM）和博弈論，處理不完全資訊博弈的標準方法，運用海薩尼轉換（the Harsanyi transformation），把其轉化為完全但是不完美資訊的博弈問題。

股票 A_0 的價格 S_t 遵循幾何布朗運動（GBM），有：

$$dS_t = (r-q)\ S_t dt + \sigma S_t dB$$

式中，r 為無風險收益率，q 為連續現金紅利率，σ 為波動率，r、q 和 σ 均為常數；B 為一個標準維納過程，有：

$$dB = \varepsilon_t \sqrt{dt}$$

第五章　集體行為與社會分化

式中，εt 為服從標準常態分布的隨機變數，N（0，1）為標準常態分布。在資訊不完全且不對稱條件下，兼顧精度和效率，令 K=2,520、Npath=10,000，令 r=0.06、S0=10、σ=0.10，運用 Matlab 軟體求解，結果見圖 5-1。

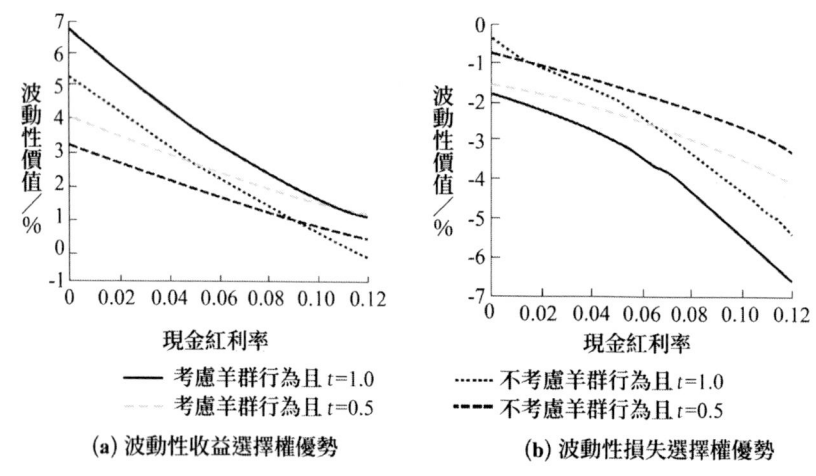

(a) 波動性收益選擇權優勢　**(b) 波動性損失選擇權優勢**

圖 5-1 在資訊不完全且不對稱條件下羊群行為對股票波動性價值的影響

資料來源：張普，蔣月娥，倪文輝．羊群行為與股價波動的關係：來自理論層面的證據〔J〕．管理科學，2021（3）：150．

在圖 5-1 中，由子圖 (a) 可知，羊群行為的存在對股票波動性價值具有放大作用，表現為存在羊群行為的波動性價值曲線，始終處於在同等條件下不存在羊群行為的波動性價值曲線上方，由於波動性收益選擇權占優勢時，把 G 類參與者設定為具有絕對的資訊優勢，因此波動性價值總體上表現為正值，羊群行為對股票波動性價值的放大效應，即表現為考慮羊群行為的波動性價值曲線在圖中的上移。由子圖 (b) 可知，在絕大多數情況下，兩條曲線之間的距離基本上相等，可以得到與子圖 (a) 類似的結論，唯一的差別是，當波動性損失選擇權占優勢時，波動性價

值總體取值為負，因此羊群行為對股價波動的加劇作用，表現為考慮羊群行為的波動性價值曲線，相對於在同等條件下不考慮羊群行為的波動性價值曲線向下平移。考慮羊群行為對股價波動的影響情況，必須與一定的資訊條件相結合，當資訊不完全且不對稱時，羊群行為的存在加劇了股價的波動。[070]

5.1.2 從自私基因到社會偏好

經濟學作為一門社會科學和人文學科，其從哲學觀點、倫理原則和文化觀念中推演出來實際價值判斷，在方法論上始終是一個難以迴避的棘手問題。經濟學者總是處於相當尷尬的境地：一方面，既然自我標榜「公正」，那麼必須置身於一個超脫於研究對象的「客觀」情境中，隱藏主觀好惡和價值判斷，以一種徹底冷靜、淡漠且超然的心態關照、研究客體；另一方面，研究對象具有自身的情感趨向性和行為目的性，這又迫使他們必須給予研究對象在最終道德上的裁決，從而做出由文化傳統和道德環境所規範和塑造的價值判斷。[071]

(1) 自私基因

英國演化生物學家、動物行為學家理查·道金斯 (Clinton Richard Dawkins) 是達爾文自然選擇學說的辯護者與捍衛者，1976 年，他在《自私的基因》(*The Selfish Gene*) 中寫道：生物的個體和群體只是基因的臨時承載體，只有基因才是永恆的；基因既是遺傳的基本單位，也是自然選擇的基本單位；基因的本質是自私的，控制生物的各種活動和行為，目標就是本身能更多、更快地複製；不同的基因組合在一起，是基因之間

---

[070] 張普，蔣月娥，倪文輝. 羊群行為與股價波動的關係：來自理論層面的證據 [J]. 管理科學，2021（3）：144-158.
[071] 王曙光. 論經濟學的道德中性與經濟學者的道德關懷 [J]. 學術月刊，2004（11）：39-45.

第五章 集體行為與社會分化

的一種互相利用，目標也是更能複製；不同的生物承載著不同的基因組合，好的組合所包含的基因都能夠成功地擴增，而不好的組合將導致所包含的基因的擴增沒那麼成功，承載這些基因組合的生物也將衰亡。

道金斯的這種理論，屬於生物學領域的演化理論：穩定是宇宙的普遍法則，達爾文的「適者生存」就是「穩定者生存」；基因既創造我們的身體，也創造我們的心靈，我們則是基因的生存機器，能夠促進基因繁衍下去，就是我們存在的終極理由；凡是經過自然選擇而演化的基因都是自私的，自私的基因複製基因穩定性強，能夠較長時間儲存自身的結構；競爭性、鬥爭性的行為，可以追溯到基因的自私性，所有生命的繁衍與演化，都是基因為了自身生存和繁衍而發生的結果，就連「利己主義」和「利他行為」，也是自私的基因在作祟。[072]

在自私基因理論框架下，一方面，基因作為自然選擇的穩定者生存，又是能動的自組織與他組織系統，建立起調節機制，從而生成穩定性（基因系統的有序態）；另一方面，基因與環境相互作用，為了占據有利資源，不得不進行殘酷的競爭和鬥爭，這就產生了不穩定性（基因系統的無序態）。在演化過程中，有序態與無序態相互作用，促使基因不斷地演化，自私性既保持優良因素，又淘汰不利因素，最終使得基因系統從無序態進入有序態。

從「協同學」的角度來看，有序態的生成必然涉及漲落，使基因系統從一個不穩定態或無序態躍遷到一個新的穩定有序態。基因的「競爭——選擇」過程，是自然界演化的驅動力，自然選擇是基因系統有序態與無序態相互作用的動態演化過程，其基因系統的層次結構與功能結構，在演化過程中不斷地重組與完善，形成一個複雜性自適應系統。從

---

[072] 劉百里. 自私的基因 [J]. 生物學通報，1997（9）：20-21.

5.1 群體理性與社會行為

無序態到有序態的漸進演化過程,是人類從原始基因演化為人類,具有高度群居性的現代基因,最終出現人類的基因(迷因)雙重演化的階段。

迷因(Meme)是文化傳遞的基本單位,諸如語言、觀念、信仰、行為方式等在文明傳播、更替過程中的地位,與基因在生物繁衍更替及進化的過程類似。在《牛津英語詞典》中,迷因被定義為:「文化的基本單位,透過非遺傳的方式,特別是模仿而得到傳遞。」迷因是複製因子,模仿是迷因的主要傳遞方式,「迷因的傳播」實際上就是文化的「接受——傳播」過程。[073]

基因(迷因)作為有適應性的主體,能夠自動地根據周圍環境來調整自身狀態,與其他基因(迷因)進行合作或競爭,獲取利己的利益,以便更能生存下去。自然選擇有利於基因(迷因)複製的成功率與精確度,然而在基因(迷因)的複製過程中,不可避免地會出現各式各樣的差錯,或者說,發生差錯是複製基因(迷因)演化必不可少的前提,因為效能引數在改變,結構、功能或屬性也在改變,否則就會被自然選擇所淘汰。這種複製差錯,其實就是基因(迷因)在演化過程中的漲落、不穩定性、非線性與多樣性,展現達爾文的「適者生存」思想,否定極端還原論的線性與無演化性觀點,也否定機械決定論的抽象性、唯一性、永恆性與平衡態。[074]

道德哲學也被稱為倫理學,是哲學的一門分支學科,研究道德的起源、本質、作用及其發展規律的科學,也是探討人生理想和規定此理想之正當行為的科學。道德哲學以善惡、良知、權利、義務、行為準則、人生理想和人生價值等範疇及概念體系來表現人類社會生活和實踐活動

---

[073] 迷里彌實. 模因 [EB/OL]. 百度百科, https://baike.baidu.com/item/%E6%A8%A1%E5%9B%A0/52705585？fr=aladdin,2023-03-03.

[074] 羅迪江. 以 CAS 理論為視角解讀自私基因理論的核心思想 [J]. 科學技術哲學研究,2014(10):60-64.

第五章 集體行為與社會分化

的目的。西方的道德哲學以蘇格拉底為代表,東方的道德哲學以孔子為代表。

1751 年,亞當・史密斯回到格拉斯哥大學講授道德哲學的課程;1759 年,他出版《道德情操論》(*The Theory of Moral Sentiments*);1776 年,他出版成名作《國富論》,這本來是《道德情操論》的副產品,然而卻留下在 19 世紀中葉德國歷史學派經濟學者提出的、爭論百餘年未解決的「史密斯悖論」,「起初認為人類交往是基於人們相互之間所感受到的一種同情的道德哲學家亞當・史密斯,在某個時候,變成把利己視為激勵人們行動的東西的經濟學者亞當・史密斯」。此後,真正把「史密斯悖論」變成世紀命題的,主要是邊際學派與歷史學派的論戰。

邊際學派的學者試圖證明這兩部著作基於同一立場 —— 即人性的利己,據此建立並積極倡導作為「精密科學」的理論經濟學。然而歷史學派的學者,提出這兩部著作完全不一致,史密斯可能是一個偉大的經濟學者,然而他不是哲學家,他研究經濟系統的出發點是利己主義。

對於「史密斯悖論」的解讀,經濟學者已經達成這樣的共識,即在 20 世紀上半葉,大多數學者主張兩者存在著不可克服的內在對立與緊張關係,而在 1960 年代後期,當代學者大多數傾向於認為在史密斯的兩大體系之間根本沒有對立,只有內在的連結和一致性。其實史密斯對於在人的本性中利己傾向和利他傾向都給予關注,他把人的利己傾向歸因於人的自愛,把人的利他傾向與同情心連結起來。利己和利他統一於人性的複雜性,並不存在誰第一性、誰第二性的問題。

在此基礎上,新古典學派的奠基者馬歇爾,綜合邊際學派、奧地利學派,建立以人的主觀心理因素、理性經濟人假設和資源稀少性假設為基礎,以邊際分析和均衡分析為基本工具,以成本 —— 收益分析為基本

正規化的經濟學。從而也開始經濟學去政治化、去道德化，走向嚴格實證化和數理化的新古典主義傳統。

經濟學離不開道德、價值之類的概念，道德使社會系統、經濟系統更有效率，同時也是組成社會的人的生命意義所在。經濟學的確可以邁向更高知識標準的科學形態（比如數量化、實證化），但是與倫理學等人文社會科學一樣，永遠不可能完全推脫其價值責任和擔當。經濟學者不能把經濟學與道德完全割裂開來，閉門造車將嚴重影響經濟學的解釋力。詹姆斯·布坎南（James Buchanan）指出：「無論當代學者如何想盡辦法使問題複雜化，來掩蓋自己理論上的不可靠，然而經濟學的主要原理仍然是基礎。我們不需要用現代數學這種多餘的重物去掌握和傳播亞當·史密斯發現且由他的繼承者所強調的根本基礎。」經濟學者需要以自己特有的研究方法去探討道德問題，不能拋棄道德訴求與人文關懷。[075]

(2)社會偏好

偏好是個體的一種態度和行為選擇的概念，是個體一種蘊含著情感的態度。積極的方面就是喜愛、偏愛，消極的方面就是厭惡、怨恨，當這種態度被個體從動機轉化成現實，就變成行為。個體對自我的偏好，即個體偏好或自利偏好，個體對他人或社會的偏好，即社會偏好。一個社會人在所具有偏好中的「親社會性」，表現為個體或多或少都會關心他人的利益的主觀意願、喜好或者態度。

社會偏好是一個經濟學、心理學和倫理學範疇的概念，由美國行為經濟學者科林·凱莫勒（Colin Camerer）於1997年最先提出，其後恩斯特·費爾（Ernst Fehr）和克勞斯、博爾頓和阿克塞爾把社會偏好概念與實驗經

---

[075] 劉嘉，丁志帆．經濟學、市場與道德：「史密斯問題」的發展與超越［J］．天府新論，2012（1）：47-53．

第五章　集體行為與社會分化

濟學完整地結合起來。按照行為經濟學者和實驗經濟學者恩斯特·費爾和烏爾斯·費斯巴哈在《強互惠的經濟學》中的論述：在經濟生活中，個體「似乎是透過積極地或消極地評價相關指涉對象的支付，來表達他們的社會偏好」，而他們表達社會偏好的方式，就是既「關心分配給自己的經濟資源」，也「關心分配給相關指涉對象的經濟資源」。

在經濟系統中，社會偏好是個體對於物質利益的態度反映，顯示個體能夠關心他人和社會利益，且這種關心不是必然與自身利益相一致、相符合。人性一方面是利己的，另一方面又是利他的，大量個體並非都持有純粹的利己偏好，而是擁有超越利己的社會偏好，這是一種積極人性的展現，這種個體對他人福利狀況的關心，正是人類同理心的展現。

關心他人的福利狀況，是社會偏好的重要組成部分，他人既包括另一個體，也包括社會全體成員。福利既包括物質利益，也包括精神利益；既包括現實利益，也包括長遠利益；既包括區域性利益，也包括整體利益。關心他人福利是指個人對他人、對社會多種形式利益的重視和比較：當獲得一定福利時，某人將關心他人獲得多少福利、有多少社會占有率，透過這種關心來確立自己在社會全體成員中，到底處於何種位置，從而採取何種行動。

亞當·史密斯在《道德情操論》中透過同理心，把人的利己與利他統一起來，他認為「每個人生來首先、主要關心自己」，即利己，但是無論如何利己，在每個人的天賦中，總會擁有對他人命運的關心、視他人之幸為自己之幸的本性，即同理心，這種同理心是在人性中不需要證明的原始情感。當然，這種同理心並不要求每個人一定要遭遇不幸和痛苦，只是表示某人與他人具有產生相同感情的條件和誘因。

社會偏好不僅表現為個體對他人福利狀況的關心，而且表現為個體

維護倫理規範的願望和情感，這種願望和情感正是人類具有正義感的展現，也構成社會偏好的倫理本質。正義感是指個體以自身、他人和社會為導向，基於一定的道德觀念，是對社會上存在的行為規範和道德關係做出評判時的情緒體驗，是對道德實踐有重要意義的純粹道德情感，包括感激、仇恨、罪惡感、正義感等多元而非單一的，但是以正義感為本質的道德情感。

社會偏好是人的利社會行為，即道德行為的重要誘因。利社會行為在實質上是個體有利於他人、社會的行為，就是利他行為，同時也有利於自身，比如樹立自身尊嚴、滿足自我實現的心理需求。人們的行為目標既有終極目標，比如幸福、美好生活、人格尊嚴等，也有非終極目標，比如經濟利益、政治權力、文化成果等，後者實際上是為前者服務的。當人們以實際行動去追求這些方法時，這些方法也就成為目標，包括這些非終極目標的偏好，也就轉換為行為動機。[076]

在主流經濟學中，經濟人假設人是純粹利己的，但是一系列的博弈實驗已經證明，人們除利己偏好外，還具有公平、互惠和利他偏好。社會偏好理論突破利己模型的局限性和狹隘性，試圖在維持經濟人假設條件下，把基於倫理學、心理學和社會學的諸如公平、互惠、利他與一些社會性情感因素納入效用函數，進而修正理性經濟人假設。

從演化經濟學角度來看，利己偏好是無條件的，主要關心他人利益，具有較強的個體遺傳價值；而社會偏好是有條件的社會偏好，主要關心自身和他人利益，對團體基因的延續更為有利。在農耕經濟時代，集體主義有利於社會偏好的延續；而在工業經濟時代，個人主義對利己偏好的延續更為有利。

---

[076] 龔天平.倫理學視野的社會偏好[J].湖北大學學報（哲學社會科學版），2021（11）：9-17.

第五章　集體行為與社會分化

在社會偏好中，存在著框架效應，個體在決策中受選擇方案形式的影響，而表現出合作、互惠的利他行為及傾向改變的現象，或者說，改變選擇方案的描述方式，將導致個體的選擇偏好發生反轉。社會偏好的框架效應，主要關注公平、互惠及利他偏好，決策主體包含的範圍非常廣泛，包括個體、社會團體、國家、國際組織，決策行為明顯受到不同文化傳統的影響：在集體主義社會中，人們的決策重視集體利益，合作、互惠及利他行為更多；而在個體主義社會中，決策會更加強調個體利益。

從理論而言，社會偏好的框架效應能有力地反駁理性經濟人假設，為主流經濟學的理論修正提供良好契機，有利於從理論上解釋實驗經濟學所揭示的一系列悖論。從應用上來說，合理運用社會偏好的框架效應，能夠提高人們的合作深度和層次、互惠意識，並且增加投身社會公益事業的意願，引導人們的利社會行為，促進社會和諧發展。

社會偏好的框架效應受到諸多因素的影響，比如心理距離、價值取向、人格特質和文化等。在大多數情況下，人們的經濟決策不止受到一種形式社會偏好的影響，不同的個體，遇到同樣的情況，也可能表現出不同的偏好。

①心理距離。以自我為中心的個體，對於事物接近自我或遠離自我時產生的一種主觀體驗，參照點是此時此地的自我。心理距離向外延伸和擴展，形成四個不同的角度，即時間距離、空間距離、社會距離和可能性。四個角度的零錨定點是感知者的直接經驗，即此時此地感受到的刺激。在心理上的遠端實體是客體和事件，不是感知者直接經驗的一部分。當心理距離較近時，個體關注於具體化的事件資訊，解釋度較低，在一定程度上削弱框架效應；而當心理距離較遠時，個體傾向於抽象的、去背景化的資訊，解釋程度較高，從而增強框架效應。

②價值取向。可以分為五種角色，即競爭者、個體主義者、合作主義者、利他主義者和侵略者。當框架的資訊與個體的價值取向一致時，該框架更有可能影響人們對問題的評價和決策。消極框架顯著影響個體主義者的合作行為，而對於合作主義者的影響不明顯，原因在於當框架的資訊與個體的價值取向一致時，個體能夠對框架資訊進行深入的認知、加工，與個體價值取向一致的資訊更易被啟用，從而導致社會偏好中的框架效應增強。人們在思考的過程中，會把框架的資訊與自身價值取向進行對比，如果框架的資訊與已有的價值取向矛盾，人們就會感到明顯的認知衝突，認知失調會為人們帶來明顯的負面情緒。人們為了擺脫負面情緒，則可能否定這種框架條件，進而削弱社會偏好的框架效應。

③人格特質。涉及的方面：大五人格（五大性格特質）、自我管理、卡特爾16PF、自尊水準等。大五人格能透過錯誤知覺對框架效應產生影響，框架效應發生的可能性與外傾性顯著正相關，與盡責性顯著負相關。外傾性的個體主要靠直覺進行判斷、決策，很少經過深思熟慮，更容易出現知覺偏差，也更容易產生框架效應；而盡責性的個體更仔細、更可信，也更加自我約束，不易受錯誤知覺影響，因此會降低社會偏好的框架效應發生的可能性。神經質與損失框架的合作傾向呈負相關，盡責性與消極框架有顯著互動作用，但是當與損失框架相結合時，這種互動作用就會消失。在積極框架中，開放性與「搭便車」效應顯著正相關，高開放性、低責任感的個體，易產生社會偏好的框架效應。自我管理與框架存在顯著互動作用，這種特質與積極獲益框架的低搭便車行為相連結，顯著減少框架效應發生的可能性。

④風險感知。對於風險的考量以及個體的風險厭惡程度，往往對社會偏好有著重要影響。研究結論顯示：在不確定環境中，個體不僅具有

第五章　集體行為與社會分化

利己偏好和社會偏好，還具有風險偏好，且社會偏好與風險偏好具有一定的互動關係。就個體的利社會行為的影響而言，社會偏好的作用更顯著，而風險偏好的作用相對較弱，這可能與作為有限理性的個體出現風險認知偏差有關。個體行為同時受到利他偏好和害怕拒絕兩種因素的影響，利他偏好程度越高的個體，通常也更害怕拒絕。人們通常不是理性的，不擅長對他人的行為或偏好做出預期，且個體通常會高估自己面臨的風險。[077]

⑤文化習俗。在積極框架下，東方國家的個體比西方國家的個體更傾向於奉獻，框架效應更強烈，而西方國家的個體沒有表現出明顯的框架效應。從文化習俗角度進行解釋，西方國家盛行個體主義文化，對集體利益不重視，個體不容易受到社會情境因素的干擾，給予和索取的描述改變，沒有對他們的決策產生影響，從而導致框架效應不明顯。但東方國家盛行集體主義文化，深受集體主義文化影響，認為群體利益更為重要，更容易受到社會情境因素的影響，人們更願意為群體做貢獻，而不願意從群體中過度索取，導致在積極框架和消極框架下產生不同的效果。相比集體主義者，個體主義者的行為表現更加具有競爭性、更加以結果為取向，從而顯著地削弱了框架效應。[078]

行為經濟學和實驗經濟學對理性經濟人假設的批評和分析，非常深刻和富有成效，從現實生活中人的行為出發，利用科學的實驗方法和計算技巧，從不同角度對該假設的現實性進行基礎性的實證檢驗，其中「最後通牒」博弈實驗的研究尤為引人注目。

最後通牒（Ultimatum）源自拉丁語 Ultimatus，是指一方向另一方提出不容商量的，或沒有任何先決條件的建議，一般用於處於敵對狀態中的軍

---

[077] 黃純純，左聰穎，周業安. 最後通牒博弈下風險偏好與社會偏好的互動關係[J]. 經濟管理，2014（10）：169-181.
[078] 鄧穎，徐富明，李歐. 社會偏好中的框架效應[J]. 心理科學進展，2016（4）：622-630.

事策略之中。在人們日常的經濟行為（比如競爭對手之間的談判或在生意場內的討價還價）中，最後通牒作為一種競爭策略與方法，也發揮著重要作用，代表著談判（或者討價還價）的過程本身和最後狀態，如圖 5-2 所示。

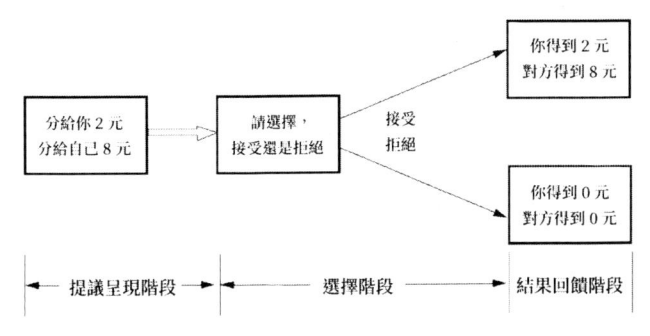

圖 5-2 在最後通牒博弈中提議 —— 響應的通常實驗流程

資料來源：張萬里，劉笑．最後通牒博弈研究述評〔J〕．濰坊工程職業學院學報，2014（3）：30．

假設有 10 塊錢要在兩個互不認識的個體間進行分配，其中一個是提議者 P，另一個是響應者 R，遵循的規則是：提議者 P 先向響應者 R 提出一個分配方案，響應者 R 可以選擇接受或拒絕這個方案。如果 R 接受，那麼 P 和 R 就按照 P 提議的方案來分配這 10 塊錢；如果 R 拒絕，那麼雙方就什麼都得不到，該博弈過程結束。在這個博弈中，參與者 P 和 R 不但完全知道要分配的金錢數額，且完全知道對方的效用函數及相應的博弈後果，所以這是一個兩人參加的、具有完美資訊條件的兩階段動態博弈。

根據傳統的博弈理論，上述最後通牒博弈存在著多重納許均衡解，即（9.99，0.01），（9.98，0.02），（9.97，0.03），……，（0.01，9.99）。僅從追求自身最大利益的理性角度出發，提議者 P 總是盡可能地最大化自己的分配比例，且響應者 R 不應該拒絕任何大於 0 的出價，因為有總

第五章 集體行為與社會分化

比沒有好,因此該博弈的唯一精煉均衡解是:響應者 R 接受任何大於 0 的比例,提議者盡可能獲取最大的比例。

1982 年,德國神經經濟學者沃納·古斯進行第一個最後通牒博弈實驗,得出一些出乎意料且有趣的結論。傳統博弈理論對最後通牒博弈既不能得出一個有說服力的解釋,也無法對現實世界人們的行為做出滿意的預測,人們願意犧牲自己的利益去換取更為平等的結果。提議者分配比例的眾數和中位數,通常為 40%～50%,平均分配比例為 30%～40%,響應者很少拒絕 40%～50% 的分配比例,而低於 20% 的分配比例,有 50% 的可能性被拒絕。[079]

進一步對利他偏好開展測度實驗,採用策略性方法設計最後通牒博弈實驗,分別測度個體的劣勢和優勢不平等厭惡係數。由電腦把個體隨機分組,兩兩一組,分別用實驗 A 和實驗 B 來表示個體的劣勢和優勢不平等厭惡測度實驗。在實驗 A 和實驗 B 中,各有 22 對分配方案,個體需要在其中選擇方案 1 或方案 2,該選擇決定個體在實驗 A 和實驗 B 中的收益,如表 5-1 所示。

表 5-1 在最後通牒博弈中實驗 A 與 B 的分組情況

序號	實驗 A				實驗 B			
	分配方案 1		分配方案 2		分配方案 1		分配方案 2	
	我方收益	對方收益	我方收益	對方收益	我方收益	對方收益	我方收益	對方收益
1	5.00	5.00	2.00	2.00	10.00	0.00	0.00	0.00
2	4.44	5.56	2.00	2.00	10.00	0.00	0.50	0.50
3	4.42	5.58	2.00	2.00	10.00	0.00	1.00	1.00
4	4.39	5.61	2.00	2.00	10.00	0.00	1.50	1.50

[079] 張元鵬. 最後通牒博弈實驗及其評價 [J]. 經濟學動態,2005(6):83-86.

5.1 群體理性與社會行為

序號	實驗 A 分配方案 1 我方收益	實驗 A 分配方案 1 對方收益	實驗 A 分配方案 2 我方收益	實驗 A 分配方案 2 對方收益	實驗 B 分配方案 1 我方收益	實驗 B 分配方案 1 對方收益	實驗 B 分配方案 2 我方收益	實驗 B 分配方案 2 對方收益
5	4.36	5.64	2.00	2.00	10.00	0.00	2.00	2.00
6	4.32	5.68	2.00	2.00	10.00	0.00	2.50	2.50
7	4.29	5.71	2.00	2.00	10.00	0.00	3.00	3.00
8	4.24	5.76	2.00	2.00	10.00	0.00	3.50	3.50
9	4.19	5.81	2.00	2.00	10.00	0.00	4.00	4.00
10	4.14	5.86	2.00	2.00	10.00	0.00	4.50	4.50
11	4.07	5.93	2.00	2.00	10.00	0.00	5.00	5.00
12	3.92	6.08	2.00	2.00	10.00	0.00	5.50	5.50
13	3.86	6.14	2.00	2.00	10.00	0.00	6.00	6.00
14	3.81	6.19	2.00	2.00	10.00	0.00	6.50	6.50

資料來源：黃純純，左聰穎，周業安．最後通牒博弈下風險偏好與社會偏好的互動關係〔J〕．經濟管理，2014（10）：173-174.

實驗 C 是最後通牒博弈實驗。兩位個體隨機地分在一組，扮演角色 A 和角色 B。雙方一開始總共獲得 10 個籌碼，由角色 A 決定在他與角色 B 之間如何分配這 10 個籌碼，角色 B 可以選擇接受或者拒絕。如果角色 B 選擇拒絕，則雙方的收益都為 0；如果角色 B 接受，則雙方的收益按照角色 A 決定的方案來分配。

實驗 D 是與最後通牒博弈實驗相對應的風險實驗。個體和電腦組成一組，雙方一開始總共獲得 10 個籌碼，由個體來決定對這 10 個籌碼在自己與電腦之間如何分配，個體可以選擇 0～10 個籌碼的任何一個籌碼數額分配給電腦，而電腦將從實驗 C 中所有人在決策 2 中給出的所有最低能夠接受數額中，隨機選擇其中一個人的最低所能接受數額。該實驗

第五章 集體行為與社會分化

與實驗 C 最後通牒博弈實驗的不同之處在於,個體所面對的是電腦,而不是與另外一位個體組成一組。在實驗 C 和實驗 D 中扮演提議者,即扮演角色 A 的個體的行為決策,面臨著同樣的不確定性,因為電腦將從實驗 C 中所有人在決策 2 中所給出的所有最低所能接受額中,隨機選擇其中一個人的最低所能接受額,作為自己的最低所能接受額。

圖 5-3 (a)描述個體在實驗 C,即最後通牒博弈實驗中扮演提議者時,對於另一方的分配額情況,表示在各個分配額下的個體所占比例情況,其中分配額為 0 的個體,所占比例僅僅為 1.9%;分配額為初始總額一半的個體,所占比例為 39%。個體扮演提議者的分配額,主要集中在 4～5,所占比例達 81.5%,分配額平均值和中間值,分別為 4.25 和 4。個體在最後通牒博弈實驗下,提議者的分配額明顯偏高,這說明在最後通牒博弈中提議者的行為並不能僅透過利他偏好來解釋,害怕拒絕同樣是在最後通牒博弈中提議者行為的原因。

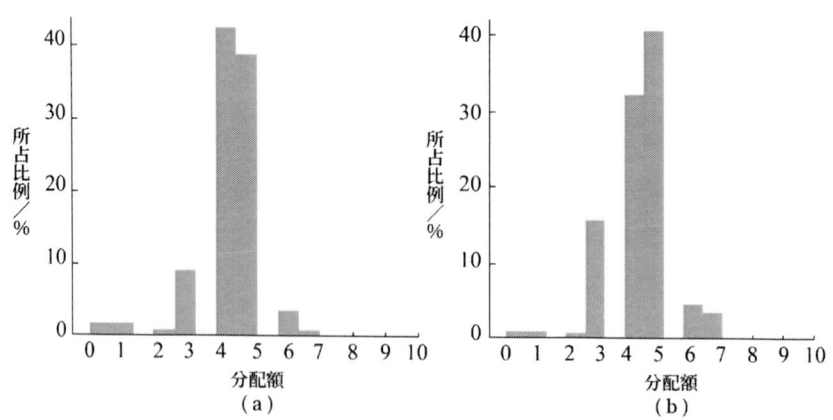

圖 5-3 在實驗 C 和實驗 D 中個體在最後通牒博弈中的分配額情況

資料來源:黃純純,左聰穎,周業安. 最後通牒博弈下風險偏好與社會偏好的互動關係〔J〕. 經濟管理,2014(10):176.

圖 5-3（b）則描述個體在實驗 D，即與最後通牒博弈實驗相對應的風險實驗中，個體扮演提議者的分配額情況，同樣表示在各個分配額下的個體所占比例情況，其中分配額為 0 的個體所占比例僅僅為 1%；分配額為初始總額一半的個體所占比例為 40.7%。個體扮演提議者的分配額，同樣主要集中在 4～5，所占比例達到 73.2%，分配額平均值和中間值分別為 4.37 和 4。對比個體在最後通牒博弈實驗中扮演提議者時，對另一方的分配額情況，21.3% 的個體在風險實驗中的分配額，要高於其在最後通牒博弈實驗中的分配額；16.7% 的個體在風險實驗中的分配額，要低於其在最後通牒博弈實驗中的分配額；62% 的個體在風險實驗中的分配額，與其在最後通牒博弈實驗中的分配額是相同的。[080]

這樣的實驗結果與傳統博弈論所預測的提議者將會獨享所要分配的金額，而響應者也不會拒絕的結論，是嚴重背離的。最後通牒博弈實驗所產生的這種背離現象，被稱為最後通牒博弈悖論，說明理性經濟人假設的局限性，印證在現實中，人的行為的非理性表現，還原人的有限理性能力對人行為的影響，由此可以看出，人的有限推理能力，在最大自利目標實現制約中，所表現出來的「有限理性」的量化程度。

---

[080] 黃純純，左聰穎，周業安. 最後通牒博弈下風險偏好與社會偏好的互動關係［J］. 經濟管理，2014（10）：169-181.

第五章 集體行為與社會分化

5.2 商業價值與交易權

在研究消費者商業價值時，需要結合定量與定性的方法，對消費者行為做出有效的分類。隨著大數據探勘技術越來越成熟，可以模擬人類常用的思維模式，對消費者分類更為科學化與規範化，精準地發現更多消費者的潛在商業價值。建構消費者商業價值模型，洞悉目標消費者的核心商業價值，向消費者提供差異化服務、定製化服務和個性化服務，維護舊消費者商業價值，獲取新消費者商業價值，提出針對性的市場方法與創新策略，從而達到生產商利潤最大化的目的。

5.2.1 對消費者價值的辨識

消費者價值是在市場行銷領域中被廣泛應用的概念之一，是認知和理解消費者行為的重要工具。在大數據時代，市場競爭日益激烈，電子商務企業勢必回歸商業的本質，透過精細化的行銷，獲得更好的生存環境。了解消費者的價值衡量指標、建構消費者價值辨識路徑、進行消費者價值的分類，以及探勘核心消費者和主要消費者群體的特徵，這是生產商結合實際經營目標與長遠發展策略目標、提高自身的綜合競爭力的必經之路。[081]

對於消費者忠誠度的衡量，包括兩個方面：①態度方面的忠誠，屬於消費者心理層面，主要表現為情感的傾向、對所使用產品的推薦，和對競爭產品的免疫力；②行為方面的忠誠，主要表現為重複購買、購買頻率與數量等，偏向消費者實際購買的行為層面。直觀地、快速地判斷消費者忠誠度的高低，往往要基於相關衡量指標得到的綜合評價，通常

---

[081] 張大亮，鄭志新．消費者價值與消費者滿意研究［J］．商業研究，2000（10）：62-64．

採用 RFM 模型評分法。

　　1994 年，美國行銷學家亞瑟‧休斯（Arthur M. Hughes）提出透過近度 R（近期購買行為）、頻度 F（近期購買總體頻率）、額度 M（近期累計購買金額）三項指標，來描述該消費者的價值狀況，即 RFM 模型。其中近度 R 指標和頻度 F 指標的變化，通常被生產商用來推測消費者消費的異動狀況，再根據消費者的 M 指標的大小，就可以把關係管理的重點，放在貢獻度高但流失機會也高的消費者身上，著重維護該類消費者群體，以最有效的方式挽回更多的商機。

　　該模型是衡量消費者價值和消費者創利能力的重要工具和方法，能夠動態地為生產商展示一個消費者的整體輪廓，為生產商與消費者之間進行個性化和針對性的溝通和服務提供依據，幫助生產商較為精準地判斷該消費者的長期價值，從而為市場行銷決策提供支援。適用於生產多種商品，且單價相對不高的經銷商，比如超市、錄影帶店、小家電、化妝品、消費品等，也適用於需要時常進行動態化消費者關係分析的經銷商，比如銀行證券、保險、信用卡、物流快遞、汽車維修等。

　　以商業銀行具有不同特徵的個人金融產品為例，對 RFM 模型進行擴充和改進，形成適用的消費者忠誠度評估模型：首先，確定消費者價值指標及各指標權重；其次，蒐集消費者的資訊，進行數據預處理，計算消費者價值；再次，根據消費者價值計算結果，判斷該消費者忠誠度屬於核心消費者、習慣性消費者、支持性消費者、一般消費者中的類別；最後，根據生產商經營需求，實際探勘消費者的特徵，並給出視覺化結果，如圖 5-4 所示。[082]

---

[082] 張繼豔. 基於改進 RFM 模型的網路消費者價值識別研究 [D]．湖南：南華大學，2015：1-12.

第五章　集體行為與社會分化

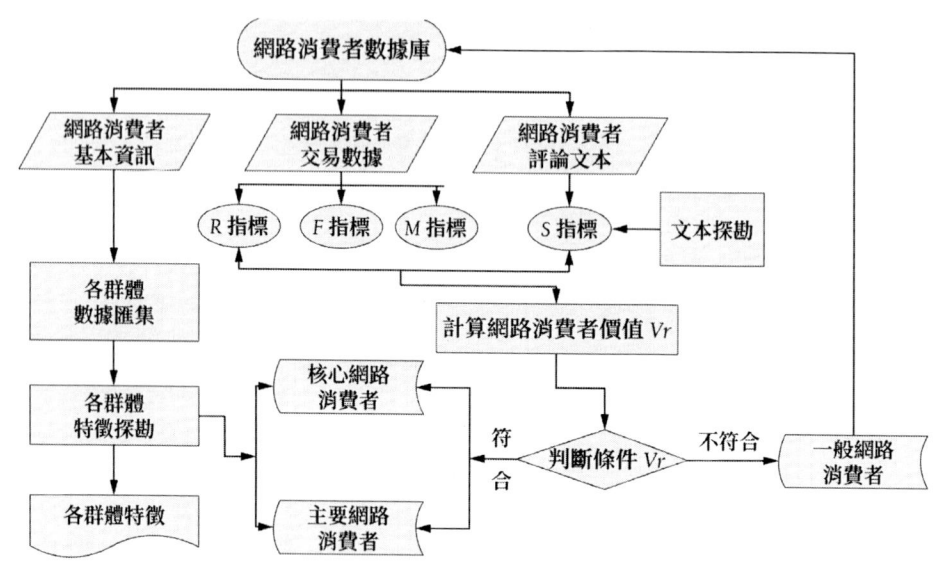

圖 5-4 基於改進 RFM 模型的網路消費者價值和忠誠度辨識模型

資料來源：張繼豔．基於改進 RFM 模型的網路消費者價值辨識研究〔D〕．湖南：南華大學，2015：33.

根據各種產品的特徵和數據狀況，建構 R（近度）、F（頻度）、M（額度）等關鍵指標，建構 RFM 個人消費者忠誠度評估模型。利用各產品的 R、F、M 指標，採用五等評分，得到各產品的 R、F、M 評分，透過乘積方式，得到各產品的 RFM 評分，即產品層級的忠誠度評分。根據不同產品對忠誠度的影響程度，採用專家諮詢匯總權重方式，確定各產品合理權重，得到個人消費者忠誠度總體評分。該模型包含消費者級和產品級兩個層級的消費者忠誠度評價，在實際應用中，既有全行消費者級的忠誠度評分，也有核心個人金融產品相對獨立產品級的忠誠度評分，滿足不同產品鏈管理的需求。

個人消費者忠誠度評估模型（PCLM）的計算公式如下：

$$PCLM = \sum_{i=1}^{5} W_i RFM_i = \sum_{i=1}^{5} W_i R_i F_i M_i = \sum_{i=1}^{5} W_i f(\sum w_j \hat{p}_j)_i^R f(\sum w_j \hat{p}_j)_i^F f(\sum w_j \hat{p}_j)_i^M$$

式中，RFMi 為消費者產品層級的忠誠度評分，Wi 為在消費者忠誠度評分中各類產品層級忠誠度評分的權重（i 代表活期存款、信用卡、定期存款、理財類、貸款 5 類產品，i=1，2，3，4，5）。Ri、Fi、Mi 分別為消費者產品層級的近度、頻度、額度的評分，三者的乘積形成 RFMi。

為了驗證個人消費者忠誠度模型，使用某商業銀行數據倉儲累積的歷史交易數據，隨機抽取某年 20 萬個消費者的交易數據。隨機抽樣的消費者，在活期存款、信用卡、定期存款、理財類產品和貸款 5 類個人金融產品中，至少有一筆交易，年齡在 18～55 歲。計算得到的忠誠度評分結果為 1～125 分，消費者忠誠度評分之和，與消費者人數相比，得到的忠誠度平均值為 14.51 分，大於平均值的消費者人數占比為 40.18%，這類消費者分布較分散；忠誠度評分小於平均值的消費者人數占比為 59.82%，這類消費者分布較為集中，如圖 5-5 所示。

從消費者使用單個產品的忠誠度分布來看，活期存款、信用卡、定期存款、理財類和貸款產品消費者忠誠度評分平均值分別為 36.98 分、35.85 分、31.50 分、36.67 分和 31.84 分。各類產品忠誠度高於平均水準的消費者占比都在 35%～40%，低於平均水準的消費者占比在 60%～65%。無論從消費者總體忠誠度，還是從分產品的忠誠度分布來看，該商業銀行都只有少部分消費者較忠誠，而大部分消費者忠誠度相對較低。

利用各產品的忠誠度評分結果，對個人消費者進行聚類分析、忠誠度與收入貢獻分析，消費者的忠誠度與消費者對銀行的貢獻（消費者為銀行創造價值）並非呈正比關係，或者說，忠誠度高的消費者，不一定能

第五章　集體行為與社會分化

為商業銀行帶來高貢獻。再結合消費者的收入貢獻，來對消費者進行綜合評價，與消費者忠誠度評分結果進行交叉分析，從而將個人消費者分為摯友、藤壺、蝴蝶和陌生人這四類消費者群，如圖5-6所示。

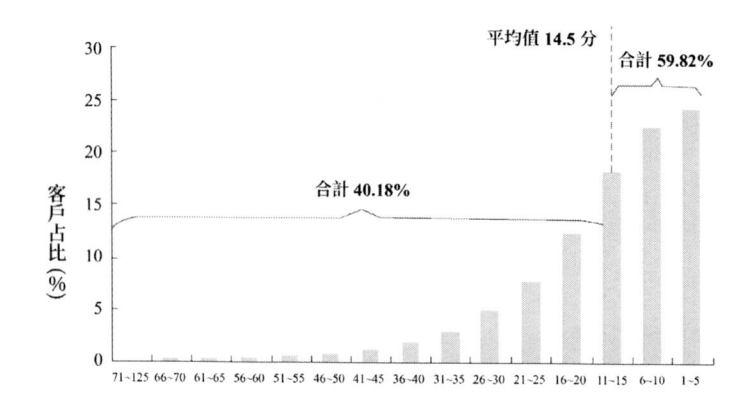

圖5-5 消費者總體忠誠度分布

資料來源：王文賢，金陽，陳道斌．基於RFM模型的個人客戶忠誠度研究〔J〕．金融論壇，2012（3）：78.

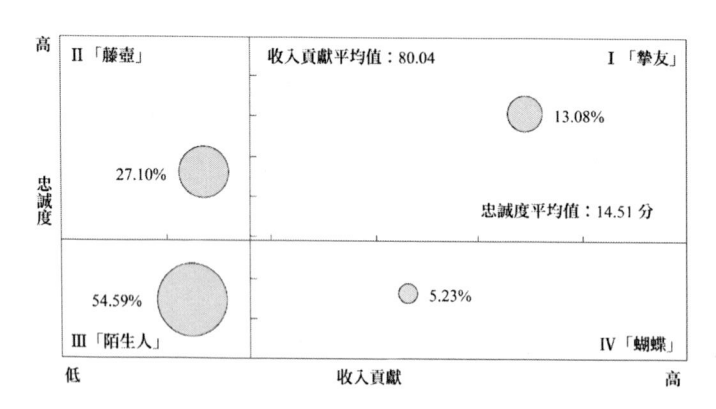

圖5-6 消費者總體忠誠度與收入貢獻分布

資料來源：王文賢，金陽，陳道斌．基於RFM模型的個人客戶忠誠度研究〔J〕．金融論壇，2012（3）：79.

第Ⅰ象限的消費者收入貢獻大，忠誠度高，是商業銀行喜歡的重要價值消費者。這類消費者相對較少，占比為 13.08％，但是其忠誠度是平均水準的 2.09 倍，收入貢獻是平均水準的 4.29 倍，大大高於平均。所以這類消費者屬於商業銀行的優質消費者，應該特別關注、細心呵護、加強維護。

第Ⅱ象限的消費者忠誠度較高，但是收入貢獻較弱，把這類消費者稱為一般挽留消費者。數量不少，占比超過 1/4，這類群體的忠誠度是平均水準的 1.59 倍，但是收入貢獻只有平均水準的 0.44 倍。所以針對此類消費者的重點是加強行銷，提高其價值，進而為商業銀行貢獻更多的收入。

第Ⅲ象限的消費者收入貢獻很低，忠誠度也低，被稱為商業銀行的一般價值消費者，占絕對多數，達 54.59％。這類消費者的收入貢獻僅是平均水準的 0.30 倍，忠誠度僅是平均水準的 0.49 倍。這就需要商業銀行及早辨識和分類，把其引導到低成本服務管道上（如網路銀行），降低對其服務的成本。

第Ⅳ象限的消費者收入貢獻很高，但是忠誠度較低，稱為一般挽留消費者。數量很少，占比僅為 5.23％。從分析來看，其收入貢獻很高，是平均水準的 2.92 倍，但是忠誠度較低，僅有平均水準的 0.56 倍。所以針對此類消費者，行銷策略的重點是預防流失，並且盡量挖掘其價值，促進消費者進入重要價值群體。[083]

5.2.2　對演算法權濫用的規制

隨著互聯網和大數據的快速發展，催生人工智慧、行動支付產業的繁榮，經銷商與消費者之間互動頻繁，強大的電子商務平臺，更加容易

---

[083] 王文賢，金陽，陳道斌. 基於 RFM 模型的個人消費者忠誠度研究［J］. 金融論壇，2012（3）：75-80.

第五章　集體行為與社會分化

獲得壟斷性的市場支配力量。「比消費者更了解消費者自己」，在大數據行銷背後，是智慧演算法對巨量市場大數據進行探勘利用，並且實現量身定製的產品推薦和差異化的市場定價。大數據「殺熟」（利用熟人對自己的信任，不當賺取熟人錢財）成為數據驅動型市場經銷商攫取更多消費者剩餘，實現利潤最大化目標的「利器」。

在 2000 年，亞馬遜被揭露出利用消費者大數據「殺熟」。在某次新的 68 種 DVD 影片上市時，根據潛在消費者的人口資訊、上網紀錄、交易紀錄等，同一張 DVD 報出不同的價格：對新消費者報價 22.74 美元，對舊消費者則報價 26.24 美元。在新聞媒體報導這個現象後，執行長貝佐斯（Jeff Bezos）卻解釋只是在進行價格測試。

大數據「殺熟」是指在大數據背景下，電子商務平臺利用不對稱資訊和演算法技術，對消費者的各項數據進行蒐集、檢索、分析與探勘，然後根據消費頻率、消費習慣、消費地域、消費能力等，在對消費者提供相同的商品或服務時，精準判斷其購買意願和支付水準，透過極其隱蔽的方法實現的一種價格歧視行為。這是特定演算法程式進行批次分析和執行的結果，只要符合設定特徵的消費者群體，就會被程式篩選出來，並且受到類似對待。[084]

大數據在互聯網上的壟斷，使消費者的消費數據向經銷商和生產商高度集中，導致「贏者通吃」的局面。消費者對電子商務平臺的依賴性越來越強，容易產生「路徑依賴」效應。大數據提供技術的可行性，經銷商利用蒐集到的數據判斷消費者的消費行為、習慣，據此提高價格。如果舊消費者是價格敏感型消費者，他們將進行資訊比對，從而有較高機率發現自己被「殺熟」，那麼有可能會向相關部門進行檢舉。

---

[084] 胡元聰，馮一帆．大數據「殺熟」中消費者公平交易權保護探究［J］．陝西師範大學學報（哲學社會科學版），2022（1）：161-175．

大數據「殺熟」現象是經銷商和消費者為了各自利益最大化而博弈的結果。當檢舉成本較小且檢舉程序簡單時，這些舊消費者選擇檢舉。一旦檢舉成功，政府相關部門會對這些經銷商進行處罰，經銷商的「殺熟」行為將有所收斂。還有一種可能，是消費者將不會利用該電子商務平臺在此經銷商處購買商品，進而導致「兩敗俱傷」的局面。所以經銷商在利用網路平臺售出商品，獲得利潤最大化的同時，應盡量不觸及消費者的根本利益；當消費者利用網路，方便、快捷地購買商品時，還要盡量不被經銷商侵害自己的根本利益，這樣就會出現經銷商與消費者在博弈過程中的動態演化穩定策略。

在演化經濟學的動態博弈理論裡，不要求各方是完全理性的，也不要求各方都知道過程的具體細節。結合生物學的部分知識，隨機抽取各方按照社會生物的方式進行博弈，同時需要注意各自策略的優勢和劣勢，以及出現的頻率。

假設在經銷商抬價後的價格為 P_1，經銷商的固定成本，即向電子商務平臺支付的費用為 c_1，為消費者提供的服務成本為 c_2；如果經銷商不抬價，則價格為 P_2，且 $P_1 > P_2$。消費者對商品或服務的評估價值為 V（V > 0），選擇商品或服務耗費的時間成本與機會成本之和為 c_3（$c_3 > 0$）。此外，消費者發現自己被「殺熟」的機率為 α（1 > α > 0），消費者發現被「殺熟」後會受到精神損失 M（M > 0），同時向相關部門檢舉，成功率為100%，檢舉成本為 c_4（$c_4 > 0$），相關部門對經銷商的罰款為 s（s > 0）。消費者購買商品的可能性為 y，經銷商提高價格的可能性為 x，且 $1 > x > 0, 1 > y > 0$。

根據以上假設，建構經銷商與消費者的收益矩陣，如表 5-2 所示。

第五章　集體行為與社會分化

表 5-2 經銷商與消費者博弈的收益矩陣

策略		消費者（老客戶）	
		購買（y）	不購買（1-y）
經銷商	提高價格（x）	P1-c1-c2-αs，V-c3-M-αc4	c1，-c3
	不提高價格（1-x）	P2-c1-c2，V-c3	-c1，-c3

資料來源：余得生，李星．消費者與商家大數據「殺熟」的動態演化博弈研究〔J〕．價格理論與實踐，2019（11）：130.

根據收益矩陣以及博弈關係來建構複製動態（模仿者動態）方程式，分別求出經銷商和消費者選擇兩種策略的效用和平均效用，如表5-3所示。

表 5-3 經銷商與消費者各自的效用

策略	經銷商效用	策略	消費者效用
提高價格	Ex=y(P1-c1-c2-αs)+(1-y)(-c1)	購買	Ey=x(V-c3-M-αs4)+(1-y)(V-c3)
不提高價格	E1-x=y(P1-c1-c2)+(1-y)(-c3)	不購買	E1-y=-c3
平均效用	Em=xEx+(1-x)E1-x	平均效用	En=yEy+(1-y)E1-y

資料來源：余得生，李星．消費者與商家大數據「殺熟」的動態演化博弈研究〔J〕．價格理論與實踐，2019（11）：130.

經銷商和消費者的複製動態方程式分別為 F（x）和 G（y）：

$$\begin{cases} F(x) = \dfrac{dx}{dt} = x(E_x - E_m) \\ G(y) = \dfrac{dy}{dt} = y(E_y - E_n) \end{cases}$$

5.2 商業價值與交易權

把表 5-3 中經銷商與消費者各自效用代入式子中,根據微分方程式的理論,令 F(x)=0、G(y)=0,求解複製動態方程式。藉助 Matlab 軟體對博弈結果進行數值模擬,以此來演示在不同的初始值情況下,均衡演化的過程和狀態。假定 [x,y] 初始機率為 [0,0.1,1],其中 0.1 為步長,x 和 y 分別代表經銷商提高價格的機率及消費者購買商品或服務的機率。假定 $(c_3-c_1)<0$ 及 $(M+\alpha c_4-V)<0$,同時假定其他初始引數值:$c_1=50$、$c_3=20$、$s=50$、$M=20$、$c_4=20$、$V=60$,模擬如圖 5-7 所示。

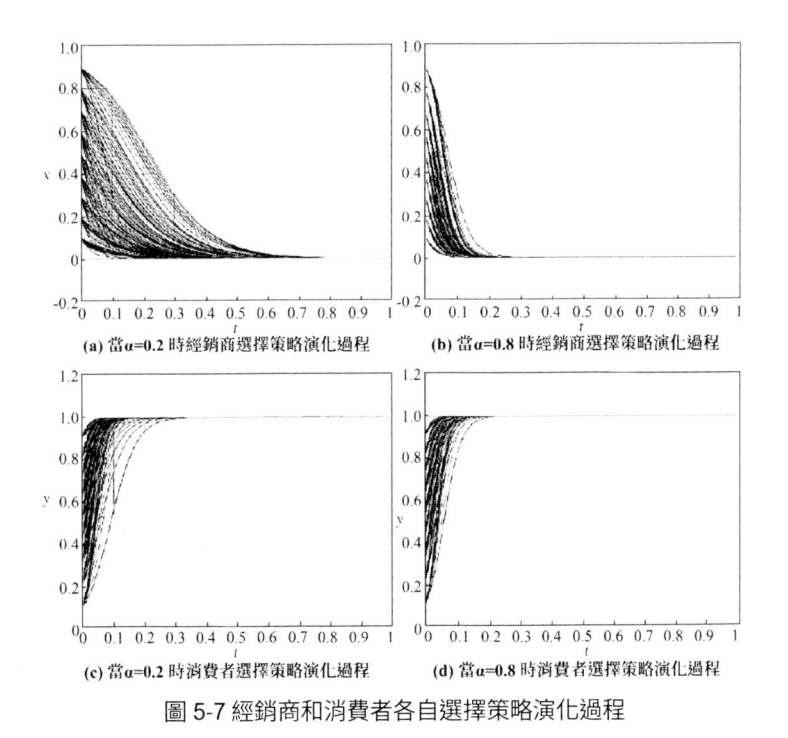

圖 5-7 經銷商和消費者各自選擇策略演化過程

資料來源:余得生,李星. 消費者與商家大數據「殺熟」的動態演化博弈研究〔J〕. 價格理論與實踐,2019(11):131.

①在經銷商方面。當 α=0.2 和 0.8 時,經銷商選擇策略隨著時間變動的演化過程,如圖 5-7 的子圖(a)和子圖(b)所示。當 α 為 0.2 時,

第五章　集體行為與社會分化

經銷商選擇不抬價的機率趨向於 0 的時間，要長於 α 為 0.8 時趨向於 0 的時間。這是因為當消費者為非價格敏感型時，很難發現自己被經銷商「殺熟」，在被「殺熟」後，還會利用網路，在同一經銷商處購買商品或服務，這使經銷商認為有利可圖，從而經銷商提高價格的機率變為 0 的時間較長。

②在消費者方面。當 α=0.2 和 0.8 時，消費者選擇策略隨著時間變動的演化過程，如圖 5-7 的子圖 (c) 和子圖 (d) 所示。當 α 為 0.2 時，消費者選擇在網路上購買商品或服務的機率，整體趨向於 1 的時間，要少於 α 為 0.8 所耗用的時間，說明價格敏感型消費者容易發現自己被「殺熟」，在短時間內不會再在同一經銷商那裡進行消費。而非價格敏感型消費者由於不容易發現被「殺熟」，因此在同一經銷商那裡購買商品或服務的時間會長一些。[085]

進入大數據時代，電子商務平臺利用演算法來侵害消費者的公平交易權。演算法是經銷商以攫取更多利潤為目標，利用其自身演算法技術優勢，在演算法應用過程中控制消費者數據的一項技術性權利，實施方無須與施加方進行協商。實施演算法價格歧視的根本目的，是利於經銷商最大限度地開發和利用消費者的消費能力，消費者看似獲得便利，但是其知情權、隱私權、選擇權、平等權等，在無形中被隨意侵害，所以管控演算法價格歧視勢在必行，然而在實踐中對演算法價格歧視的管控，卻面臨種種困難。[086]

---

[085] 余得生，李星. 消費者與商家大數據「殺熟」的動態演化博弈研究 [J]. 價格理論與實踐，2019（11）：129-132.
[086] 胡元聰，馮一帆. 大數據「殺熟」中消費者公平交易權保護探究 [J]. 陝西師範大學學報（哲學社會科學版），2022（1）：161-175.

5.3 分配差距與教育公平

　　市場經濟的基本規則是自由競爭，競爭是經濟效率的重要保障，只要有競爭，就會有優勝劣汰。經濟發展雖然能夠為減輕貧困創造必要的物質條件，但是高收入階層占有財富的欲望，隨著經濟的發展而擴大。從經濟轉型、體制轉型的大背景來看，社會貧富差距擴大不是單一因素造成的。縮小貧富差距、維護社會秩序，不僅是收入分配的問題，還涉及公民權利、民主施政、公共服務、司法公正等領域。

5.3.1　分配差距和教育差距的跨期模型

　　在主流經濟學中，配第（William Petty）、杜閣、亞當·史密斯、李嘉圖、馬爾薩斯等人，最早研究收入分配的差距問題，但是把主要原因集中於生產要素收入分配之間的差距，他們認為收入是對生產要素所有者報酬的支付，不同的生產要素所有者，提供的生產要素具有不同的性質，加之面臨的市場環境不同，所以收入必然存在差異。例如亞當·史密斯在《國富論》中提出：「由於就業本身的性質，而出現薪資和利潤的不平等」，薪資與就業的愉快程度、就業的安定性以及成功的可能性呈反比例的變動，與學習技能的成本、在受僱者中所確定的信任地位，成正比例的變動。

　　在現代經濟學中，經濟學者提出許多測度收入分配差距的指標，有的是從要素分配理論推演出來的，比如羅倫茲曲線、吉尼係數、顧志耐比率、極化指數等；有的是從統計學發展出來的，比如人口眾陣列的分布頻率、測度大多數人所覆蓋的絕對收入範圍、測度最低或者最高收入對平均收入偏離度的離散係數等，有的是從相關或相近學科中引入的，比如來自

第五章　集體行為與社會分化

福利經濟學的阿特金森指數和來自物理學的泰爾指數（戴爾指數）等。

在發展經濟學中，顧志耐（Simon Smith Kuznets）於 1955 年提出「倒 U 形」假說。根據處於經濟成長早期階段的普魯士，處於經濟發展後期階段的美國、英國、德國薩克森地區的收入差距統計數據，他認為一國的收入差距，在一國經濟發展的過程中，會呈現出先惡化，繼而短暫的穩定，然後逐漸縮小的「倒 U 形」趨勢，且開發中國家在經濟成長早期階段的收入分配不均等程度要高於先進國家。導致收入分配差距的原因，主要是經濟發展水準的不同，隨著社會、經濟的發展，收入差距問題將會最終得到改善。[087]

收入水準的不斷提升，對城鄉居民家庭教育支出的影響越來越大，且收入水準越高、分配差距越大，這種影響就越明顯。教育是提升人力資本水準的關鍵因素，高收入階層教育投入越多，其整體人力資本累積和競爭能力不斷上升，越有機會獲得更高的收入；而低收入階層本身收入水準低下，在教育投資方面更是無法縮小與高收入階層的差距，使其人力資本累積的水準要明顯低於高收入階層，因而在獲得高收入的機會競爭中，也會處於劣勢地位。長此以往，導致城鄉收入分配與財富累積的馬太效應。[088]

從城鄉二元結構視角來探討城鄉分配差距與教育差距的相互作用，以德國發展經濟學者奧德‧蓋勒和約瑟夫‧斯利亞於 1993 年提出世代交疊跨期模型為主，引入城鄉二元結構和政府行為等因素，來闡釋政府實施偏向農村的教育投入政策，從而提高農村教育水準，縮小城鄉分配差距。

收入的代際傳遞也被稱為收入的代際轉移，是指財富從父輩向子輩

---

[087] 徐向華．教育機會不平等與收入差距擴大的相關分析［D］．大連：東北財經大學，2004：4-5.
[088] 呂超．城鎮居民收入差距對教育投資的影響［D］．北京：北京交通大學，2015：2-5.

傳遞的過程，衡量某一個體的收入在多大程度上由上一代的收入決定，反映一個社會的機會平等程度。代際收入差距得以持續，最明顯的管道是父母透過遺產向子女傳遞財富，教育是父輩對子輩人力資本投資的主要方式，在代際收入流動過程中發揮重要作用。

在一個經濟系統中，勞動力可以分為高學歷群體和低學歷群體兩類，高學歷群體被認為是熟練工人，而低學歷群體被認為是非熟練工人。根據城鄉二元結構的現實情況，高學歷群體集中在城鎮地區，而低學歷群體集中在農村地區。假設存在一種商品，可以用來消費或投資，該商品可以由熟練工人或非熟練工人來生產，$\omega s > 0$ 代表熟練工人的薪資收入，$\omega n > 0$ 代表非熟練工人的薪資收入。勞動力在經濟成長中存在兩期，他們可以選擇當期不進行人力資本投資、當期和第二期都當作非熟練工人工作；也可以選擇當期進行人力資本投資，在第二期當作熟練工人工作，人力資本的投資額為 h。每一個個體都只有一個父母和一個小孩，即人口規模保持在 L 不變。

個體的效用來自第二期的消費（假設個體消費集中在第二期）和留給後代的遺產，效用函數的形式為：

$$u = \alpha \log c + (1-\alpha) \log b$$

式中，c 代表第二期的消費，b 代表第二期的遺產，且 $0 < \alpha < 1$。

個體的偏好與能力保持一致，唯一不同的是遺產。資本可以自由流動，市場利率為 r。如果個體從第一期繼承數量為 x 的遺產，他將面臨兩種選擇：一是第一期和第二期都當作非熟練工人工作；二是在第一期進行人力資本投資，在第二期當作熟練工人工作。他是否進行人力資本投資，完全取決於各種情況下所帶來的效用比較。當 $x \geq h$ 時，個體傾向於先進行人力資本投資，後當熟練工人從事生產；當 $x < h$ 時，個體傾

向於當非熟練工人從事生產。

對該模型進行簡化，統一在第二期對熟練工人徵稅，且對貸款者予以補貼。在加入政府的稅收和補貼後，個體是否進行人力資本投資的決策，取決於在各種情況下所帶來的效用大小。在加入政府的稅收和補貼後，降低初始財富較低的個體選擇貸款進行教育投資的門檻。而且隨著熟練工人的增加，稅收的總額增加，人均收到的補貼也逐漸增加。

長期以來，城鄉二元結構使經濟發展具有很強的異質性。相比城鎮而言，農村居民具有較低的初始財富水準，城鎮勞動力更是傾向於進行人力資本投資，進而當作熟練工人從事第二、服務業的生產活動，農村勞動力更是傾向於不進行人力資本投資，而繼續當非熟練勞動力從事農業生產。在沒有政府干預的情況下，城鄉分配差距和教育水準將持續拉大，直到達到某一個均衡。

從城鄉分配差距和城鄉教育差距的影響來看，經濟發展水準對城鄉教育差距的影響，呈現出顯著的「U形」關係，政府需要關注教育資源的結構配置問題。經濟成長在整體上有助於改善城鄉教育差距，經濟發展水準與城鄉分配差距顯著負相關，這說明經濟成長有助於縮小城鄉分配差距。城鎮化率對城鄉分配差距有顯著的負向影響，這顯示農村人口向城鎮流動對城鄉分配差距的縮小，具有積極的作用。[089]

5.3.2　數位落差的教育公平和代際收入

數位落差（Digital Divide）是指在數據化程序中，不同的國家、地區、產業、企業、社區之間，由於對資訊、網路技術的擁有程度、應用

---

[089] 呂煒，楊沫，王岩. 城鄉收入差距、城鄉教育不平等與政府教育投入 [J] . 經濟社會體制比較，2015（5）：20-33.

程度以及創新能力的差別，而造成的資訊落差及貧富進一步兩極分化的趨勢，其實質是在大數據時代的世界資訊公正問題。從先進國家來看，其經濟水準及資訊化程度，與開發中國家之間存在資訊不對稱；從開發中國家來看，地區、產業、企業規模及所有制等差異，存在資訊不對稱。[090]

數位落差的本質是資訊主宰者和資訊匱乏者之間，在資訊科技使用機會上存在的差距，特別是大數據技術成為引發社會不公平的重要因素。在基於資訊技術方法和工具建立的社會環境下，資訊匱乏者參與社會生產生活的機會，遠遠少於資訊主宰者，被無形的鴻溝隔絕於一定的社會環境之外，只能處於從屬和邊緣地位。在教育領域內，不可避免地存在地區之間、城鄉之間教育資源配置不均的問題，導致不發達地區的教師和學生脫離資訊化環境，無法充分享受到大數據技術帶給教育領域的紅利，逐漸成為資訊時代的落伍者。

在教育現代化時代，正值電腦和互聯網在人民生產、教育和生活等領域的推廣和普及，不同經濟水準的地區和社會群體之間，電腦的擁有數量、互聯網的使用率，之間的差異逐漸暴露出來，這種差異，形成個體或群體在資訊化設施的獲取、互聯網的使用，和其他資訊工具的擁有量等物理層面的差距，即數位落差 1.0 ──「物理落差」。

在教育資訊化時代，電腦和互聯網已經得到普及和廣泛應用，學校和家庭配備電腦和使用互聯網的比例已經達到較高水準，智慧型手機的消費者群體數量逐步擴大。教師和學生在使用時間、技能、目標等方面的差異日益明顯，人們的資訊科技應用能力和資訊素養出現的差距，即

---

[090] 笑臉角鬥士 77. 數位落差 [EB/OL]．百度百科，
https://baike.baidu.com/item/%E6%95%B0%E5%AD%97%E9%B8%BF%E6%B2%9F/1717125？fr=aladdin，2022-07-20．

第五章 集體行為與社會分化

數位落差 2.0 ——「素養落差」。

在教育數據化時代，以人工智慧、雲端平臺和大數據等為代表的新興技術，將會促進新經濟的教育領域產生重大變革，甚至是顛覆。在新的時代背景和技術條件下，數位落差的衍生和演變，將突破「物理」和「素養」層面，提升到人工智慧廣泛應用形成的差距，即數位落差 3.0 ——「智慧落差」。[091]

大數據技術驅動數位落差演進和變化的內在邏輯，源自技術驅動資訊傳播機制的正規化轉變：一方面，隨著數據技術的發展，應用程度不斷加深，從社會淺層開始進入深層；另一方面，數據技術在整個社會中扮演的角色，開始超越工具性的功能。社會——經濟系統的結構和執行，開始越來越依賴以數據技術為核心的基礎設施。這種雙重效應，決定大數據技術開始越來越成為影響經濟系統發展與執行，以及社會公平和正義實現的關鍵因素。

在 2010 年代中期，隨著智慧傳播演算法的強勢崛起，社會資訊傳播機制開始突破，甚至摒棄傳統大眾傳播、網路傳播和社交傳播中關鍵的人的環節，進入機器和演算法直接驅動的新階段。智慧傳播有著超越原有各種傳播機制的天然優勢，但是依然缺乏完善的規範、倫理和制度。這樣的智慧傳播，開始影響和主導人類深層次的社會與政治結構和執行，資本驅動是當下智慧傳播的核心特徵，如圖 5-8 所示。

---

[091] 喬沛昕，魏冬雨，侯英．數位落差：教育資訊化 2.0 時代的新數位落差 [J]．教育現代化，2019（10）：131-138.

5.3 分配差距與教育公平

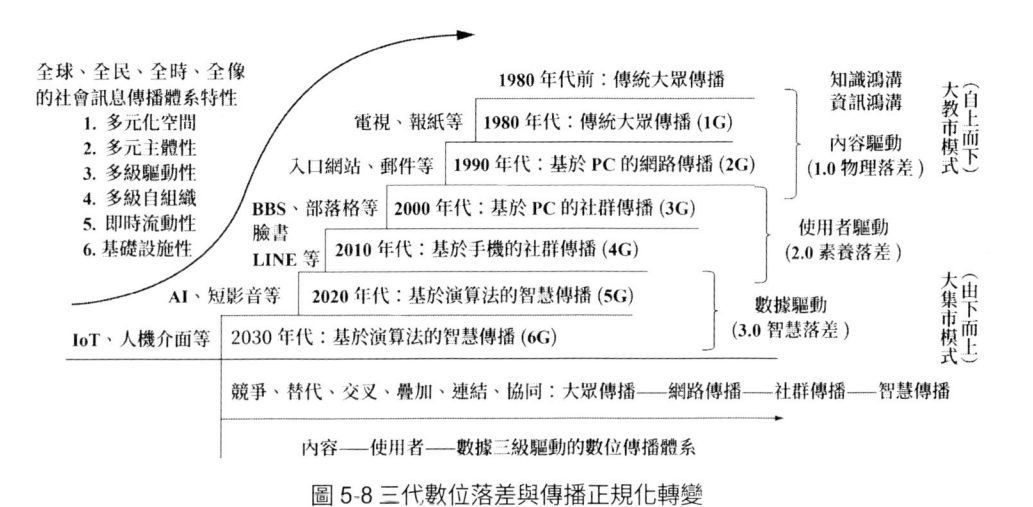

圖 5-8 三代數位落差與傳播正規化轉變

資料來源：鍾祥銘，方興東．智慧鴻溝：數位落差正規化轉變〔J〕．現代傳播，2022（4）：137．

數位落差矛盾的衝突點主要是資本力量的單向驅動，缺乏政府和社會力量的基本制衡，側重點從物理落差，到素養落差，再到智慧落差，與互聯網演進歷程是一致的，與數據傳播從網路傳播到社群傳播和智慧傳播相呼應，既揭示數位落差問題的技術基礎，也突出社會傳播機制所發揮的關鍵性作用，更渴望著不同思維、不同理論和不同的治理機制。[092]

大數據技術導致資訊匱乏者被排斥在外，無法獲得相應的數據紅利。相反地，資訊主宰者和資訊富有者可以透過資訊科技進行資訊投資、獲得更多的數據紅利，帶來一種新的貧富差距（包括收入差距、固定資產、金融資產，還包括地位差距、階層差距等），這就是數位落差的「馬太效應」，加深社會和經濟的不平等。[093]

---

[092] 鍾祥銘，方興東．智能鴻溝：數位落差典範轉變〔J〕．現代傳播，2022（4）：133-142．
[093] 粟勤，韓慶媛．數位落差與家庭財富差距—基於CHFS數據的實證檢驗〔J〕．雲南財經大學學報，2021（9）：80-96．

第五章　集體行為與社會分化

1968年，美國社會學家羅伯特・莫頓（Robert King Merton）在研究科學界社會分層時，提出「累積優勢——劣勢」理論，解釋個體早期的優勢或劣勢差異，可以透過時間推移而產生連鎖效應，最終導致個體後期發展巨大的不平等。優勢累積效應指個體早期的優勢，隨著時間的推移而越來越大，從而促使個體在後期具備更多進入優勢群體中的機會和可能性；劣勢累積效應是指個體早期的劣勢，隨著時間的推移而越來越大，從而限制和削弱個體在後期進入優勢群體中的機會和可能性。在雙向效應下，極易誘發兩極分化，從而導致社會流動僵化和不平等現象的產生。

在教育代際流動過程中，父代不同的教育水準，導致其為子代提供的家庭文化環境及家庭教育投資支持有優劣之分。由於子代的能動性為在教育代際累積機制中的初始地位所牽制，導致其初始差異隨著時間的遷移不斷拉大，持續影響其教育獲得和最終教育水準。所以「寒門」的「寒」往往不止於經濟的「寒」，其文化資本的「寒」，導致其難以藉助現代教育、知識外溢等效應，實現自身的發展能力和經濟能力，最終影響子代收入水準。教育代際累積效應，會進一步影響子代的生活幸福感知、社會公平感知，而且，當前社會層級與原生家庭社會層級，一起間接影響子代的收入水準。

從教育代際累積效應的視角，把父代（父親、母親）、子代兩代人的受教育水準同時納入累積優勢——劣勢理論分析框架，實證檢驗教育代際累積效應對子代收入的影響。運用普通最小平方法（OLS）和二階最小平方法（2SLS），建立OLS巢狀模型。

5.3 分配差距與教育公平

$$Y_i = \beta_0 + \beta_1 edu_i + \beta_2 edu_{2i} + \lambda channeli + \kappa_{\chi i} + \varepsilon_i$$

式中，Y_i 為子代收入水準，採用被調查者在 2014 年的總收入來衡量，在數據分析時進行對數化處理；edu_i、$edu2_i$ 依次為子代教育水準、父代教育水準；β 為迴歸係數；ε_i 為殘差項；考量到父親教育水準和母親教育水準可能存在很強相關性，為了減小估計偏差，在數據分析時，以「父親教育水準」作為「父代教育水準」的替代變數；管道變數 channeli，包括子代 14 歲時家庭層級、當前社會層級、生活幸福感知、社會公平感知。子代 14 歲家庭層級和當前社會層級採取問卷調查 1～10 層級劃分；對於社會公平感知進行賦值，把「不公平」賦值為 1，「不算公平但也不能說不公平」賦值為 2，「公平」賦值為 3；其他控制變數 $\kappa_{\chi i}$，包括婚姻狀況、性別、年齡、戶籍。

模型的 OLS 基準迴歸分析

不考慮迴歸方程式中子代教育水準這個解釋變數的內生性問題，對子代收入水準進行 OLS 和 2SLS 分析，結果如表 5-4 所示。

第五章　集體行為與社會分化

表 5-4 子代收入水準及社會階層影響因素 OLS 和 2SLS 的迴歸結果

變數	子代收入水準	子代收入水準	當前社會階級	變數	第一階段子代教育水準	第二階段子代收入水準	第一階段子代教育水準	第二階段當前社會階級
子代教育水準	0.427*** (0.016)	0.381*** (0.016)	0.115*** (0.022)	父代教育水準	0.101*** (0.010)	0.085*** (0.015)	0.154*** (0.010)	0.050** (0.023)
父代教育水準	0.230*** (0.014)	0.198*** (0.014)	0.023 (0.019)	子代 14 歲社會階級	0.024*** (0.006)	0.004 (0.008)	0.051*** (0.005)	0.388*** (0.011)
子代 14 歲社會階級		0.039*** (0.008)	0.379*** (0.010)	當前社會階級	0.033*** (0.006)	0.102*** (0.008)		
當前社會階級		0.100*** (0.009)		生活幸福感知	0.051*** (0.016)	0.138*** (0.021)		

5.3 分配差距與教育公平

變數	子代收入水準	子代收入水準	當前社會層級	變數	第一階段子代教育水準	第二階段子代收入水準	第一階段子代教育水準	第二階段當前社會層級
生活幸福感知	0.170*** (0.023)	0.147*** (0.021)		社會公平感知	0.001 (0.011)	-0.045*** (0.014)		
社會公平感知	-0.094*** (0.015)	-0.043*** (0.014)		婚姻狀況	0.155*** (0.035)	0.362*** (0.043)		
婚姻狀況		0.339*** (0.042)		性別	0.171*** (0.018)	0.454*** (0.024)		
性別		0.476*** (0.023)		年齡	-0.009*** (0.001)	-0.017*** (0.001)		
年齡		-0.019*** (0.001)		戶籍	0.300*** (0.020)	0.694*** (0.032)		
戶籍		0.766*** (0.025)		子代配偶教育水準	0.294*** (0.011)		0.331*** (0.010)	

167

第五章　集體行為與社會分化

變數	子代收入水準	子代收入水準	子代收入水準	當前社會層級	變數	第一階段子代教育水準	第二階段子代收入水準	第一階段子代教育水準	第二階段當前社會層級
_cons	8.319*** (0.045)	7.695*** (0.073)	8.143*** (0.091)	2.769*** (0.064)	子女教育水準		0.395*** (0.049)		-0.003 (0.060)
Obs.	6687	6687	6687	6687					
R-squared	0.172	0.214	0.359	0.195					

資料來源：張欣，陳新忠. 教育代際累積效應下子代收入的藩籬與躍遷——基於CGSS2015數據的實證研究[J]. 教育與經濟，2021（10）：35-36.

5.3 分配差距與教育公平

　　從表 5-4 的結果可以發現：子代教育水準、父代教育水準對子代收入水準的影響係數均在 1% 的水準下顯著為正；子代教育水準和父代教育水準對子代收入水準的正向影響作用有些許降低，但總體變化不大，說明代際教育對子代收入水準的影響作用十分穩定；從子代 14 歲社會層級對子代收入水準的影響可以看出，子代原生家庭背景對其未來收入水準有顯著影響；子代教育水準、子代 14 歲社會層級，對子代當前社會層級均有十分顯著的正向作用，反映出較為嚴重的社會階層固化現象，如果子代教育水準提升，則有助於促進社會階層的良性流動；性別與子代收入水準呈現顯著正相關，子代男性相較於女性，有更多獲得高收入水準的機會，戶籍與子代收入水準呈現顯著正相關，年齡與子代收入水準呈現明顯負相關。

　　同樣在表 5-4 中可以發現：在使用子代配偶教育水準這個工具變數後，子代教育水準對子代收入水準的影響係數，從 OLS 迴歸的 22.0% 上升到 39.5%；父代教育水準對子代教育水準的影響係數有些許下降，呈現顯著的正向關係。教育具備促進子代收入水準提升的作用，提高教育水準有助於促進收入代際流動性，是個體和家庭實現代際階層跨越的重要機制；與 OLS 迴歸結果相吻合，當前社會層級及生活幸福感知均對子代收入水準產生顯著的正向作用，而社會公平感知與子代收入水準呈現顯著負相關；性別與子代收入水準呈現顯著正相關，子代男性獲得高收入水準的機會遠大於子代女性；年齡和子代收入水準呈顯著負相關；戶籍與子代收入水準呈顯著正相關；父代教育水準對子代當前社會層級的影響係數達 5.0%，子代 14 歲社會層級則對子代當前社會層級的影響係數高達 38.8%，反映出較為嚴重的社會階層固化現象。說明父代教育水準跨代影響著子代的社會層級，子代原生家庭社會層級在極大程度上影

169

第五章 集體行為與社會分化

響著子代成年後的社會地位。

綜上所述，父代教育的優勢或劣勢，將會跨代累積到子代，原生家庭社會層級在相當程度上影響著子代當前的社會層級，社會呈現出較為嚴重的階層固化趨勢，子代想要實現階層跨越，面臨諸多困難。與此同時，教育作為一種資源和社會再生產機制，在一定程度上可以提高子代的收入水準。教育代際向上流動可以有效促進子代收入水準的提升，子代教育水準對收入的影響，遠大於原生家庭社會層級對收入的影響，子代可以透過教育突破階層限制，從而促進收入代際流動性的良性運轉。[094]

---

[094] 張欣，陳新忠. 教育代際累積效應下子代收入的藩籬與躍遷——基於 CGSS2015 數據的實證研究[J]．教育與經濟，2021（10）：32-38.

第六章
通膨、失業與經濟挑戰

　　自人類有交易活動以來，就出現原始的貨幣形態。從貨幣演進歷史來看，貨幣形態隨著交易形態的變化而變化，歷經實物貨幣、金屬貨幣、代用貨幣、信用貨幣、電子貨幣和虛擬貨幣的階段。貨幣幣值受到各種因素的影響，特別是當政府擁有貨幣壟斷發行權以後，如果缺乏對貨幣發行權的有效制約監管機制，那麼貨幣將超發，而影響經濟正常執行。人們對於通貨膨脹的預期，是中央銀行實施前瞻性貨幣政策關注的核心指標。

第六章　通膨、失業與經濟挑戰

6.1　通貨膨脹的預期

　　人是一種動物，具有動物的各種屬性。在解釋經濟現象、解決經濟問題時，是否需要考量人的動物屬性，反而難以判斷。主流經濟學通常假定人是理性的，每個經濟人都要追求在有限資源局限內的效用最大化。但是在這個邏輯下，通貨膨脹、失業、資產價格變化、財富成長波動等現象或問題，卻往往無法被解釋或解決。主流經濟學沒有充分考量個體和群體的非理性程度，凱因斯所說的「動物精神」被忽略，這不是理性計算所能夠觸及的。

6.1.1　動物精神和理性預期

　　以「理性人」為基礎的思維方式，始終是主流經濟學不可動搖的前提條件，遺憾的是，儘管研究方法日趨數學化和模型化，經濟學者卻沒能預測到 2008 年的金融海嘯，部分經濟學者開始從個體行為的視角進行反思。

　　凱因斯所說的動物精神，是指個體因為自我的心理特徵形成的決策衝動，就是每一個個體在採取行動時的應激性、潛意識和非理性，這不是經過深思熟慮、詳細謀劃之後才能夠做出的事情。與此對照，亞當‧史密斯在《國富論》裡提出人們會理性地追求自身的經濟利益，但是他不僅沒有考量到人們會受到非經濟動機的驅使，且沒有思考到人們的非理性程度或被誤導的程度。儘管他在《道德情操論》中關注過人類行為的複雜性，表述過人天生具有同情心、利他主義傾向等，但是從總體來看，亞當‧史密斯在無意間忽略了動物精神。

　　問題依然存在，主流經濟學者至今無法預測破壞性巨大的金融危機

6.1 通貨膨脹的預期

的發生。2009 年，美國經濟學者喬治·阿克洛夫和羅伯特·席勒（Robert Shiller）在《動物精神》（*Animal Spirits: How Human Psychology Drives the Economy, and Why It Matters for Global Capitalism*）中寫道：「想理解經濟如何執行，懂得如何管理經濟並且促進經濟繁榮，我們就必須關注人們的某些思維模式，這些思維模式能夠真實地反映人們的思想和情感，或者說人們的動物精神，如果不承認各起重大經濟事件基本上都有人類心理方面的原因，就永無可能理解這些事件。」他們認為，動物精神才是凱因斯對大蕭條解釋的核心內容；政府在干預市場經濟的過程中，既要發揮動物精神的創造力，也要限制動物精神的過度放縱。

金融海嘯的發生無疑是動物精神的作用，在經歷 2000 年網路泡沫之後的新一輪繁榮中，低利率政策刺激美國房地產市場狂熱投機潮，人們信心大增，沒有人相信房價會跌。華爾街金融工程師設計的抵押貸款證券化等創新性金融產品，進一步刺激市場的溫度。從表面看，似乎沒有違背市場自願交換的原則，正如阿克洛夫和席勒所說：「從房屋購買人到抵押貸款發起人，到抵押貸款證券化機構，到評級機構，最後到抵押支持債券的購買者這條完整的鏈條上，存在一種經濟均衡」，「但是在合法的詐欺和監管視野之外的腐敗無處不在，沒有人真正負責，沒有人檢舉揭發，沒有人放棄欺騙下一個人的機會……直至把房地產市場和金融市場推向泡沫」。[095]

即使自然界不存在任何不確定性，人們之間互動作用也會產生不確定性。由於未來的不確定性，主體在形成預期時，往往倚重他持有的信念，此時的理性計算變得毫無意義和缺乏可行性，「只能以或多或少的信心對之進行預測」。其實，凱因斯特別強調的是心理因素，例如在《通

---

[095] 季小江，孟華興，劉洪生. 從個體行為闡釋金融危機的根源 [J]. 河北經貿大學學報，2012（3）：83-86.

第六章　通膨、失業與經濟挑戰

論》第 12 章中的「理性」和「非理性」這些概念，就是指投資決策者對於「政治和社會氣氛」，以及「膽略、興奮程度，甚至消化和天氣的反應」。在市場策略中，不可能僅僅依賴嚴格的數學期望值，理性和情緒作為一個持續的發現過程，不斷地互相影響。[096]

對於這樣一場醞釀和潛伏很深的大危機，新古典經濟學者顯得極為遲鈍和麻木。在此之前，新自由主義思想從大學擴散到華盛頓、華爾街、大眾和輿論，人們無不信仰，且遵從市場完美主義的教義。他們無視凱因斯有關動物精神的警示，反其道而行之，大張旗鼓地放縱市場中的非理性行為，導致全社會都迷失在狂熱中，最終釀成大禍。[097]

經濟體是一個存在群體預期的回饋系統，生產商的經濟決策通常要考量未來經濟的預期。動態經濟模型主要取決於預期假說，一些經濟學者如皮古（Arthur Cecil Pigou）、凱因斯和希克斯，都在商業循環的決定中給予預期核心的作用，認為其將幫助決定經濟活動的水準。

在主流經濟學中，對於預期的關注由來已久。比如凱因斯在《通論》中對就業水準的分析，對貨幣需求、投資水準與景氣循環的考察，都是基於預期範疇進行的，但在實際上沒有明確回答預期形成、影響國民經濟執行等問題。從根本上來說，凱因斯的預期觀是非理性的。此後，美國經濟學者約翰・穆斯（John Fraser Muth）、羅伯特・盧卡斯（Robert Emerson Lucas）分別對預期進行開創性研究，最終形成以盧卡斯為首的理性預期學派。

---

[096] 程均麗，姚南. 嬗變中的預期理論—動物精神與異質預期假說 [J]. 當代經濟研究，2011（8）：30-38.

[097] 季小江，孟華興，劉洪生. 從個體行為闡釋金融危機的根源 [J]. 河北經貿大學學報，2012（3）：83-86.

(1) 靜態預期模型

靜態預期模型是在蛛網理論基礎上發展而來的，蛛網理論是一種關於動態均衡分析方法的個體經濟學理論，其內容是考察價格波動對下一循環產量的影響以及由此產生的均衡變化。

$$\begin{cases} Q_t^d = a - bP_t \\ Q_t^s = C + dp_t \\ P_t^* = p_{t-1} \end{cases}$$

(2) 外推型預期模型

美國經濟學者安德烈亞斯發展了靜態預期模型，提出外推型預期模型，他認為對未來的預期，不僅以經濟變數的過去水準為基礎，還要考量經濟變數未來的變化趨勢。

$$p_t^* = p_{t-1} + \varepsilon(p_{t-1} - p_{t-2})$$

(3) 適應性預期模型

美國經濟學者菲利浦·卡根（Cagen）提出適應性預期理論，他把行為視為在對預期事件和實際事件之間的差別產生適應作用，說明在價格極度飛漲條件下人們的行動。

$$p_t^* = p_{t-1} + \beta(p_{t-1} - p_{t-1}^*) \quad (0 < \beta < 1)$$

(4) 理性預期模型

美國經濟學者約翰·穆斯在以往預期模型的基礎上，提出理性預期

第六章 通膨、失業與經濟挑戰

假說。理性預期是指經濟當事人為避免損失和謀取最大利益，設法利用一切可以獲得的資訊，對所關心的經濟變數在未來變動狀況做出盡可能準確的估計。他在〈理性預期與價格變動理論〉（*Rational Expectations and the Theory of Price Movements*）中給出三個假定：第一，資訊是稀少的，經濟系統一般不會浪費資訊；第二，預期的形成方式主要取決於描述經濟的相關體系結構；第三，民眾的預期對經濟體系的執行不產生重大影響。

$$\begin{cases} Q_t^d = a - bp_t \\ Q_t^s = C + dp_t^* + u_t \\ p_t^* = E(p_t \mid I_{t-1}) \end{cases}$$

穆斯的理性預期假說的經濟學含義是：第一，理性預期是經濟主體利潤或者效用最大化的自然結果，是最準確的預期；第二，當事人的主觀機率分布等於經濟系統的客觀機率分布。理性預期並不能保證每一個個體都有同樣的預期，也不要求每一個個體的預期都正確無誤，但是理性預期的誤差平均為 0。

1970 年代，美國經濟學者羅伯特・盧卡斯發表《預期與貨幣中性》，把穆斯的理性預期假說與貨幣主義模型結合起來分析。之後，盧卡斯、薩金特（Thomas Sargent）把理性預期引入總體經濟模型，進一步闡發理性預期理論，以盧卡斯為代表的理性預期學派最終形成。[098]

理性預期理論（新古典總體經濟學）以新古典經濟學的經濟人假設為

---

[098] 黃國石. 理性預期學派的經濟理論和政策主張 [J]．廈門大學學報（哲學社會科學版），1997 (3)：36-40..

基礎,並且以資訊完全和市場出清的假定為前提,提出「不變性定理」,同時還根據「李嘉圖等價定理」和「納許均衡論」,全面地得出「政策無效性」的命題,從根本上否定凱因斯主義的政府干預思想。理性預期學派主張完全自由放任政策,只要政府制定並且公開宣布長期穩定不變的政策,取信於民,從而加入主流經濟學的新自由主義陣營之中。[099]

(5) 異質性預期模型

理性預期模型用以描述「結果部分地要取決於人們預期將發生的情況」,是經濟個體的預期因相同的資訊背景而趨向一致的預期結果。可見,理性預期概念的產生就意味著同質性思想,這種思考方式一直支配著後來對經濟動態結構和經濟計量政策評價方面的分析,大多數的總體經濟研究是假定所有個體共有唯一的理性預期。

除了完全理性外,理性預期還假定所有個體就經濟真實的機率分布,生成同質的預期,在形式上表現為「代表性個體」分析,不用考量個體之間的差異化、多樣性及相互作用。藉助於最佳化行為假定,來實現從個體到總體的轉化,其結果是產生單一的總預期。正如哈耶克(Hayek)說的那樣:「經濟理論的任務是解釋一種經濟活動的整體秩序是如何形成的,這種秩序利用大量知識,然而不是集中在任何一個頭腦之中,僅僅作為千百萬個不同個人的分散知識而存在。」對於現有的知識,個人占有的只是極小的一部分資訊碎片,需要依靠市場制度才能進行有效的整合。

在理性預期下,經濟個體的動物精神消失,不會為樂觀或悲觀情緒的集體浪潮所支配。總體經濟的循環波動的來源是外部衝擊,即產出和價格的循環波動是外生形成的。在理性預期假定中,完全相同的個體的完全理性是最重要、最顯著的因素,在這個因素主導下,這些個體使用

---

[099] 丁冰.試析理性預期論[J].經濟學動態,1996(8):58-62.

第六章　通膨、失業與經濟挑戰

所有的現有資訊，對未來做出最佳預測，預測結果不僅是一致的，而且不會與市場均衡結果產生系統性差異，或者說，他們在預測未來時，不會出現系統性錯誤，偏離完美預見只是隨機的。外生衝擊與緩慢傳遞（慣性）相結合，造成循環性波動。

實際上，絕大多數總體經濟現象背後的驅動因素是經濟個體的異質性，這些異質性個體的商業信心（動物精神）是經濟活動一個獨立的決定因素。在預期形成中，除了與之相關的資訊成本外，還存在對將來發生什麼這個根本的不確定性。所以人們對未來進行估計時所依據的知識，是非常不可靠的。這些異質性個體容易受動物精神驅使，在人的本能和信心作用下，做出大多數決策，沒有預期能夠做到真正的「理性」，這些預期也並非同質的。

異質性預期假說立足於有限理性，考察個體在預期形成中的內生學習、動物精神、相互作用和協調問題。經濟系統由不計其數的利害相關的個體構成，每一個個體都擁有主觀信念、占有私人資訊，他們相互作用、相互影響，產生社會互動作用。為了了解經濟系統的複雜性，有限理性的個體會不斷地相互學習或從過去的經歷中學習，不僅使預期與經濟結果之間形成動態回饋，還會產生經濟行為的相關性和協同性。

在異質性預期環境中，每一個經濟個體所形成的預期並非同質的、理性的，來源於動物精神的信心，也是經濟系統一個獨立的決定因素。經濟執行的結果，取決於所有個體的預期，且每一次的執行結果往往不是完全一致的。進一步來說，信心具有自我應驗的一面，個體努力試圖理解環境的複雜性，雖然他對「真相」形成具有非常不相同的信念，但是極力地搜尋資訊並從中學習，結果將引起信心的波動。

預期差異引導個體採取不同的行動，這些行動又迫使中央銀行認可這

些預期。一旦由於私人部門的通貨膨脹預期上升，中央銀行被迫產生順應性的通貨超發，經濟就跌入預期陷阱。如果經濟個體預期，只要產出降到潛在水準以下，中央銀行都會予以消除，他們便提高薪資和價格，而中央銀行為了阻止失業率增加，只有被迫適應薪資和價格的上升，執行擴張性政策。結果是產生自我應驗型均衡，薪資和價格都在上漲。隨後，貨幣政策適應這些變化，引起薪資和價格的進一步上漲。如此循環下去，貨幣政策掉入預期陷阱，最終導致通貨膨脹呈螺旋性攀升，然而實體經濟並沒有得到改善。預期陷阱是由異質性預期中的預期分歧所引發的，而中央銀行的順應性政策強化，促成信心自我應驗的一面。

在經濟系統中，個體需要形成關於他人信心的預期，這通常被稱為高層次預期問題或信心問題。更高層次信心是一種預期狀態，反映個體對於代表性個體和整體預期的預期情況。例如在薪資或價格調整中，各個企業家和工會談判者所受到的影響，不僅來自他們關於未來狀況的私人預期，也來自他們對於代表性個體和整體關於未來狀況的信心的看法。當經濟個體只擁有部分資訊，而這些資訊又各不相同時，預期問題將會變得更加複雜。

更高層次預期問題或信心問題，對於中央銀行制定貨幣政策來說關係重大。由於公共資訊屬於共同知識，經濟個體在對一般性預期的預期中，將會重視這類資訊的特殊意義，因此中央銀行及時提供經濟狀態、執行和貨幣政策方面的公共資訊，且與私人部門交流，減少在經濟數據和政策措施方面理解上的差異，可以為這些利害相關的個體創造共同知識，從而確立合理的群體信心凝聚點。

在異質性預期下，中央銀行要關注私人部門預期形成的動物精神。由於信心的相關性會形成樂觀或悲觀情緒浪潮，在這種動物精神能夠對產出

第六章　通膨、失業與經濟挑戰

和通貨膨脹產生獨立影響的經濟系統中，中央銀行不僅要對通貨膨脹的波動做出反應，也要適當地應對產出和資產價格的波動，引導異質性預期朝同質性的理性預期協調、收斂，防止動物精神的過度發作、演化與擴散，以便減少自由市場體系容易產生的繁榮與蕭條的交替循環。[100]

現行的通貨膨脹理論日益突顯的兩個重要特徵：一是強調預期作用，二是注重不確定性影響。在貨幣金融化的經濟系統中，一定程度的通貨膨脹或緊縮，都會在短期內形成經濟行為個體的預期，從而造成「貨幣幻覺」，帶來經濟行為的不確定性。個體根據對通貨膨脹演變趨勢的判斷和觀察，調整自身的經濟行為，但是預測水準和實際水準往往不一致，即產生通貨膨脹預期的不確定性。通貨膨脹預期的不確定性使價格資訊失真，引發經濟行為個體決策錯誤，造成整個經濟系統資訊的紊亂，進一步成為通貨膨脹或緊縮新的誘因，所以通貨膨脹危害性的真正癥結，在於通貨膨脹的不確定性。貨幣政策的目標之一，就是維持較低的、可預測的通貨膨脹率，從而保證經濟系統平穩地執行。[101]

1986 年，德國經濟學者蒂姆·博勒斯列夫拓展了 ARCH 模型，提出廣義自我迴歸條件異質變異數模型（Generalized Auto-Regressive Conditional Heteroskedasticity，GARCH），這是一個為金融數據量身定製的迴歸模型，除了與普通迴歸模型相同之處，GARCH 模型對誤差的變異數進行改進，特別適用於波動性的分析和預測。

建立基於 GARCH 模型的通貨膨脹的條件標準差，來衡量通貨膨脹預期的不確定性，選擇世界主要經濟體「美國、歐洲、日本、中國」為研究對象。通貨膨脹率使用居民消費者物價指數（CPI）月度相比變化的

---

[100] 程均麗，姚南. 嬗變中的預期理論—動物精神與異質預期假說 [J]. 當代經濟研究，2011（8）：30-38.
[101] 周潮. 世界主要經濟體通貨膨脹預期的異質性研究 [J]. 浙江金融，2011（9）：25-30.

百分比表示（Π_a 表示美國的通貨膨脹率，Π_u 表示歐洲的通貨膨脹率，Π_j 表示日本的通貨膨脹率，Π_c 表示中國的通貨膨脹率），數據樣本區間為 1983 年 1 月至 2010 年 7 月，如圖 6-1 所示。

在 1999 年之前，美國出現兩次通貨膨脹和一次通貨緊縮，同期較高的通貨膨脹預期的不確定性也出現過三次，之後的通膨水準較高，且在短期內快速回落；歐元區出現五次輕度的通貨膨脹，同期較高的通膨預期不確定性多次出現，但是之後的通膨水準較高；日本出現一次較高和兩次中度的通貨膨脹，同期較高的通貨膨脹預期不確定性多次出現，之後出現一次輕度的通貨膨脹；中國出現過三次較高的通貨膨脹，同期較高的通貨膨脹預期不確定性也多次出現，之後出現兩次輕度的通貨膨脹。

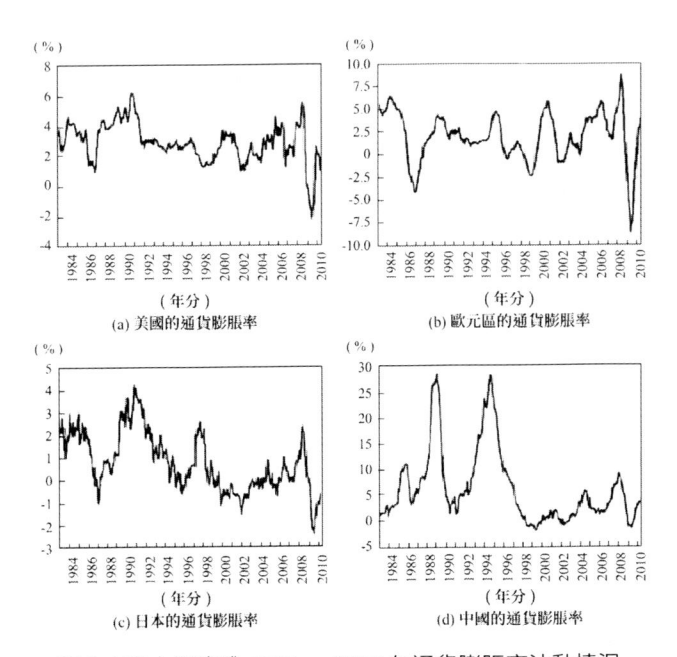

圖 6-1 四大經濟體 1983～2010 年通貨膨脹率波動情況

資料來源：周潮. 世界主要經濟體通貨膨脹預期的異質性研究〔J〕. 浙江金融，2011（9）：27.

第六章 通膨、失業與經濟挑戰

　　使用 GARCH 模型殘差的條件標準差,反映通貨膨脹預期的不確定性:美國和歐洲的通貨膨脹預期不確定性呈現波動上升的趨勢,日本和中國的通貨膨脹預期不確定性呈現持續下降的趨勢,日本的波動值高於美歐;從直觀上來看,通貨膨脹與通貨膨脹預期不確定性有正向的相關性,如圖 6-2 所示。

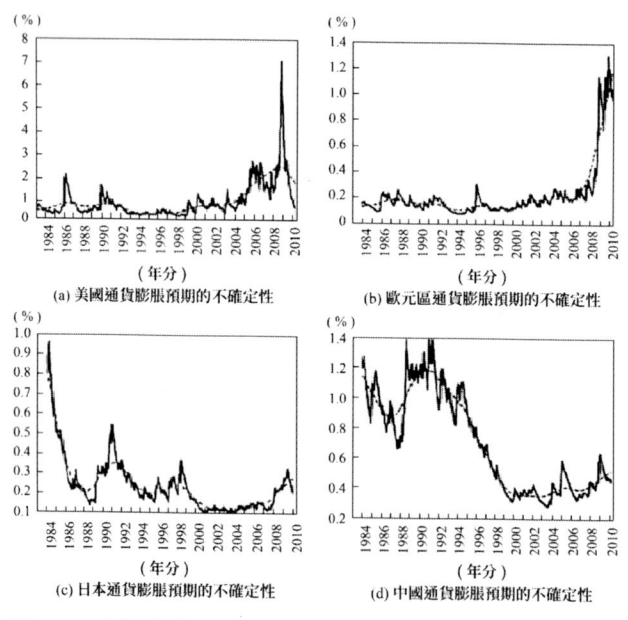

圖 6-2 四大經濟體 1983～2010 年通貨膨脹預期的不確定性

資料來源:周潮. 世界主要經濟體通貨膨脹預期的異質性研究〔J〕. 浙江金融,2011(9):28.

　　為了進一步發現通貨膨脹和通貨膨脹不確定性之間的影響,利用廣義脈衝響應函數(GIRFs)具體分析預期的不確定性和通貨膨脹率的動態響應。橫座標表示衝擊作用的滯後期間(月度),縱座標表示衝擊響應程度(百分比),實線表示脈衝響應函數,虛線表示正負兩倍標準差的信賴區間,如圖 6-3 所示。

6.1 通貨膨脹的預期

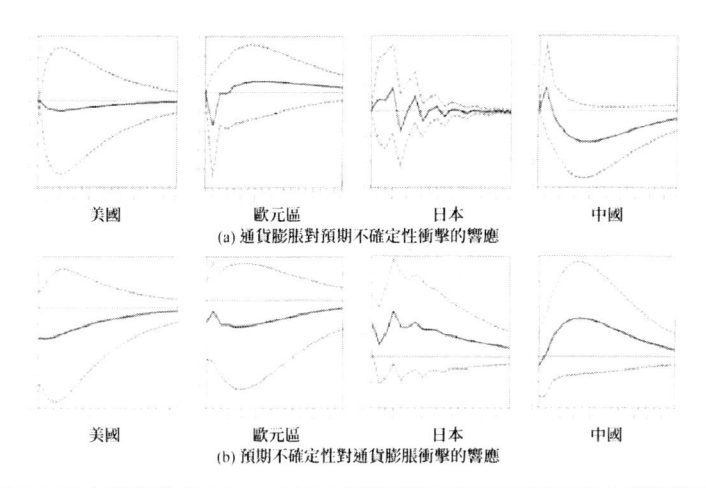

美國　　　　歐元區　　　　日本　　　　中國
(a) 通貨膨脹對預期不確定性衝擊的響應

美國　　　　歐元區　　　　日本　　　　中國
(b) 預期不確定性對通貨膨脹衝擊的響應

圖 6-3 四大經濟體 1983～2010 年通貨膨脹和預期不確定性的衝擊響應

資料來源：周潮．世界主要經濟體通貨膨脹預期的異質性研究〔J〕．浙江金融，2011（9）：29.

從圖 6-3 可以看出，美國的通貨膨脹率對本期 1% 預期不確定性的成長衝擊，其響應一直呈現為負向；歐元區的通貨膨脹率從第 2、第 3、第 4 期都呈現為負向響應，從第 5 期開始轉為正向響應；日本的通貨膨脹率呈現一種震盪型的收斂狀態；中國的通貨膨脹率當前迅速響應，於第 2 期達到最大值 9.5%，從第 3 期開始一直轉為負向，至 20 期後仍然沒有收斂。對於本期 1% 通貨膨脹率的成長衝擊，美國和歐元區的通貨膨脹預期均呈現為負向響應，中國和日本的通貨膨脹預期不確定性均呈現為正向響應。

當通貨膨脹處於高位時，根據常識判斷，政府都會採取措施，將過高的通貨膨脹率降低，但是經濟個體很難判斷政府控制通貨膨脹措施的有效性和力度，結果造成通貨膨脹預期的不確定性增加。在當通貨膨脹率尚處於低位時，政府和社會各界就應給予關注，防止其向高位發展，這是政策制定者最明智的反通貨膨脹政策選擇。穩定的經濟政策能夠降

低民眾和政府間的資訊不對稱程度，避免政策反覆引起預期的偏差，減少通貨膨脹不確定性對個體行為的影響。較高的政策透明度和較強的政策連續性，有助於個體獲取更多的資訊，穩定通貨膨脹預期，降低對消費信心的影響。[102]

6.1.2　虛擬經濟和金融危機

實體經濟（Real Economy）是人類社會生存和發展的基礎，指物質的、精神的產品和服務的生產、流通等活動，包括農業、工業、交通通訊業、商務服務業、建築業等物質產品生產和服務部門，也包括教育、文化、知識、資訊、藝術、體育等精神產品生產和服務部門。馬克思在《資本論》中指出，先用資本貨幣去僱用工人、買原料、購機器、建廠房，然後透過生產形成產品，產品透過流通變成商品，商品透過交換才能變成貨幣，這就是實體經濟。[103]

虛擬經濟（Fictitious Economy）是由虛擬資本發展而來的，貨幣和與之相近的各種可以帶來收入的憑證，逐漸成為社會財富的基本形式。虛擬經濟是現代市場經濟高度發達的產物，一切財富都符號化，這種虛擬化的經濟狀態，在本質上可以是為一種貨幣經濟。實體經濟的發展、經濟效率的提高，與虛擬經濟的擴張密切相關，且從貨幣經濟進一步向信用經濟轉變。但是虛擬經濟過度擴張，又會引發金融動亂，嚴重的會導致金融危機，反過來損害實體經濟。[104]

虛擬經濟不是不存在的虛假經濟，而是依託在經濟系統中的實體，

---

[102] 周潮．世界主要經濟體通貨膨脹預期的異質性研究[J]．浙江金融，2011（9）：25-30．
[103] 賀曉波，許曉帆．我國實體經濟與虛擬經濟分離發展研究[J]．經濟研究導刊，2010（20）：1214．
[104] 成思危．虛擬經濟與金融危機[J]．管理科學學報，1999（3）：1-6．

既有資源投入,也有物質產出,從業者創造價值、創造財富,被計入當年的 GDP。

「虛擬」是強調虛擬經濟有著不同於實體經濟的獨立執行規律和獨特的影響方式,經濟虛擬化是經濟系統在工業革命之後的近現代社會發展趨勢,是市場經濟和信用經濟發展的必然產物。經濟虛擬化深刻地改變著經濟系統的執行模式,甚至使經濟危機的產生機制也發生逆轉。

第一,貨幣的虛擬化。在「二戰」即將結束時,為了穩定國際金融秩序而建立的「布列敦森林制度」,規定美元與黃金掛鉤、其他貨幣與美元掛鉤,這種「雙掛鉤」體系,實質上是一種以美元和黃金為基礎的金匯兌本位制,其正常運轉與美元的信譽和地位密切相關。從 1960 年代開始,美國出現貿易鉅額逆差、黃金儲備大量外流,雙掛鉤體系難以為繼。於 1971 年,尼克森(Richard Nixon)總統宣告結束,美元與黃金最後一絲脆弱的連結被切斷,美元發行不再受黃金儲備的約束,完全由美國聯邦儲備體系根據經濟形勢的需求來決定,也就是貨幣徹底虛擬化,成為純粹的由國家信用支撐的信用符號。

第二,價值增值過程的虛擬化。傳統的資本主義生產需要真實的物質資本和勞動力的參與,在經濟虛擬化的條件下,這兩項內容都可以省略。例如在服務業中,部分服務業、房地產業和金融業都可以憑藉自身的不斷反覆炒作來創造財富,且計入當年的 GDP。此類財富的內在價值,不是由實際生產成本決定的,而是在相當程度上由人們的心理預期決定,外部變化很容易引起此類財富市場價值的大幅震盪。但是這類財富也是能夠進行交易的實際財富,與實際物質財富在交易方式和交易結果上沒有差別。

第三,價值累積方式的虛擬化。在虛擬經濟發展的早期階段,虛擬財富占據整個社會財富的比例很小,實際物質財富是構成整體社會財富

第六章　通膨、失業與經濟挑戰

的基礎，一國財富的累積，主要就是實物財富的累積。在虛擬經濟高度發達的當前階段，主要先進國家的財富，不再由實際物質財富，而是由虛擬財富構成。虛擬經濟的發展，從根本上改變了傳統的財富累積方式，使財富累積突破物質生產條件的限制。[105]

資本主義的生產過剩是一種相對生產過剩，當市場對生產顯得狹隘時；當商品生產超過有支付能力需求時；當社會總供給大於社會總需求時；當社會財富日益集中在少數人手中時……這種相對過剩就更加明顯。資本主義生產過剩的另外一種形式是資本過剩。馬克思認為：「所謂資本過剩，在實質上總是指那種利潤率的下降，不會由利潤的增加得到補償的資本——新形成的資本嫩芽總是這樣——的過剩，或是指那種自己不能獨立行動，而以信用形式交給大產業部門的指揮人去支配的資本的過剩。」他表達類似於主流經濟學邊際資本的概念，在一定條件下，資本總量達到一定值，新增加的資本投入小於所獲資本收益時，出現資本過剩，如圖6-4所示。

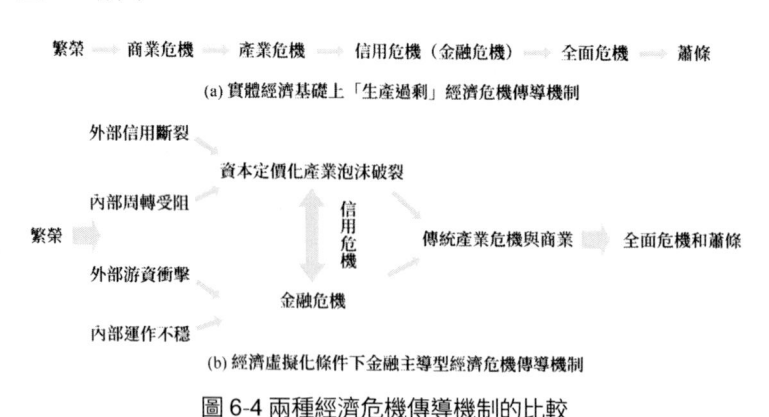

繁榮 —— 商業危機 —— 產業危機 —— 信用危機（金融危機）—— 全面危機 —— 蕭條

(a) 實體經濟基礎上「生產過剩」經濟危機傳導機制

外部信用斷裂
內部周轉受阻
繁榮　→
外部游資衝擊
內部運作不穩

資本定價化產業泡沫破裂
　↕信用危機
金融危機

傳統產業危機與商業 → 全面危機和蕭條

(b) 經濟虛擬化條件下金融主導型經濟危機傳導機制

圖6-4 兩種經濟危機傳導機制的比較

資料來源：劉智城，姚雨峰，朱春豔．經濟虛擬化後經濟危機傳導機制變化〔J〕．法制與社會，2010（6）：111.

---

[105] 張國慶，劉駿民．經濟虛擬化、金融危機與政府規制［J］．當代財經，2009（10）：16-20.

6.1 通貨膨脹的預期

至今，信用已經成為整個社會——經濟中不可或缺的元素，以信用經濟為現實基礎的虛擬經濟，成為在國民經濟體系裡重要的組成部分，信用經濟也逐步拓展為以泛資本化定價方式為核心的虛擬經濟。例如世界經濟成長引擎的美國，為了刺激經濟，更是加足「信用燃料」。1980年，美國的總負債占其國內生產毛額的比率達到169％；2002年，這個比率達到292％。美國的生產商和消費者利用這些信用，進行瘋狂投資和透支消費，金融創新蓬勃發展起來的資本市場，更為這些瘋狂成長的信用提供良好的投資場所，並得到很好的「名目資本報酬率」。聯準會透過經常性專案赤字，為世界經濟提供「虛擬動力」，世界經濟的引擎已經被信用淹沒。當這些信用無法償還時，信用過剩點燃金融危機爆發的導火線。[106]

美國持續的經常帳戶逆差，加速削弱美國製造工業的能力，實質上反映的是實體經濟的衰落。由於製造業的技術進步比其他部門快，所以美國很難在沒有製造業的情況下保持技術上的領先。「二戰」以後，美國GDP的內部結構發生重要變化。用製造業、建築業和交通運輸業表示美國的實體經濟，用金融、保險服務業和房地產業及租賃服務業表示美國的虛擬經濟，可以看出，美國實體經濟創造的GDP，占其全部GDP的比例，從1950年的41.25％下降到2007年的18.7％，且實體經濟最具代表性的製造業，從1950年的27％下降到2007年的11.7％。虛擬經濟創造的GDP，占全部GDP的比例，則從1950年的8.63％上升到2007年的20.67％，虛擬經濟領域無論從絕對量上還是從相對比例上，在整個GDP中都已經相當龐大。汽車、鋼鐵和建築業等三大支柱產業，早已不再具有往日輝煌，取而代之的則是金融、房地產等典型虛擬經濟產業，如表6-1所示。

---

[106] 劉智城，姚雨峰，朱春豔. 經濟虛擬化後經濟危機傳導機制變化［J］. 法制與社會，2010：10-111.

第六章 通膨、失業與經濟挑戰

表 6-1 美國實體經濟與虛擬經濟 1950～2007 年部分年分發展狀況

指標	1950年	1960年	1970年	1980年	1990年	2000年	2003年	2004年	2005年	2006年	2007年
GDP (10億美元)	240.0	414.5	804.4	2708.0	5546.0	9817.0	10971.0	11734.0	12487.0	13195.0	13841.0
實體經濟 (10億美元)	99.0	164.8	290.3	819.9	1442.0	2164.0	2192.0	2303.0	2453.0	2565.0	2582.0
虛擬經濟 (10億美元)	20.7	45.9	91.8	418.4	982.0	1931.0	2260.0	2395.0	2575.0	2757.0	2861.0
實體經濟 (%)	41.25	39.76	36.09	30.28	26.00	22.04	19.98	19.63	19.63	19.40	18.70
虛擬經濟 (%)	8.63	11.07	11.81	15.45	17.71	19.67	20.60	20.41	20.41	20.90	20.67

資料來源：張雲，劉駿民．從次貸危機透視虛擬經濟命題的研究 [J]．東嶽論叢，2009（1）：30．

美國官方提供的統計數據仍然過高計算製造業在 GDP 中的比重，例如福特汽車公司曾經是美國製造業強大的象徵之一，但是其公布的財務報表顯示：2007 年，福特汽車公司全年稅前利潤為 58 億美元，其中 50 億美元的稅前利潤是經營信貸和租賃等金融業務所得，而出售汽車創造的利潤僅為 8 億美元，這說明福特公司出售汽車創造的貨幣利潤，遠遠低於從事金融活動獲得的收益。由此可見，靠製造業賺錢，對生產商正在漸漸失去吸引力。許多像福特這樣的製造業，在從事各類虛擬經濟的活動，實體經濟隱藏著越來越大虛擬經濟的活動假象。

在實體經濟去工業化的同時，美國經濟的虛擬化程度在不斷加深。美國債券（包括次級債務）、股票、外匯、期貨、金融衍生商品市場、大宗商品期貨市場、房地產市場等，已經成為創造貨幣財富的機器。投機賺取價差，成為虛擬經濟活動的核心，為實體經濟服務淪為附屬目標。根據國際結算銀行保守估計：2006 年底，美國境內的地產、股票、債券、外匯、大宗商品期貨和金融衍生商品，市值約為 400 兆美元，為 2006 年 GDP 的 36 倍左右。然而以同樣的方法，計算出其他國家的「本益比」，最多只有十幾倍，比如日本是 16 倍左右。[107]

按照系統科學的觀點，虛擬經濟是一個系統。虛擬經濟與實體經濟的互動增加，有助於促進國民經濟的價值成長，但也導致整個經濟系統的波動性增加，如果超過一定的臨界值，將引發系統性風險及金融危機。在虛擬經濟動態演化中所蘊含的非平衡態、個體——總體關聯、漲落導致的從無序到有序的思想，能夠與耗散結構理論高度關聯。

耗散結構理論的核心要義是：一個遠離平衡的開放系統，透過不斷與外界交換物質和能量，在條件變化達到一定閾值時，可能從原有混沌

---

[107] 張雲，劉駿民. 從次貸危機透視虛擬經濟命題的研究［J］. 東嶽論叢，2009（1）：29-35.

第六章 通膨、失業與經濟挑戰

無序狀態，轉變為在時空上或功能上的有序結構，這種遠離平衡態形成的新的有序結構，即「耗散結構」。基本觀點包括「非平衡是有序之源」、「透過漲落達到有序」和基本三角關係，用來描述系統的個體機制、總體結構與漲落的關係，以及制約關係。

非平衡態是有序之源，是耗散結構理論的基點。小幅的擾動在平衡態和近平衡線性區，不足以改變系統的穩定性，不會釀成新的有序結構。在遠離平衡的非線性區，系統才有可能透過漲落進入新的穩定有序狀態，形成具有新穩定性的耗散結構。虛擬經濟和實體經濟沿著資產報酬率，恰好相等時的平衡態成長，是極其艱難且偶然的，經常偏離才是常態。當背離程度有限時，即使存在資產價格的內生性波動漲落影響，或總體調控政策引起的外生性起伏因素，都不足以使系統失去穩定性。

在虛擬經濟偏離實體經濟處於可控範圍內時，透過金融市場的內在調節機制或中央銀行貨幣政策的調控，可以保持經濟系統的相對穩定。當虛擬經濟背離實體經濟過大而遠離平衡態時，由於資本化定價方式的存在和心理預期的作用，正回饋機制使得虛擬經濟自組織到臨界的極度敏感狀態，任何小的漲落都會導致「超臨界」狀態，觸發既有系統的崩潰，金融危機爆發就是系統崩潰的外在表現。

總體現象是個體機制的結果，虛擬經濟演化的個體機制，在於借貸雙方資訊不對稱和投資決策與融資結構相分離。在資訊不對稱的市場上，融資成本隨著融資結構的改變而變化。存在於資金借貸雙方間的「委託──代理」問題，使得貸出時必須付出資訊成本，且隨著借方預期收益的增加而減小，因為預期收益增加，可以加大借入方的履約機率。

當預期收益確認提高時，融資成本下降，刺激資金需求和資金放

貸。當經濟循環資金的一部分流入虛擬經濟時，金融資產的需求刺激資產價格上升，資產價格上升又進一步推動資金需求，從而誘發信貸擴張。當資產價格擴張超越限定時，資產價格暴跌將使帳面資產急遽縮水，銀行回收貸款的壓力，迫使借款者拋售，引發大量借貸違約，直至銀行倒閉，最終爆發金融危機，造成整個總體經濟波動、實體經濟停滯倒退。可見，「資產價格＋信貸資金⇌資產價格」的虛擬資產正回饋機制，是引起虛擬資產價格擴張與實體經濟背離，並最終導致經濟動亂的個體機制。

在耗散結構理論中，非線性非平衡態生成穩定有序的結構，是非平衡相變的結果，其中漲落作為觸發器，發揮著重要作用。虛擬經濟系統由證券市場子系統、外匯市場子系統、金融衍生商品子系統等組成，非平衡相變不穩定性之後出現的總體有序由漲落決定。在個體主體追逐收益最大化的過程中，由於虛擬經濟資本化的定價方式和虛擬資產價格的正回饋過程，內生或外生的良好預期，推動信貸擴張和資產價格泡沫，推動虛擬經濟背離實體經濟。

虛擬經濟與實體經濟的規模對比在接近平衡態時，內生的或外生的資產價格突然上漲，使得虛擬資產報酬率在一定範圍內高於實體資產報酬率。由於偏離程度不大，在市場投資者沒有形成一致的報酬預期時，出現短期套利操作，使得漲落逐漸衰減而不至於引起震盪。當虛擬經濟持續地背離實體經濟後，投資者開始忘掉「曾經的失落」，肆意投機交易，市場整體處於亢奮預期中，資產價格和資金流交叉催化反應，使虛擬經濟遠離平衡態，在內部正回饋的非線性機制下，自組織到臨界狀態。

在臨界狀態下，系統的演化路徑是不確定的，執行體系透過漲落作

第六章　通膨、失業與經濟挑戰

用,達到非穩定區域的機率總不等於 0,偶然的來自貨幣政策、經濟政策或自然界的因素,都可能成為漲落性因素。這個漲落一旦確定,虛擬經濟隨後的演化途徑將是唯一的。在遠離平衡態狀態下,虛擬經濟系統的非平衡相變常常以金融危機方式作為系統崩塌和能量釋放的外在洩出。中央銀行貨幣政策的調控力度和時機非常重要,突變式大幅度緊縮貨幣政策,往往使市場難有緩衝餘地,流動性急遽短缺,將使資金鏈條斷裂,必定超越臨界狀態、引爆金融危機。

　　選取美國 1979 ～ 2008 年金融危機爆發及以前的數據進行分析,透過描述性方法來檢驗非平衡的現實性;透過共整合檢定來驗證個體機制中變數間長期關係的存在性。選取私人部門銀行信貸與真實 GDP 的比率作為信貸指標;選取股價指數 (LSP) 和房地產物價指數 (LHPI) 作為虛擬資產價格指標;選取真實 GDP 作為實體經濟指標 (LGDP),以 2000 年各項指標值為 100 基數,進行指數化處理。

　　美國虛擬資產價格與 GDP 成長均存在不一致性。在 1999 年以後,虛擬資產價格擴張超過實體經濟的真實成長,且房地產價格尤為明顯。從 2007 年開始,美國房地產價格加速俯衝,這是次貸危機蔓延的直接表現。虛實背離在遠離平衡態的非線性區域,隨時間推移程度加大,且會持續到高點。由於偶然性漲落事件使得預期突變、泡沫被擠壓、資產價格下跌,虛擬經濟才向實體經濟收攏。實體經濟支撐的虛擬經濟臨界區資產價格最敏感,金融危機在虛實背離程度的最大區域爆發,如圖 6-5 所示。

　　在個體機制相互作用變數之間存在長期穩定關係,虛擬經濟在總體狀態上表現出由「均衡到非均衡→系統失穩→超臨界點崩潰→透過漲落達到新的有序狀態」,決定虛擬經濟動態演化的重要前提條件「非平衡

6.1 通貨膨脹的預期

性」具有現實依據。虛擬經濟的動亂,是由虛擬經濟內部資產價格非線性形式的個別機制決定的,內外部漲落是誘因。因為漲落的隨機性,在臨界狀態之後的演化路徑是不確定的,難以給出臨界態的靜態合理區間。[108]

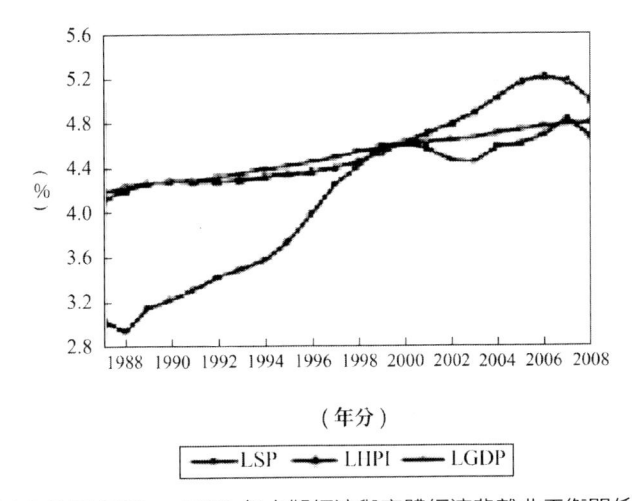

圖 6-5 美國 1979～2008 年虛擬經濟與實體經濟背離非平衡關係

資料來源:李成,周青.虛擬經濟動態演化下超臨界態的金融危機研究〔J〕.當代財經,2009(11):67.

---

[108] 李成,周青.虛擬經濟動態演化下超臨界態的金融危機研究〔J〕.當代財經,2009(11):63-68.

第六章　通膨、失業與經濟挑戰

6.2　機器取代工人

縱觀社會發展史，每一次產業技術革命，都會為生產力帶來深刻影響。大數據、人工智慧和雲端運算，正在引領生產效率實現跳躍式變革，大數據技術帶來豐厚的「數據紅利」，許多「基於規則」的重複性工作，已經和即將以人機互動的方式完成。自動化和智慧化對就業存在著替代效應和創造效應，既改變著未來的工作模式、職位場景和勞資關係，也意味著技術性失業和就業淨損失。如果這些失業者不能及時調整或者重塑自己，那麼他們可能被淘汰出局，再次陷入英國第一次工業革命時曾經出現的「盧德式恐懼」。

6.2.1　從盧德運動到替代效應

工業革命（Industrial Revolution）開始於 1760 年代，發源於英國中部地區，資本主義生產從工廠手工業向機器大工業過渡。盧德主義出現在工業革命初期，隨著機器的發明和逐漸投入生產，越來越多的手工工作者失去工作機會，生活處境變得艱難。他們對大機器的出現沒有足夠的認知，盲目地認為這些機器的出現導致自己失業和貧困，於是將滿腔的怨恨都投在機器上，以破壞機器為方式，反抗工廠主人的壓迫和剝削。

相傳盧德（Ned Ludd）是萊斯特一帶的一名織布工，他於 1779 年摧毀兩臺織布機。1811 年 3 月，諾丁漢的工廠主們削減工人薪資，憤怒的工人們假借他的名義，搗毀 60 多臺紡織機；同年 11 月，諾丁漢的工廠主們收到署名為「盧德將軍」和「盧德王」的恐嚇信。1812 年，盧德運動在英國風起雲湧，組織嚴密的盧德分子晝伏夜出，神出鬼沒地進行演練與破壞。他們集結成的這股強大力量，引起當局的警惕，最終在軍隊強

而有力的鎮壓下，盧德分子失敗。

按照通常的觀點，這是對新技術和新事物的一種盲目衝動的反抗，盧德分子成為保守、落伍、反動、反對進步的同義詞。如果從歷史的、嚴謹的觀點去重新審視，這些資料有些斷章取義，甚至站不住腳。英國歷史學家艾瑞克・霍布斯邦（Eric John Ernest Hobsbawm）發現這是一種「藉由暴動來集體協商」，盧德分子「攻擊無論新舊的機械設備，他們運用這種方法，逼迫雇主在薪資與其他事項上做出讓步」。工人們攻擊的不單是機器，而是包括機器在內的資本家的全部「財產」。這是一種間歇性的施壓行為，目的在於迫使資方提高薪資、改善待遇，或者是停止製造偽劣產品。

導致盧德運動的，或許不是工業革命，英國歷史學家愛德華・湯普森（Edward Thompson）在《英國工人階級的形成》（*The Making of the English Working Class*）總結道：「盧德運動是在舊的家長制法令被廢棄，自由經濟沒有任何制約的危急時刻出現的。」所以從嚴肅的歷史觀來看，盧德運動並不是對新技術的盲目反對，以此評判那些19世紀為生存抗爭的英國工人們並不公正，他們反抗的是新機器與新技術帶來的失業。的確也有工人天真地、或「進步」地認為技術是萬惡之源，然而這不是主流。

到20世紀末期，從「第三波」、「電腦革命」、「生物技術革命」、「資訊高速公路」到「人工智慧技術」，人類社會正經歷由現代社會向後現代社會、資訊社會或後工業社會的轉變，在思想上震撼著人們原有的觀念。

1990年，美國歷史學家發表「新盧德宣言」，象徵新盧德主義的誕生。新盧德主義者都是純粹的知識分子，傾向於「把工業社會對人的異化及其對生態環境造成的危害，歸咎於科學技術」。

第六章　通膨、失業與經濟挑戰

　　新盧德主義者實踐自覺的批判哲學，多數的成員採取非暴力的方式實現自己的理想。他們批評和指責各種現代技術，包括工業化、自動化、數據化，對於生物技術、機器人技術和大數據技術等表示懷疑和擔心，號召人們像早期的盧德派一樣，起來反抗技術災難，意識到所有的技術都具有政治性，企圖透過批判，促進科技的合理利用、使科技發展更人性化。

　　新技術變革生產方式的重要後果，是引起勞動力需求的變化，自動化生產線、無人工廠同樣排擠掉大量工人。當新技術興起和舊技術衰落之後，技術總是由不同的工人來掌握。即便掌握舊技術的工人能夠理解新技術帶來的長遠利益，可是眼下的生活失去必要的保障，也使原有知識技能失效，損害個體的自尊心和價值感，帶來身分和地位認同的危機。社會意識的改變具有相對滯後性，傳統的產業習慣、社會秩序和價值觀讓位於新興的技術系統、生產規範和新規則。當改變是被迫進行時，常常使主體滋生種種如不滿、煩惱、痛苦等牴觸情緒，甚至有時出現反抗行為。[109]

　　當前，隨著新技術的不斷發明和廣泛應用，人們不斷地探討「科技究竟是讓人類生活更好，還是更糟？」、「資本主義對無產階級帶來怎樣的影響？」以色列歷史學家尤瓦爾·哈拉瑞在《人類大歷史：從野獸到扮演上帝》(Sapiens: A Brief History of Humankind)、《人類大命運：從智人到智神》、《21世紀的21堂課：人類命運大議題》(21 Lessons for the 21st Century)中回答：「在人工智慧發展到一定階段後，人們不是直接被智慧化的機器所控制，就是被機器背後的少數菁英所控制。無產階級的工作會被人工智慧所取代，他們會變得毫無價值，甚至會淪為『無用階級』。

---

[109] 陳紅兵，唐淑鳳. 新老盧德運動比較研究［J］. 科學技術與辯證法，2003（4）：56-59.

僅有極少數人成為『超階級』，社會的不平等程度再度更新，甚至可能因為超級智慧的出現而失去控制權。」

人工智慧為人類帶來的恩惠看似功德無量，但也引發揮之不去的倫理擔憂和道德困惑。人工智慧既是一個技術問題，也是一個道德問題，更是一個哲學問題。毋庸置疑，即使「無用階級」是真的「無用」，罪魁禍首也不是人工智慧。正是資本驅動、技術異化以及智慧機器的資本主義應用才催生「無用階級」，資本的世界擴張和人工智慧技術的異化，將會進一步加速「無用階級」的貧困，使之可能淪為「新的低等階級」。

智慧技術革命使人類在一定程度上擺脫簡單勞動工作的困擾，塑造出創造性與分離式生產方式，展現出分階段取代技能工作者的趨勢。以演算法設計為主要內容的創造性工作，成為主要工作，機械性體力工作與重複性腦力工作逐步被智慧機器人取代，「機器換人」部分實現腦力擴張與智慧飛躍，在一定程度上完全脫離人類工作，區域性的「人口紅利」消失。數據和演算法等成為重要的生產要素，可以透過對傳統生產數據進行數據化改造和融合的方式，提高工作生產效率和工作品質。工作組織形式進一步由虛擬化向完全數據化轉變，「人 —— 物 —— 人」的虛擬結構轉變為「人 —— 物 —— 物」的互動關係。[110]

智慧機器人取代勞動力，在企業層面上屬於技術更新，又不同於一般意義的生產技術進步，對於就業規模影響的總效應，主要取決於「破壞效應」和「創造效應」。機器的自動化、智慧化技術，對就業結構的影響並非確定的。新機器革命同時創造工作職位和消滅工作職位，新創造工作職位和被消滅的工作職位之間的差別會越來越大，減少對常規低技

---

[110] 陳堯，王寶珠. 替代與推升：人工智慧對人類工作的影響［J］. 學習與實踐，2022（7）：133-140.

第六章　通膨、失業與經濟挑戰

能工人的需求，增加對高技能工人的需求，造成常規低技能工人技術性失業。[111]

①對於就業人數的取代效應。人工智慧的發展，使自動化程度和生產力水準提高，導致一些就業職位流失，從而造成就業人數的下降。對於服務業的取代，主要是透過自動化機器來實現，這些機器越來越被應用於服務業中，例如用於家庭、醫療保健、酒店和餐廳的機器人，又如用於金融業的智慧程式，取代了投資組合經理和高階管理人員。被自動化取代的工作時長百分比較高的領域，多集中於需要感官知覺能力、檢索資訊能力、辨識已知模式能力、闡明或者展示結果能力、自然語言生成能力、自然語言理解能力，和粗動作技能的工作類型，屬於重複性和程序性的工作。而對於那些需要機動性、社交和情感能力、生成新穎模式能力和創造力的工作類型，僅僅只有少量被人工智慧取代。

②對於就業結構的取代效應。人工智慧既有對體力工作者的取代，也有對腦力工作者的取代。可預見的體力工作者、蒐集數據和處理數據等工作類型，被自動化取代的工作時間較長，而不可預見的體力工作者、管理和開發、互動和專業知識應用等工作類型，被自動化取代的工作時間較短。那些與電腦關聯度較高的常規低技能工作被大量取代，比如蒐集數據和處理數據的統計人員；一些重複性高、不需要太多認知能力的工作也被大量取代，比如電話接線員、行政秘書人員。簡單重複的體力工作和腦力工作被大量取代，比如會計、裝配工人；複雜體力工作和非決策類經驗型腦力工作也被逐步取代，甚至連一些複雜腦力工作者從事的數據分類、自動駕駛等，都將被人工智慧取代。

③對於就業品質的取代效應。各種職位被取代的可能性增加，導致

---

[111] 張豔華．製造業「機器換人」對勞動力就業的影響［J］．中國人力資源開發，2018（10）：136-146.

工作者需要隨時關注自身的工作環境是否穩定，從而影響工作者的就業品質。例如美國，由於工作環境的不穩定性，導致一些就業職位的工作者可能會突然失業，其中黑人、亞洲人和少數族裔工作者，在不穩定工作環境中所占比重較高，貧窮的工作人口迅速增加，富裕和低收入工作人口的差距也在擴大。在新增加的就業職位中，工作環境穩定的就業職位所占比重越來越小，工作環境不穩定的就業職位越來越多，比如臨時工、兼職工作、自由工作，正成為當今就業的趨勢，且新增加的就業職位，很多是機器人的就業，而非勞動者的就業。[112]

掌握工作技能時間、使用新技術能力、快速反應思考或者腦力工作頻率等屬性，貢獻率處於較高水準，這些屬性與思維能力息息相關。與他人打交道頻率和外語能力，貢獻率處於中等程度，反映任務對社交能力的要求。繁重體力工作頻率較高，貢獻率也處於較高水準，是區分任務是否具備程序化特徵的重要因素，如表 6-2 所示。

表 6-2 美國 2016 ～ 2030 年被自動化取代的工作時長百分比（%）

能力方面	能力分解	百分比	能力方面	能力分解	百分比
感官知覺	感官知覺	-65	自然語言處理	自然語言生成	-70
認知能力	檢索訊息	-93		自然語言理解	-69
	識別已知模式	-90	社交和情感能力	社交和情感感覺	-5
	生成新穎模式	-5		社交和情感推理	-5

[112] 李佳，車田天，楊燕綏. 人工智慧與就業：替代還是推升？[J]. 東北財經大學學報，2021（1）：30-39.

第六章　通膨、失業與經濟挑戰

能力方面	能力分解	百分比	能力方面	能力分解	百分比
認知能力	邏輯推理／問題解決	-20	社交和情感能力	社交和情感輸出	-6
	最佳化和計劃	-24	體能	精細動作技能	-25
	創造力	-3		粗動作技能	-29
	闡明或展示結果	-71		指引	-8
	多方配合	-31		機動性	-14

資料來源：李佳，車田天，楊燕綏．人工智慧與就業：替代還是推升？〔J〕．東北財經大學學報，2021（1）：32.

　　與思維能力相關的任務屬性對職業被取代率預測更為重要，掌握工作技能時間、能力和技能使用狀況、專業技術資格數量、專業技術資格等級、使用新技術能力、閱讀能力、與他人打交道頻率、社交機會、外語能力、中文能力、管理能力、快速反應思考或腦力工作頻率，與被取代率明顯負相關，顯示職業的這些任務屬性評分越高，被取代風險越低。相反，繁重體力工作頻率和頻繁移動身體位置頻率與被取代率正相關，如果職業這兩種任務屬性評分越高，那麼職業被取代風險越高，如圖 6-6 所示。[113]

---

[113] 王林輝，胡晟明，董直慶．人工智慧技術、任務屬性與職業可替代風險：來自個體層面的經驗證據〔J〕．管理世界，2022（7）：60-78.

图 6-6 任务属性与职业被取代率关系

资料来源：王林辉，胡晟明，董直慶．人工智慧技術、任務屬性與職業被取代風險：來自個體層面的經驗證據〔J〕．管理世界，2022（7）：69．

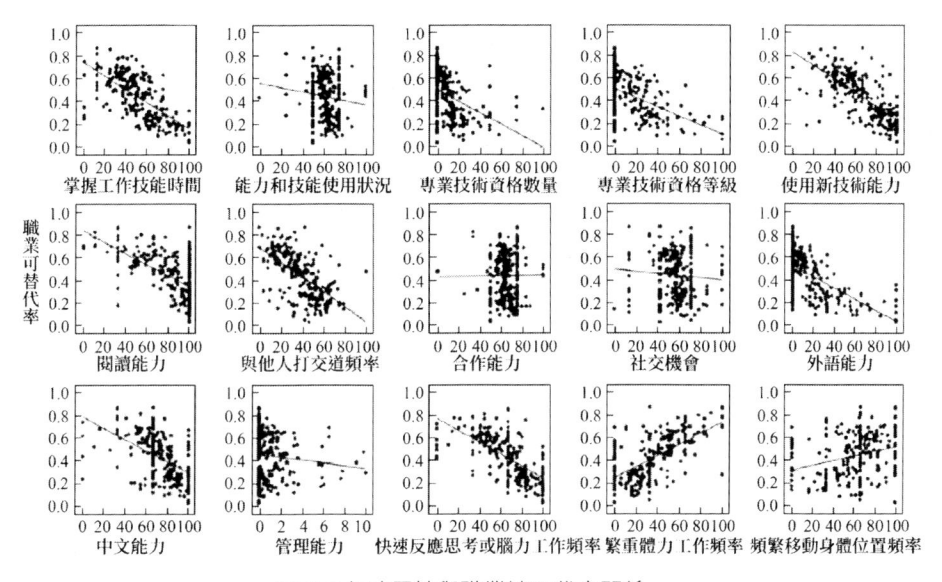

人工智慧無疑是變革社會關係、推動歷史進步、促進人自由解放的重要力量。人工智慧正在改變，並將長期改變人類的生產力要素、人們的工作形式以及社會的經濟結構。人工智慧和大數據將進一步促使生產力要素趨向自動化、智慧化，大大改變體力和腦力分工的格局，推動勞動力結構向數據化、智慧化發展。工作方式邁向大數據管理和智慧管控，進而推動產業結構和就業結構的變化，促進人類交往方式、思維方式的變革，為人類的自由全面發展創造可能性。[114]

---

[114] 鞏永丹．人工智慧催生「無用階級」嗎？〔J〕．國外理論動態，2019（6）：84-95．

6.2.2 從創造效應到機器人稅

在人工智慧時代，擁有創意、社交等「軟技能」，比擁有「硬技能」更加具有職場價值。人工智慧並非無所不能，技能瓶頸主要表現在感知操控力、創造能力和社交智慧等方面。未來的技能不再是單一取向，而是多種技能的融會貫通，主要包括創造性增強、規範重塑、整合判斷、智慧化提問、機器賦能、全面融合、互相學習、持續變革等方面。通常來說，社會生產環境的變化，本身就會催生出工作技能的革命，人們自身擁有主觀能動性與認知可塑性，人工智慧帶來的技能取代，並非都是對於人類價值的否定。人工智慧尚不完美，仍然需要花費大量的時間，進一步向人類的天性與智慧學習和演化。人們應該把握被人工智慧解放出來的精力和時間，發揮自身優勢來彌補人工智慧的技能不足。[115]

職業技能寬度決定職業被取代風險，單一技能要求的職業，往往比綜合技能職業被取代的風險大；而職業技能寬度越大、綜合能力越強，職業被人工智慧技術取代的風險越小。有一些職業可能因為具有某類或某些相同任務屬性，而表現出相似性，那麼人工智慧技術的職業取代，可能存在群組性特徵，即同一群組內職業被取代風險相近。一些職業會因思維複雜性或創新性相似等特徵，形成職業群組，該類群組被人工智慧技術取代的風險較低。比如科學研究人員、高等教育教師、工程技術人員等研究型職業，對思維能力要求較高而形成群組，這類群組內的職業，都會面臨較低的取代風險。

一些群體如心理諮商師、特殊教育教師、婚姻家庭諮詢師和人力資源專業人員等，需要很強的溝通、合作和交流等能力，這些職業形成的

---

[115] 吳錦宇，葛乙九.「機器換人」背景下勞動力就業問題的思考［J］. 溫州大學學報（社會科學版），2018（9）：11-18.

群組，會因社交屬性相似，而具有較低的被取代風險。相反，一些需要頻繁移動身體位置、從事繁重體力工作、執行可重複任務的職業，比如郵件分揀員、搬運工和包裝工等，因為常規屬性相似，而形成職業群組，機器在完成常規型任務時，比工作者更精準且更有耐力，可能導致該群組面臨較高的被取代風險。

職業技能寬度是指職業要求從業人員應具備的技能屬性種類數或綜合能力，可以利用多種方法測算職業技能寬度：一是把技能屬性評分標準化為百分制，統計各職業技能屬性種類數，衡量職業技能寬度，稱為「計數法」；二是把每個技能屬性對被取代率的貢獻率與總貢獻率比值作為權重，以技能屬性加權平均值度量職業技能寬度，稱為「貢獻法」；三是採用熵權法確定技能屬性權重，以線性加權綜合評價結果表徵職業技能寬度，稱為「熵權法」，如圖 6-7 所示。

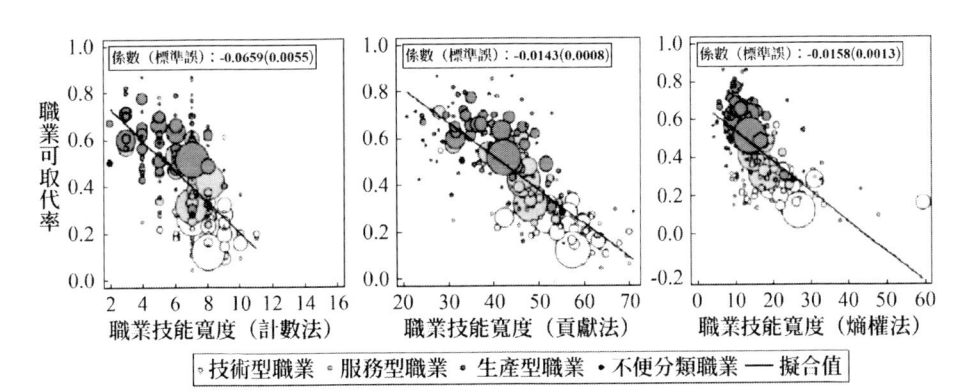

圖 6-7 職業技能寬度與職業被取代率關係

資料來源：王林輝，胡晟明，董直慶．人工智慧技術、任務屬性與職業被取代風險：來自個體層面的經驗證據〔J〕．管理世界，2022（7）：69.

儘管人工智慧技術對不同職業的被取代風險存在差異，但是一些職業因為任務屬性相似而形成群組，同一群組內職業被取代風險相近，即

第六章　通膨、失業與經濟挑戰

職業被取代風險可能存在群組性。為了檢驗人工智慧技術取代風險的職業群組性，採用 K 平均值聚類法進行聚類分析。在聚類分析前，把任務屬性分類為思維能力、社交能力和常規能力：思維能力包括掌握工作技能時間、能力和技能使用狀況、專業技術資格數量、專業技術資格等級、使用新技術能力、閱讀能力、快速反應思考或腦力工作頻率；社交能力包括與他人打交道頻率、合作能力、社交機會、外語能力、國語能力、管理能力；常規能力包括繁重體力工作頻率、頻繁移動身體位置頻率。

把各類能力包含的任務屬性貢獻率比例作為權重，利用任務屬性加權平均值衡量思維能力、社交能力與常規能力。職業被取代率與思維能力、社交能力負相關，而與常規能力正相關，顯示職業對思維或社交能力要求越高、對於常規能力要求越低，職業被取代風險越低，如圖 6-8 所示。[116]

技術進步對就業的作用機制非常複雜，最終對就業產生正向的促進作用，還是負向的破壞作用，主要取決於「破壞效應」與「創造效應」的大小對比關係。如果破壞效應大於創造效應，表現為負向作用，將減少全社會就業機會；反之，表現為促進作用，將增加全社會就業機會，如圖 6-9 所示。

---

[116] 王林輝，胡晟明，董直慶．人工智慧技術、任務屬性與職業可替代風險：來自個體層面的經驗證據［J］．管理世界，2022（7）：60-78．

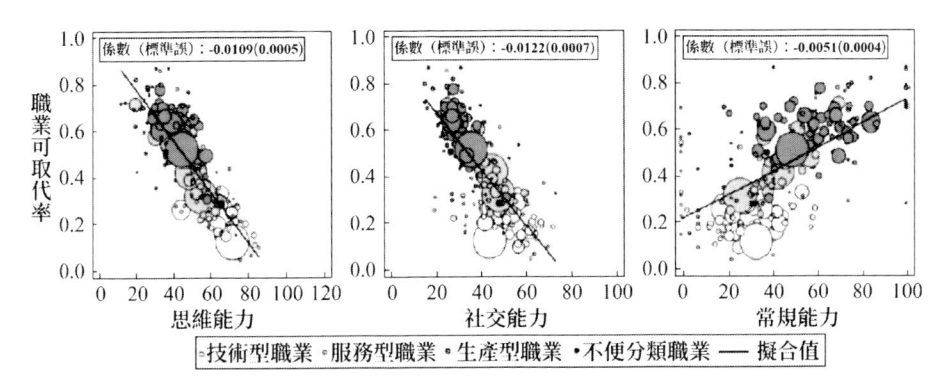

圖 6-8 思維能力、社交能力和常規能力與職業被取代率關係

資料來源：王林輝，胡晟明，董直慶. 人工智慧技術、任務屬性與職業被取代風險：來自個體層面的經驗證據〔J〕. 管理世界，2022（7）：70.

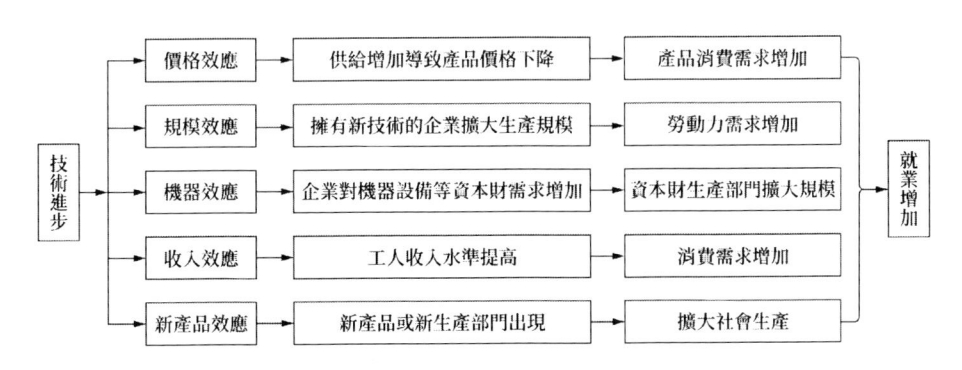

圖 6-9 技術進步「創造效應」發揮作用的機制

資料來源：張豔華. 製造業「機器換人」對勞動力就業的影響〔J〕. 中國人力資源開發，2018（10）：138.

①技術進步對就業人數的創造效應，主要是透過影響生產力水準實現的。提升企業生產力和社會生產力，進而對就業人數產生創造作用，表現在勞動生產率提升和生產成本降低，把更多資金用於擴大再生產，從而擴大生產規模，增加對勞動力的需求，使就業人數大大提升。衡量

第六章　通膨、失業與經濟挑戰

社會生產力發展水準的主要代表是生產工具，人工智慧的應用，改進生產工具，提高社會生產力水準。英國普華永道會計師事務所預計：到 2030 年，人工智慧技術將使世界 GDP 增加 14%，相當於 15.7 兆美元。到 2035 年，人工智慧技術將使得勞動生產率提高 40%，12 個已開發國家年度經濟成長率提高 1 倍。

②技術進步對於就業結構的創造效應，主要是透過考察就業需求的工作能力實現的。人工智慧對就業結構具有創造作用，但是對工作能力的需求不同，導致對就業結構的影響不同。未來的工作活動，需要具備社交和情感能力、認知能力，甚至更高的能力，對於認知能力中的邏輯推理和問題解決、最佳化和計劃，以及創造力的職位需求較大。具有高度靈活性、創造力和強大的解決問題和人際關係能力的高技能工作者，將繼續受益於人工智慧技術，比如研發人員、護理師，將會長期存在下去。從長期來看，工作者應適應人工智慧時代的就業環境，從而緩解勞動力市場結構性矛盾的問題。

③技術進步對就業品質的創造效應，主要是透過改善工作者的就業環境來實現的。人工智慧把人類從繁雜的體力和部分簡單、重複的腦力工作中解放出來，即直接從事生產性工作的工作者比例下降。人工智慧輔助工作者，或與工作者共同工作，將積極促進就業品質的創造，例如自動駕駛汽車使司機職業的生產力和工作環境得到極大創造。人工智慧有利於提升知識型工作者的薪資，工作者因為收入增加，更會選擇使用閒暇時間，從而有利於提高工作者的就業品質。人工智慧的普及，創造更多的閒暇時間，如表 6-3 所示。[117]

---

[117] 李佳，車田天，楊燕綏. 人工智慧與就業：替代還是推升？〔J〕. 東北財經大學學報，2021：3-39.

6.2 機器取代工人

表 6-3 美國 2016～2030 年由自動化產生的新工作時長百分比（%）

能力方面	能力分解	百分比	能力方面	能力分解	百分比
感官知覺	感官知覺	68	自然語言處理	自然語言生成	81
認知能力	檢索訊息	94		自然語言理解	79
	識別已知模式	96	社交和情感能力	社交和情感感覺	38
	生成新穎模式	16		社交和情感推理	35
	邏輯推理／問題解決	45		社交和情感輸出	34
	最佳化和計劃	39	體能	精細動作技能	32
	創造力	13		粗動作技能	34
	闡明或展示結果	69		指引	17
	多方配合	45		機動性	27

資料來源：李佳，車田天，楊燕綏．人工智慧與就業：替代還是推升？〔J〕．東北財經大學學報，2021（1）：34．

在人工智慧時代，管理好人力資源的關鍵是能夠正確理解人工智慧與人力資源的關係。雖然人工智慧有全面取代人類工作的可能性，不過仍然存在著多種變數，除了技術發展以外，其他非技術性因素同樣重要，例如民眾對新興技術接受程度、國家對技術的發展界限等。從歷史經驗來看，即便在一個技術快速增進的經濟系統中，大部分工作者仍然可以發揮作用。技術進步通常還具有間斷演進性，對就業的影響也是分階段的，在匯入期影響有限、拓展期增加就業、衰退期則減少就業。可

第六章　通膨、失業與經濟挑戰

見，人工智慧與人力資源之間並非取代與被取代的「敵對關係」，可能是動態適配、融合互補、和諧共生的「夥伴關係」。[118]

機器人稅作為一項應對人工智慧、機器人和自動化等技術負面效應的舉措，一系列徵稅方案已經被提出。2017年8月，機器人稅在機器人滲透率最高的國家率先嘗試，韓國工業機器人密度為每萬名工人710臺，是世界平均水準的9倍左右。政府減少對投資自動化機械企業的稅收優惠，等於變相向機器人收稅，在此之前，提供稅收減免幅度在3%～7%，原因在於機器人導致失業率上升，2017年的失業人口突破100萬人，失業率接近4%，青年失業率達到10%，創有統計數據以來歷史新高，而鄰國日本的總體失業率僅為2.8%。2017年10月，英國工黨領袖傑瑞米‧柯賓（Jeremy Bernard Corbyn）建議徵收機器人稅，認為自動化是對工人的「威脅」，且希望利用稅收為再培訓工作人員籌集資金。[119]

---

[118] 唐波，李志.人工智慧對人力資源的替代影響研究［J］.重慶大學學報（社會科學版），2021（1）：203-213.
[119] 程傑，張雪梅.「機器人稅」可行嗎？［J］.中國發展觀察，2019（10）：56-60.

6.3 菲利浦曲線

失業和通貨膨脹作為民眾始終關注的經濟現象，具有悠久的歷史。菲利浦曲線（Phillips Curve）是通貨膨脹的核心模型，描述在工業革命特定時期的經驗事實，一經發現，很快成為總體經濟學者關注的重點，新古典綜合派、貨幣主義學派和理性預期學派的爭論，在相當程度上與該曲線有關。儘管曲線的解釋力具有明顯的局限性，但是當政策制定者思考和分析通貨膨脹率與失業率之間關係時，菲利浦曲線一直是強而有力的工具。

6.3.1 爭論和補充

1958年，英國統計學家威廉·菲利浦（William Phillips）發表題為〈1861～1957年英國失業和貨幣薪資變動率之間的關係〉的文章。他把就業水準作為自變數，把薪資變動率作為應變數，認為兩個變數之間存在負相關：失業率越低，薪資成長率就越高；失業率越高，薪資的成長率就越低，即薪資成長率是失業率的遞減函數，表現在圖形上，就是原始的菲利浦曲線，也被稱為「失業──薪資」的菲利浦曲線。[120]

1960年，美國經濟學者保羅·薩繆森和羅伯特·索洛（又譯梭羅，Robert Merton Solow）發表〈關於反通貨膨脹政策的分析〉的文章。他們以原始菲利浦為基礎，使用美國的數據替換英國的數據、通貨膨脹率替換薪資成長率，延伸為通貨膨脹率與失業率之間的關係，正式命名為「菲利浦曲線」，也被稱為「失業──物價」曲線。在曲線上的每一個點，都可以解釋為一種可能的經濟政策方案，政府在調控經濟時，面對

---

[120] 陶鑫. 中國菲利浦曲線的動態特徵研究［D］. 泉州：華僑大學，2013：5-6.

第六章　通膨、失業與經濟挑戰

一張「在不同程度的失業和價格穩定之間進行選擇的選單」，政府可以用較高的失業率「購買」較低的通貨膨脹率，或者用較高的通貨膨脹率「購買」較低的失業率。在開始時，「失業──物價」曲線得到廣泛認同，然而到1970年代，西方國家普遍出現「滯脹」，即高通膨率與高失業率同時存在，菲利浦曲線遭到嚴重質疑，如圖6-10所示。

薩繆森與索洛使用通膨率替換薪資變動率，他們認為薪資是成本的重要構成部分，薪資上漲則成本增加，而價格等於成本加利潤，所以薪資上漲必導致價格上漲，價格上漲又必然引發通膨。從表面而言，使用通膨率代替薪資變動率似乎無懈可擊，但如果深入分析就會發現，這個替換在理論上有三處值得討論的地方。

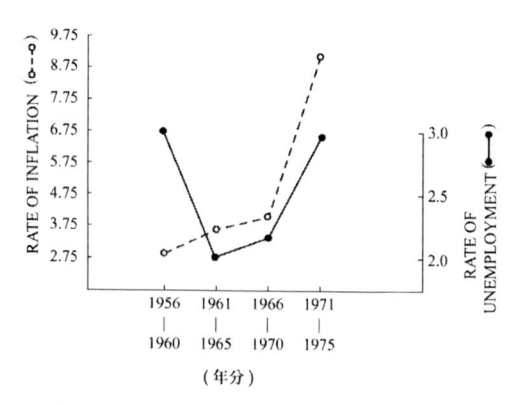

圖6-10 西方七國1956～1975年通貨膨脹率與失業率

資料來源：極簡經濟學．彌爾頓·傅利曼：通貨膨脹與失業〔EB/OL〕．知乎，https://zhuanlan.zhihu.com/p/507521861，2022-04-29.

①薪資上漲不一定導致成本上升。從產品的成本構成來看，薪資無疑是成本的重要組成部分。在1950年代，先進國家工人薪資占企業總成本的50%。據此，薩繆森和索洛認為，一旦薪資上漲，必然推高成本。

但是薪資上漲導致成本上升的關鍵在於勞動生產率,如果在薪資上漲的同時,勞動生產率也上升,那麼單位產品成本未必增加。馬克思對勞動生產率與單位產品成本之間的關係,有過明確的論述,他指出:「勞動生產力越高,生產一種物品所需要的工作時間就越短,凝結在該物品中的工作量就越小,該物品的價值就越小。相反地,勞動生產力越低,生產一種物品的必要工作時間就越長,該物品的價值就越大。」這裡的「勞動生產力」,就是勞動生產率,勞動生產率提高,意味著凝結在單位商品中的價值量減少,那麼單位商品的成本也就能夠降低。在勞動生產率提高的情況下,即使薪資上漲,成本也不一定增加,反而可能降低。

②成本上升不一定導致價格上漲。產品的價格等於成本加利潤,薩繆森和索洛推定成本增加必將導致價格上漲,然而成本與價格的關係也並非一定如此。從不同的市場主體來看,價格可以分為生產商的賣價、消費者的買價以及由供需雙方共同決定的市場價格。賣價或買價能否成為市場價,最終取決於商品的供需狀況。馬克思認為市場需求直接調節市場價值或者生產價格,需求也可調節市場價格和市場價值的背離。如果需求量和供給量不一致,市場價格就會偏離市場價值。兩者之間差額越大,市場價格偏離市場價值就越遠,可能更高於市場價值,或更低於市場價值。當商品供不應求時,定價由生產商主導,這時成本可以決定價格,賣價就是市場價格;當商品供過於求時,定價則由消費者主導,即需求決定價格,這時賣價也就不可能成為市場價格。在供過於求時,決定價格的是需求而不是成本,即使成本上升,價格也不一定上漲。

③價格上漲不一定導致通貨膨脹率上升。雖然通膨表現為價格上漲,但是價格上漲並不一定導致通膨。馬克思說過:「商品在金上的表現——x 量商品 A=y 量貨幣商品——是商品的貨幣形式或它的價格。」

第六章　通膨、失業與經濟挑戰

在金幣流通的情況下，商品的價格決定於自身的價值和貨幣（金）的價值。如果商品的價值量不變，而金的價值量下降，那麼商品的價格就會上升，貨幣（金）的數量也會增加，通膨就會發生。美國經濟學者歐文・費雪（Irving Fisher）指出，買方支出的貨幣總額總是等於賣方收入的貨幣總額，現金交易方程式為 MV=TP，其中 M 是貨幣供應量，V 是貨幣流通速度，P 是物價水準，T 是社會交易量。在一定時期內，V 與 T 相對穩定，M 由貨幣管理當局控制，P 反映價格變化，於是 P=M（V/T），即物價水準由貨幣數量決定。如果貨幣發行量增加，那麼物價水準必然提高。傅利曼因此斷定：「通貨膨脹主要是一種貨幣現象，是由貨幣量比產量增加得更快造成的。」[121]

線性菲利浦曲線模型主要出於數學解析方便的目的，在現實中的證據很少，忽略許多重要事實，比如充分就業條件下，通膨率對總需求變化的反應強烈，但是在嚴重衰退情況下，通膨率對經濟活動的變化則相對不敏感。菲利浦特別強調通膨率與總產出之間的非對稱性，他指出：「超額需求對於推升通膨率有著很強的作用，這比超額供給對通膨率的抑制作用要大得多。」

關於菲利浦曲線的非線性形狀，到現在為止仍然沒有一致的觀點，可以採取如下的非線性曲線方程式：

$$\pi_t = \pi_t^e + \alpha \frac{y_t}{1-\rho y_t} + \varepsilon_t, \quad 1-\rho y_t > 0$$

式中，π_t 為通貨膨脹率，π_t^e 為通貨膨脹率預期，y_t 為產出缺口，ε_t 為供給沖出；引數 $\alpha > 0$，代表產出缺口的變動對通貨膨脹的影響程度；

---

[121] 桑瑜．「菲利浦曲線」存疑：對通膨與失業關係的再討論［J］．財貿經濟，2017（9）：146-157．

引數 ρ 決定曲線的形狀：當 ρ=0 時為線性的，當 ρ ≠ 0 時為非線性的，也就是產出缺口以非線性方式進入菲利浦曲線方程式中。曲線的斜率是引數 α 和 ρ 的聯合函數，且隨著產出缺口 yt 的上升而嚴格上升。

曲線的二階導數為 $\frac{\partial^2 \pi}{\partial y^2} = \frac{2\alpha\rho}{(1-\rho y)^3}$。如果 ρ ＞ 0，那麼二階導數大於 0，曲線為凸的；如果 ρ ＜ 0，那麼二階導數小於 0，曲線為凹的，如圖 6-11 所示。

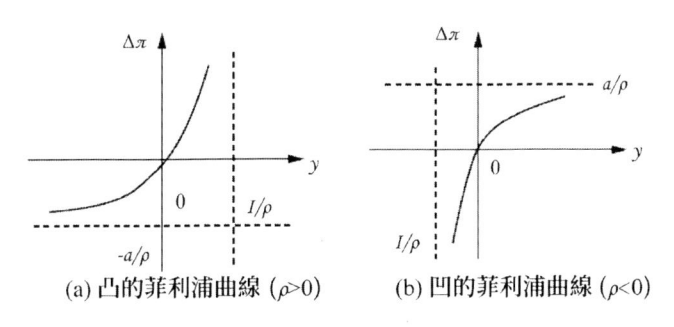

(a) 凸的菲利浦曲線 (ρ>0)　　(b) 凹的菲利浦曲線 (ρ<0)

圖 6-11 菲利浦曲線的非線性和非對稱特點

資料來源：黃啟才. 中國菲利浦曲線的非線性與體制轉移特徵分析〔J〕. 金融理論與實踐，2012（8）：38.

凸的菲利浦曲線的理論基礎，可以追溯到傳統的凱因斯主義假設，即名目薪資的向上彈性和向下剛性，以及擴大產出的能力是邊際遞減的。特別是當生產商接近產出能力約束的情況下，總需求的增加難以透過提高產出來滿足，此時更多地轉換為通貨膨脹；當需求降低，特別是超額供給較大時，生產商更為傾向於累積存貨和減少產出，而不是削減價格。

凹的菲利浦曲線的思想基礎是生產商存在價格謹慎需求，即在產出缺口小於 0 時呈現的形狀。當需求減少時，壟斷競爭生產商更加積極去展現降價意願而不是減少產出，以避免競爭對手降價而搶走已經面臨萎

第六章　通膨、失業與經濟挑戰

縮的市場占有率。當需求增加時，壟斷競爭生產商如果存在其他選擇，提高價格不是其擴大市場占有率的最佳策略，更有可能的是積極地擴大產出。

如果通貨膨脹率和失業率之間的真實關係是非線性的，那麼與線性模型的結論出現重大的差異和後果。在中央銀行的總體經濟干預規則分析中，當菲利浦曲線具有非線性，特別是具有凸函數特徵時，對於貨幣政策的制定和實施可能完全不一樣。在非線性的通膨率與產出缺口關係下，最佳的通膨目標政策，意味著比線性的價格函數具有更高的利率水準。特別是當通膨率與產出缺口之間短期折中關係表現為凸函數的非線性時，最佳貨幣政策規則應該採取非線性形式，此時採取線性的泰勒法則將會有較大偏差，很有可能使貨幣政策成為經濟波動的一個來源。

在景氣循環的不同階段，通膨率和產出缺口之間具有不同的關係，通膨率對於產出缺口的調整機制，存在著多種特徵，特別是在繁榮和蕭條的跨階段變換時，通膨率對經濟活動變動的響應，不再是線性變化，菲利浦曲線具有明顯的非對稱和非線性特點。當貨幣供應量不宜作為貨幣政策的中介目標時，中央銀行的最佳貨幣政策規則，將不是使用線性泰勒法則，而是採取非線性的貨幣政策規則，特別是在通膨率劇烈波動和經濟發展不平穩時期，採取非對稱性的一系列操作。

從各個國家的經濟發展史來看，穩定的菲利浦曲線不可能存在，實際上存在的是不穩定的「替換」關係。由於各個國家的經濟制度、經濟結構、經濟階段、文化傳統、國際關係等諸多因素的不同，即使同一國家在同一時期的菲利浦曲線很可能也是不同的。如果準確地定量分析通貨膨脹率與失業率之間的關係，即便準確地定量分析短期的關係，也是非常困難的。

经济系统自身具有天然的随机性,使得菲利浦曲线所反映的关系也沦为一种偶然性。通货膨胀率和失业率之间的反向关系,其实只是在某一经济阶段、某一景气循环中并存的两种现象,经济学者设想按照自己的独立意志施加于经济现象、改变经济执行的现实状况,实在是举步维艰、勉为其难。经济学者遇到的挫折和错误,反映以传统确定性的思维模式和态度,面对不确定性的世界和事件,所引发的困惑和彷徨。[122]

6.3.2 混合型开放经济模型

自 2008 年以来,先进国家多次量化宽松政策,导致通膨压力上升,投机资本涌入商品市场炒作牟利,在短期内能源、粮食等初级产品价格不断上涨。自 2017 年以来,国际市场流动性过剩,大宗商品价格多次快速上涨。

在封闭经济框架下,新凯因斯主义学派提供行为不一致的个体经济分析,引入理性预期、黏性价格、实际边际成本等因素,能够更加全面地解释通膨成因及其动态特征。实证数据发现:如果是由民众自主学习得到的通膨预期,那么预期对实际通膨有着较为重要的影响;如果民众的通膨预期完全依赖中央银行公布的通膨目标数据,实际通膨与通膨预期之间的相关性就会减弱。大致看来,个体关系的形成,主要取决于:失业工人随机寻找工作的决策、在职工人与企业之间的博弈行为、工会组织者与企业家讨价还价力量的均衡、生产商调整产品价格和工人薪资的确定、劳动供给曲线的斜率等。[123]

在开放经济框架下,NOEM 理论是新凯因斯主义学派的主要研究成

---

[122] 黄启才.我国菲利浦曲线的非线性与体制转移特征分析[J].金融理论与实践,2012(8):36-41.
[123] 吴振球.论如何同时降低通货膨胀率和失业率[J].财贸研究,2007(6):18-24.

第六章　通膨、失業與經濟挑戰

果,也被稱為新開放經濟總體經濟學——動態隨機一般均衡分析模型。典型的 NOEM-DSGE 兩國模型包含消費者、生產商、政府等三類主體以及產品市場、勞動力市場、國內貨幣市場、國際金融市場等四個市場。存在著價格黏性與市場不完全,透過求解消費者與生產商的最佳條件方程式,可以得出所有市場達到均衡狀態的最佳解。引入開放經濟後,個體面臨的問題更為複雜,建模方法較有代表性的拓展,可以概括為兩個方面:一是生產商定價行為與匯率傳遞效應,二是中間投入品對邊際成本的作用。

　　國際競爭壓力導致貿易規模擴大且加劇產品市場競爭,來自低成本國家的進口製造品,對國內價格產生向下的壓力。由於國外市場的引入,削弱本國壟斷生產商的定價能力,外部競爭壓力將導致均衡價格加成發生變動,因為均衡價格加成取決於生產商面臨的需求彈性,而這種需求彈性受到國外競爭程度、反壟斷管制或貿易壁壘的影響。生產商在世界市場上面臨一個基準價格,國內生產商傾向依據國外競爭者最終產品的本幣標價調整價格。國際競爭壓力透過最終產品的進口替代,對國內生產商的真實邊際成本施加影響,因而國內生產商真實邊際成本依賴於實際匯率,表現為實際匯率直接進入開放經濟新凱因斯主義菲利浦曲線模型中。

　　經濟世界化的不斷深入,意味著國內通貨膨脹率變動與國外產出缺口呈現明顯的正相關。產出缺口透過市場一體化,影響國內原材料價格,進而對國內物價產生影響:一方面,透過國外產品在最終產品中的構成,削弱國內產品的構成比重,減弱國內產出缺口對本國通貨膨脹率的作用;另一方面,透過產品跨境流動,調節國內外市場上需求缺口大小,從而吸收國內產出缺口,對通貨膨脹的影響或提供更多有效需求,

6.3 菲利浦曲線

消化國內產出形成的通貨膨脹壓力,因而平滑國內產出缺口對通貨膨脹率動態的影響。國外利率變動導致國際間資本流動,影響國內資本市場的供需,從而影響本國真實利率水準,對本國生產的真實邊際成本產生影響。隨著勞務外包、網路及電子商務的發展,國外產出缺口還可以透過跨地域的勞務遷徙和資本流動,使國內服務業價格逐漸受到影響。[124]

在開放經濟中,匯率變動對物價水準的影響,隨著國家對外開放程度的提高而增加。由於物價水準與該國經濟狀況的相關性密切,也是一國中央銀行貨幣政策所要考量的重要變數。匯率傳遞效應不僅會影響對外貿易收支情況,且會影響貨幣政策對物價水準的傳導。實際有效匯率變動,對通貨膨脹率的傳遞效應存在著不對稱性:當匯率升值時,傳遞率大於貶值的傳遞率,無論是升值還是貶值,都會對國內物價產生顯著的正向影響,從而造成國內的通貨膨脹壓力;當匯率大幅變動時,傳遞率大於小幅變動的傳遞率。無論大幅變動還是小幅變動,匯率傳遞都對物價水準產生顯著的影響,控制通貨膨脹率的貨幣政策,應該對匯率變化始終保持密切關注。[125]

新凱因斯主義菲利浦曲線能夠擬合通膨率水準和變動情況,在考量名目薪資總額、國內生產毛額和平減指數、實際資本形成總額和總額成長率等內部因素的基礎上,加入世界通貨膨脹率、匯率、進口商品與服務、進口中間品等代表外部因素的變數,選擇混合型新凱因斯菲利浦曲線作為實證模型。

假設一:市場供需處於非出清的非均衡狀態,消費者追求效應最大化、生產商追求利潤最大化,生產商獨立定價以達到利潤最大化的目的。假設二:加入理性預期,理性人在決策時利用可以得到的資訊,對

---

[124] 李力,楊柳.開放經濟新凱因斯菲利浦曲線研究述評[J].經濟評論,2013(2):151-160.
[125] 史新鷺,高蓓.人民幣匯率傳遞的非對稱性[J].國際經濟探索,2017(7):87-103.

未來做出預期。假設三：商品價格具有黏性，不會隨著市場行情變化而立即發生改變，一部分生產商根據新的資訊改變價格，另一部分生產商仍然按照原來資訊保持價格不變。假設四：調整前的價格水準與調整後的價格水準加權平均，共同構成當期經濟價格總水準。[126]

1999年，西班牙經濟學者加利和美國經濟學者格特勒發表通貨膨脹動態結構計量分析模型。在此基礎上，開放經濟的產出與勞動力存量、資本存量以及進口中間品有關，以這三種投入品邊際成本估計產出混合邊際成本，產出邊際成本包括勞動力邊際成本、資本邊際成本和進口中間品邊際成本。混合型通貨膨脹率的數學公式表示為：

$$\pi_t = p_t - p_{t-1} = (1-\theta)(p_t^* - p_{t-1})$$

生產商未來最佳定價規則有兩種形式：一種是前瞻式，最佳價格為未來預期名目邊際成本加權平均與加成之和；另一種是後顧式，本期價格的上漲幅度與前期相同，則後期最佳價格為前期調整價格與前期通貨膨脹率的加權合成。

在開放經濟下，生產投入包括資本存量K、勞動力L和進口中間品M，假設生產函數為 $Y_t = AK_t^{\alpha_1} L_t^{\alpha_2} M_t^{\alpha_3}$，記 $\widehat{S_t^j} = S_{jt} - S_{jt}^*$ $(j=K, L, M)$，混合的偏離穩態實際邊際成本值為：

$$= \widehat{S_t^K} \xi_1 + \widehat{S_t^L} \xi_2 + \widehat{S_t^M} (1-\xi_1-\xi_2)$$

在混合模型中含有預期通貨膨脹率，採用廣義動差估計方法（GMM）來估計結構引數。廣義動差估計是基於模型引數滿足一定動差估

---

[126] 邱駿陽. 開放經濟下我國混合新凱因斯菲利浦曲線的匯率傳遞效應研究[D]. 南京：南京財貿大學，2015：9-17.

計而形成的一種引數估計方法，對於引數估計並不需要模型滿足某些特定的假設，比如隨機誤差項的準確分布資訊等，允許隨機誤差項存在異質變異數和序列相關，因此所得到的引數估計量，比其他引數估計方法更有效。

實際邊際成本作為通貨膨脹的驅動因素，在經濟統計意義上具有顯著性，生產商根據對未來經濟狀況的預期進行消費與生產決策，總體經濟政策的實施效果取決於其影響生產商預期的效果。由於生產商制定價格的方式有後顧式和前瞻式，通貨膨脹受前期和預期通膨的影響，說明中央銀行在通貨膨脹與產出、就業之間的權衡不能只考量一期，貨幣政策需要保持一定的連貫性。由於多數的生產商採取前瞻式的定價方式，預期對總體經濟影響更大，因此有效的貨幣政策必須具有前瞻性。由於一半的生產商根據經濟情況變化及時調整價格，這說明生產商對總體經濟政策敏感，中央銀行貨幣政策應該具有穩健性。[127]

---

[127] 曾利飛，徐劍剛，唐國興. 開放經濟下中國新凱因斯混合菲利浦曲線 [J].數量經濟技術經濟研究，2006（3）：76-84.

第六章　通膨、失業與經濟挑戰

第七章
經濟成長與周期波動

　　國民所得成長速度是有限的,如果超越適度的界限,隨之而來的必然是泡沫的破裂。人的欲望無極限,但是資源是有極限的,資源的有限性和環境的脆弱性決定經濟成長是有極限的,我們有充分的理由沉澱下來,利用 GDP 增速放緩來換取高品質成長,不再狂熱地追求 GDP 的高速成長。問題可以被漠視,卻不會自動消失;危機可以被拖延,但是不會繞道離去。當前,樹立經濟成長極限思維,既要接受既有的放緩事實,又要保持充足的擴張動力。

第七章 經濟成長與周期波動

7.1 所得成長的困境

自 20 世紀以來，連續不斷的科學技術革新，造就一個快速成長的現代化經濟系統，人們物質生活水準達到有史以來的最高峰，能無限成長的經濟模式，成為人人追求的理想模式，經濟成長似乎是唯一目標。人被定義為「一種欲望無止境、能夠驅動經濟不斷實現新繁榮的消費動物」，如果要滿足永無止境的消費要求，只能生產越來越多的各種消費品，永無上限的消費要求造成資源過度消耗，而陷入經濟成長乏力的「泥潭」。

7.1.1 成長的極限

1968 年，來自美國、德國、挪威等國的 30 多名學者在羅馬集合，討論當前和未來人類面臨的困境問題，且成立了一個非正式的國際學術團體——羅馬俱樂部。1972 年，羅馬俱樂部成員丹尼斯·米道斯 (Dennis L. Meadows) 和喬詹·蘭德斯 (Jørgen Randers) 發表轟動世界的報告《成長的極限》(*The Limits to Growth*)。當時正值西方資本主義快速成長的「黃金時代」，該報告針對長期盛行的主流經濟學成長理論進行深刻反思，獨樹一幟地提出要關注「成長的極限」問題，提出「如果在世界人口、工業化、汙染、糧食生產和資源消耗方面的趨勢繼續下去，這個行星上成長的極限，有朝一日將在今後一百年中發生。最有可能的結果，將是人口和工業生產力雙方有相當突然和不可控制的衰退」，「現在人口和資本的成長模式，實際上在全世界拉大貧富之間的差距，按照現在的模式，不斷試圖成長，必然以災難性的崩潰而告終」。

米道斯和蘭德斯在《成長的極限》中，首次把經濟成長與生態環境的

穩定連結在一起，為經濟成長提供新的多樣化指標評價體系，力圖超越單一學科的視角，納入多學科的角度進行解構，這具有開拓性的影響。「從一開始，我們就感覺到單純地追求經濟成長是遠遠不夠且充滿風險的；所以我們亟需對快速成長為社會、文化和政治帶來的影響進行研究，從而使成長與國家目標更契合，且對其品質的不同方面予以足夠重視。」

《成長的極限》中主要研究方法來自系統動力學。1958年，美國電子工程師、IEEE電腦先鋒獎得主傑‧福雷斯特（Jay Wright Forrester）在研究工業企業管理問題中，提出系統動力學的基本思想，在1960年代出版《工業動力學》和《系統原理》兩部著作，為系統動力學奠定理論基礎。

米道斯和蘭德斯在面對「人類發展困境」這個極為複雜的研究對象時，使用福雷斯特在《世界動力學》中使用的「世界模型Ⅱ」，這個模型包含人口、自然資源、工業、農業、環境汙染五個基本變數。他們選擇人口、資源、人均工業產品、人均糧食、汙染作為影響經濟成長的五個基本變數，建立細化的「世界模型Ⅲ」，運用系統動力學方法，描述這些變數之間的非線性關係，藉助電腦的推演和模擬，對整個世界的經濟成長趨勢進行探索性的預測。[128]

在主流經濟學裡，一直以來被人類生活在一個無極限世界的觀念所主導，在這個無極限的世界中，某一地區的資源和汙染問題，透過把資源或者人口轉移到其他地區得以解決，所以在《成長的極限》中論及任何可能出現的世界極限，都可能遭到大多數經濟學者的質疑和反對。例如朱利安‧西蒙（Julian Lincoln Simon）在1980年發表〈資源、人口、環境：一個供過於求的虛假壞消息〉一文，他認為地球極限論是由新馬爾薩斯

---

[128] 常子晨，常東旭. 成長極限論：可持續發展理論的重要源頭[J]. 大連幹部學刊，2012（4）：43-47.

第七章 經濟成長與周期波動

主義邏輯演變而來的，是缺乏歷史性視角的「封閉系統」，割裂地球資源和人類生產力、創造力的自主能動性與人類實踐領域的關聯，否定透過技術、選擇和創造性帶來改變的可能性。[129]

自工業革命勝利後，先進國家對礦產和能源的消耗軌跡，展現了一幅幅清晰完整的極限畫面。隨著人均 GDP 的成長，一個國家或地區人均礦產和能源消耗量，呈現出緩慢成長、快速成長、減速成長直至零成長或緩慢負成長的「S」形軌跡，這說明當經濟發展到一定水準時，礦產和能源消耗成長存在著極限值。如果能夠有效控制資源消耗的非理性成長，那麼人類對於資源的消耗量不會無限成長，如圖 7-1、圖 7-2 所示。[130]

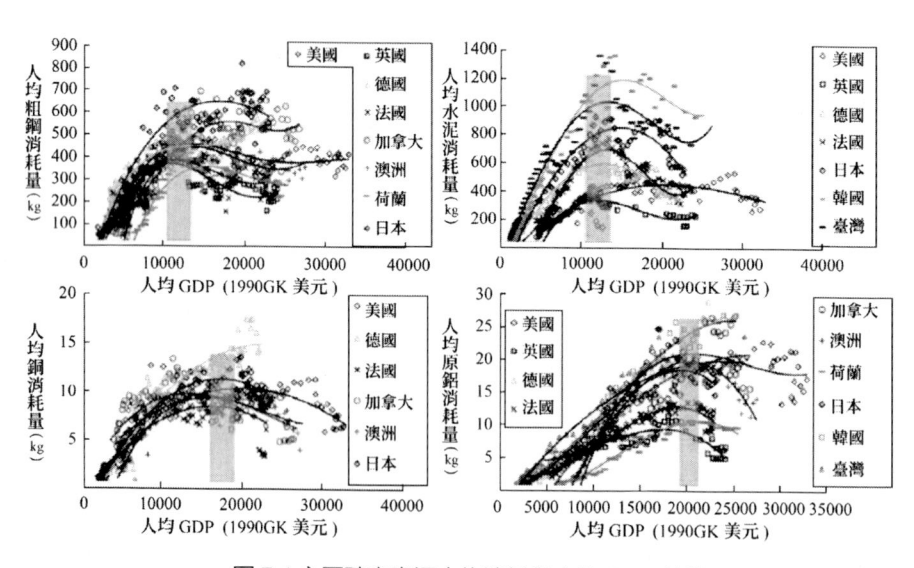

圖 7-1 主要礦產資源人均消耗與人均 GDP 軌跡

資料來源：王安建，王高尚，周鳳英．能源和礦產資源消耗成長的極限與循環〔J〕．地球學報，2017（1）：5.

---

[129] 林紅．極限作為成長的前提—被誤讀的《成長的極限》〔J〕．社會發展研究，2017（5）：225-241.
[130] 王安建，王高尚，周鳳英．能源和礦產資源消費成長的極限與循環〔J〕．地球學報，2017（1）：3-10.

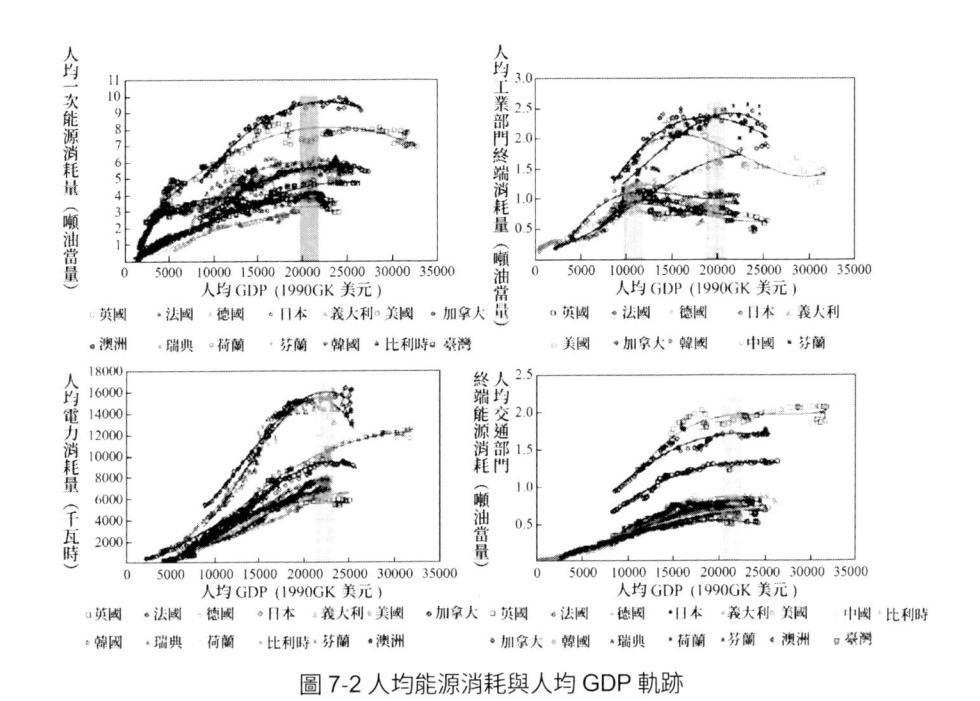

圖 7-2 人均能源消耗與人均 GDP 軌跡

資料來源：王安建，王高尚，周鳳英．能源和礦產資源消耗成長的極限與循環〔J〕．地球學報，2017（1）：5．

目前資源稀少的產生，就在於人類欲望的無限性與資源有限性之間的根本矛盾。解決問題的出路，在於新資源的開發和控制人口的成長，人口問題是生態、資源與環境問題的中心環節。人類活動的實質是人與自然之間進行物質、能量和資訊的交換，人們為了生存和發展，不斷地適應、改善和創造周圍的生存條件。但是自然界的自我恢復能力是有限度的，超出允許的閾值，人與自然的關係就處於不協調的狀態。[131]

---

[131] 丁任重．經濟可持續發展：成長、資源與極限問題之爭〔J〕．重慶工商大學學報（西部論壇），2004（4）：9-25．

7.1.2 中等所得陷阱

2006年,世界銀行(World Bank)在《東亞的復興》報告中首次提出中等所得陷阱(Middle Income Trap)概念:「當一國個人所得進入中等水準後,無法順利轉變經濟發展模式,經濟系統失去持續成長的動力,從而導致經濟發展長期處於停滯狀態。」當一國或地區人均GDP達到3,000美元時,從低所得經濟體成長為中等所得經濟體,進一步的經濟成長被原有的成長機制鎖定,如果人均GDP難以突破10,000美元的上限,就很容易進入經濟成長的停滯徘徊期。

中等所得陷阱的實質,是一個國家在從低所得階段跨入中等所得階段後面臨的經濟轉型與社會轉型的雙重困難,落入中等所得陷阱的國家,普遍具有這些特徵:經濟成長停滯、失業率偏高、社會動亂不安、腐敗現象嚴重、金融體系脆弱、貧富差距擴大、都市化畸形發展、社會公共服務短缺等。即使在中短期能夠實現經濟起飛,開發中國家面臨的困難在於保持持續的、快速的成長,且最終進入已開發國家的行列。[132]

按照發展經濟學理論,陷阱被認為是一種超穩定的「經濟均衡狀態」。中等所得陷阱,意味著處於該階段的國家,面臨不同於前一階段的困難,在短期內即便藉助暫時的或偶然的力量,使所得水準提高,然而在長期中,還是會被制約因素抵消,重新回到原本的所得水準上。中等所得國家增速下滑的機率,顯著高於低所得國家和高所得國家;收斂乏力,中等所得國家進入高所得組的時間,公式表示為:

$$T = \frac{\ln R}{\ln(1+g_M) - \ln(1+g_H)}$$

---

[132] 郭金興,胡佩選,牛牛. 中等所得陷阱的經驗證據、理論邏輯及其對中國經濟的啟示 [J]. 經濟學動態,2014(1):54-62.

7.1 所得成長的困境

式中，T 為收斂時間，R 為所得差距，gM 和 gH 分別為中等所得和高所得國家的平均增速。與 gH 相比，如果 gM 過低，那麼 T 變長，即掉入陷阱的風險增加。通常來看，中等所得國家停滯在中低所得階段的時間是 28 年，停滯在中高所得階段的時間是 14 年。如果在相應的階段，滯留時間超過門檻年限，則被認為落入「中低所得陷阱」和「中高所得陷阱」。跨越中等所得兩階段所需要的個人所得增速，分別為 4.7% 和 3.5%。

自 1987 年起，世界銀行按照低所得、中低所得、中高所得和高所得，將國家劃分為四個群組。國家之間的所得水準相互獨立，所得水準是衡量一國經濟發展綜合狀況的內生變數。依據數據，從 19 世紀下半葉開始，在世界範圍內個人所得水準表現出越來越顯化的國別差異，特別是一些拉丁美洲國家，在到達中等所得階段之後，沒有順利進入高所得階段，而是停留在中等所得階段，甚至出現倒退回低所得階段的現象。

在通膨的基礎上，不斷更新世界各個國家人均國民所得的分類閾值，如表 7-1 所示。世界銀行認為這些閾值具有相對穩定性，不會隨著時間發生明顯的變化。

表 7-1 世界銀行 1987～2009 年劃分個人所得水準標準（美元）

國家分類	1987 年	1990 年	1995 年	2000 年	2005 年	2009 年
低所得	≤ 480	≤ 610	≤ 765	≤ 755	≤ 875	≤ 995
中低所得	481～1940	611～2465	766～3035	756～2995	876～3465	966～3945
中高所得	1941～6000	2466～7620	3036～9385	2996～9265	3466～10725	3496～12195
高所得	>6000	>7620	>9385	>9265	>10725	>12195

資料來源：韓文龍，李夢凡，謝璐．「中等所得陷阱」：基於國際經驗數據的描述與測度〔J〕．中國人口·資源與環境，2015（11）：162.

第七章　經濟成長與周期波動

1950～2010 年，低所得國家數量明顯減少，由 96 個降為 42 個，在 144 個國家中，所占比重也由 67％下降到 29％。1980～2000 年，低所得國家的數量幾乎沒有變化，維持在 52 個左右，人均 GDP 也幾乎沒有發生多大變化，一直維持在 600 美元以下的赤貧水準。這些國家大多數集中在非洲地區，例如西非的幾內亞、東非的馬拉威等。

1950～2010 年，中低所得國家數量出現緩慢的上升，由 40 個提高為 49 個，在 144 個國家中所占比重，也由 28％上升到 34％。1950～1990 年，中低所得國家的數量穩步增加，一度達到 58 個。1990～2010 年，中低所得國家的數量出現減少的趨勢，中高所得國家的數量在這個時期出現穩步的增加，在 1950 年只有 6 個，而在 2010 年是 18 個，在 144 個國家中所占比重也由 4％上升到 12％。1950～1970 年，中高所得國家數量直線上升，在 1970 年之後，基本上趨於平穩，主要集中在拉丁美洲和亞洲地區。例如墨西哥、阿根廷、巴西等長期在中等所得階段徘徊不前，這個現象被稱作「拉美陷阱」。

1950～1958 年，只有卡達和科威特兩個高所得國家，占比不足 1.5％。

按照閾值標準，瑞士一直到 1959 年才拿到「高所得國家俱樂部」的門票，美國則是到 1963 年正式成為高所得國家。此後，丹麥、瑞典、加拿大等國家逐步加入高所得國家行列中。到 2010 年，有 35 個高所得國家，占比接近 25％。

其中歐美國家占據絕大多數，引人注目的還有「亞洲四小龍」（韓國、新加坡、香港、臺灣），如圖 7-3 所示。

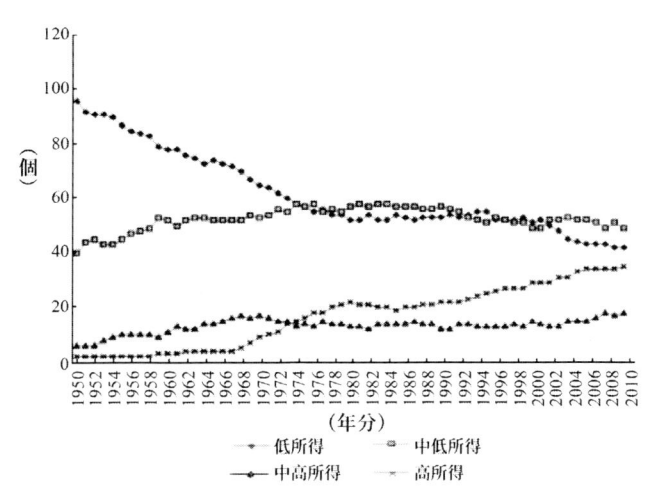

圖 7-3 世界各國家（地區）1950～2010 年所得群組分布動態趨勢

資料來源：韓文龍，李夢凡，謝璐．「中等所得陷阱」：基於國際經驗數據的描述與測度〔J〕．中國人口‧資源與環境，2015（11）：163.

對於中等所得陷阱的測度，在長期內不能達到高所得水準是一個無可爭議的硬性指標，經濟成長停滯期是一個重要因素。圍繞停滯期可以對中等所得陷阱做出一些初步的描述與測度。1950～2010 年，北歐國家從中低所得階段開始，經由中高所得階段，直奔高所得階段，幾乎沒有出現中等所得陷阱；同時，東歐、拉丁美洲、亞洲和非洲的絕大部分國家，都是以低所得階段為起點，開啟經濟成長和社會發展的征程；一些非洲國家從未走出「低所得水準均衡陷阱」。

一些國家順利突破「貧困陷阱」，到達中等所得階段，然而這種早期的「第一次推動力」，並沒有把這些後發國家送往更高所得水準階段上。比如阿根廷，在 1950 年已經是中低所得國家，竟然在中低所得階段停留了 28 年，在中高所得階段停留了 33 年。還有印尼、菲律賓、馬來西亞、伊拉克、土耳其、阿爾及利亞、埃及、巴西等國家，如表 7-2 所示。

第七章 經濟成長與周期波動

表 7-2 部分國家或地區 1950～2010 年分階段跨越年限計算結果（年）

區域	國家（地區）	低	中	中高	高	國家（地區）	低	中	中高	高
西北歐	英國	0	3	20	38	比利時	0	11	12	38
	荷蘭	0	25	15	21	愛爾蘭	0	25	15	21
	丹麥	0	3	15	43	挪威	0	11	14	36
	希臘	1	21	28	11	芬蘭	0	14	15	32
	德國	0	10	13	38	法國	0	10	11	40
美國和大洋洲	美國	0	0	12	49	加拿大	0	0	19	42
	紐西蘭	0	0	22	39	澳大利亞	0	0	20	41
東歐	阿爾巴尼亞	23	38	0	0	南斯拉夫	9	52	0	0
	保加利亞	3	52	6	0	波士尼亞	16	45	0	0
	匈牙利	0	52	9	0	馬其頓	7	54	0	0
	波蘭	0	50	11	0	斯洛維尼亞	0	20	15	26
	科索沃	61	0	0	0	羅馬尼亞	12	49	0	0
拉丁美洲	阿根廷	0	28	33	0	玻利維亞	16	45	0	0
	巴西	8	53	0	0	哥斯大黎加	2	54	5	0
	智利	0	42	13	6	古巴	7	54	0	0
	墨西哥	0	53	8	0	多明尼加	23	38	0	0
	委內瑞拉	0	1	60	0	海地	61	0	0	0

區域	國家(地區)	低	中	中高	高	國家(地區)	低	中	中高	高
亞洲	中國	42	17	2	0	馬來西亞	19	28	14	0
	印度	53	8	0	0	尼泊爾	61	0	0	0
	印尼	36	25	0	0	巴基斯坦	54	7	0	0
	日本	1	17	9	34	新加坡	0	28	10	23
	菲律賓	27	34	0	0	斯里蘭卡	33	28	10	0
	韓國	19	19	7	16	阿富汗	61	0	0	0
	伊拉克	23	38	0	0	卡達	0	6	19	36
非洲	阿爾及利亞	19	42	0	0	厄利垂亞	61	0	0	0
	安哥拉	61	0	0	0	加彭	0	56	4	1
	貝南	61	0	0	0	甘比亞	61	0	0	0
	埃及	30	31	0	0	納米比亞	0	61	0	0
	南非	0	61	0	0	辛巴威	61	0	0	0

資料來源：韓文龍，李夢凡，謝璐．「中等所得陷阱」：基於國際經驗數據的描述與測度〔J〕．中國人口·資源與環境，2015（11）：165．

測定後發國家從中低所得水準向中高所得水準跨越、中高所得水準向高所得水準跨越所用的時間年限，按照中等所得陷阱跨越成功、跨越失敗為標準，選取兩類國家，計算結果顯示：1950～2010年，順利跨越中等所得階段的國家，平均在中低所得階段停留25年，在中高所得階段停留15年，然後就到達高所得階段；至今未能到達高所得階段的國家，平均在中低所得階段停留37年，在中高所得階段停留19年以上，至今沒有走出這個階段。

1950～1970年，絕大多數國家處於低所得水準，世界經濟呈現明顯的單極狀態，中、高所得國家很少。同時中等所得國家群出現一個雖

第七章　經濟成長與周期波動

然不是十分突出，但是的確存在的「隆起」趨勢，似乎存在一股力量，推動著一部分低所得狀態的國家向更高所得狀態前進，這與新古典成長模型昭示的「收斂」規律相當吻合。

然而在1970年之後，特別是1980～2010年，世界經濟展現出顯著、並不斷被加強的兩極分化趨勢，高所得國家所占的比例幾乎沒有變化，中、低所得國家的個人所得平均值，則停留在4,000～5,000美元，似乎中、低所得國家進入某個穩定的均衡狀態。整體而言，中等所得國家很難進入高所得國家群，在現代經濟成長道路上，面臨越來越多未知的限制和障礙。[133]

隨著經濟成長，勞動力成本相應提高，廉價勞動成本的比較優勢喪失，然而知識和創新引導的新型經濟成長模式尚未形成，從而使經濟成長的動力不足。所以，中等所得陷阱主要受到三個因素的影響：一是經濟持續成長的直接影響變數，比如技術進步、教育水準產業結構及其變化；二是經濟成長的內部和外部環境影響變數，比如貿易條件、總體經濟政策、人口因素等；三是影響長期經濟績效的根本原因，比如社會——經濟制度等。

有鑑於此，選取技術水準、產業結構、消費需求、投資需求、貿易開放水準、通貨膨脹水準、勞動參與率、都市化水準、經濟自由度、政府清廉指數作為影響一國人均GDP的自變數，以人均GDP作為應變數，表徵經濟成長。在所採用數據中，清廉指數來自透明國際官網，經濟自由度指數來自美國傳統基金會官網，其餘均來自世界銀行世界發展指標數據庫。

---

[133] 韓文龍，李夢凡，謝璐．「中等所得陷阱」：基於國際經驗數據的描述與測度 [J]．中國人口‧資源與環境，2015（11）：160-168．

以 ln（free）、ln（open）、ln（con）、ln（ind）、ln（hon）、ln（tec）、in（f）、ln（lab）、ln（inv）和 ln（ci）為自變數，以 ln（y）為應變數，建立如下的數據計量模型：

$$\ln(y_{it}) = c_0 + \alpha_i + c_1 \ln(tec_{it}) + c_2 \ln(free_{it}) + c_3 \ln(f_{it})$$
$$+ c_4 \ln(open_{it}) + c_5 \ln(lab_{it}) + c_6 \ln(con_{it}) + c_7 \ln(inv_{it})$$
$$+ c_8 \ln(ind_{it}) + c_9 \ln(hon_{it}) + c_{10} \ln(ci_{it}) + \varepsilon_{it}$$

式中，i 表示國家截面單元，在陷阱組國家公式中，i=1，2，…，14；在跨越組國家公式中，i=1，2，…，26；t 表示時間，c_0 是截距項，α_i 是差異截距項；ln（y_{it}）表示一國人均 GDP 的對數，ln（tec_{it}）表示一國技術水準的對數，ln（$free_{it}$）表示經濟自由度的對數，in（f_{it}）表示通貨膨脹率的對數，ln（$open_{it}$）表示貿易額在 GDP 中的占比的對數，ln（lab_{it}）表示勞動參與率的對數，ln（con_{it}）表示居民最終消費在 GDP 中的占比的對數，ln（inv_{it}）表示資本形成總額在 GDP 中的占比的對數，ln（ind_{it}）表示第二產業產值在 GDP 中的占比的對數，ln（hon_{it}）表示政府清廉指數的對數，ln（ci_{it}）表示都市化率的對數，ε_{it} 為隨機誤差項。

第七章 經濟成長與周期波動

表 7-3 對兩個所得組數據分別進行迴歸分析的引數估計結果

變數	ln(ye) 固定效應 陷阱組	差分 GMM 陷阱組	系統 GMM 陷阱組	固定效應 跨越組	差分 GMM 跨越組	系統 GMM 跨越組
ln(yit−1)		0.275*** (<0.001)	0.237**** (<0.001)		0.762*** (<0.001)	0.771*** (<0.001)
ln(tecit)	0.075** (0.039)	0.025*** (0.011)	0.027*** (<0.001)	0.085*** (<0.008)	0.029*** (<0.001)	0.026** (−0.011)
ln(freeit)	0.300* (0.079)	−1.778 (0.372)	−1.351 (0.371)	0.209* (0.065)	−0.021 (0.824)	−0.172 (0.681)
ln(fit)	−0.004*** (0.0093)	−0.002** (0.015)	−0.001** (−0.021)	−0.005** (0.032)	−0.009** (0.014)	−0.132* (0.006)
ln(openit)	0.245** (−0.032)	0.348** (0.029)	0.523** (−0.044)	0.053 (0.179)	0.155** (−0.026)	0.212** (−0.021)
ln(labit)	−1.684*** (0.001)	−1.063*** (<0.001)	−0.657*** (<0.001)	1.428*** (−0.014)	1.202* (−0.081)	1.373* (−0.056)
ln(conit)	0.241 (0.414)	0.398* (0.084)	0.687* (−0.073)	1.121 (0.619)	1.708* (−0.058)	1.867* (−0.052)
ln(invit)	0.390*** (<0.001)	1.293*** (<0.001)	1.412*** (<0.001)	0.96 (0.183)	0.758** (−0.033)	0.621** (−0.035)

	ln(ye)							
變數	固定效應 陷阱組	差分 GMM 陷阱組	系統 GMM 陷阱組	固定效應 跨越組	差分 GMM 跨越組	系統 GMM 跨越組
ln(indit)	0.060 (0.768)	0.867*** (0.039)	0.578* (−0.062)	0.445*** (<0.001)	0.483*** (<0.001)	0.439* (−0.073)
ln(honit)	0.065 (0.406)	−0.012204	−0.137* (−0.057)	0.058* (−0.074)	0.018* (−0.052)	0.027* (−0.063)
ln(ciit)	−0.015066	0.724 (0.438)	0.951 (−0.503)	0.093* (0.066)	−0.882 (−0.411)	−1.144 (−0.614)
樣本數	262	222	236	482	415	441
R2	0.267			0.238		
AR(2) (P 值)		0.183	0.168		0.172	0.154
Sargan 檢驗 (P 值)		0.437	0.321		0.127	0.116
國家數	14	14	14	26	26	26

資料來源：霍偉東，劉尚偉．跨越「中等所得陷阱」的國際經驗研究［J］．湖南財政經濟學院學報，2017（2）：10．

第七章　經濟成長與周期波動

　　從分析結果來看：①技術水準與經濟成長呈現正相關，技術進步對於跨越組國家人均 GDP 成長的拉動作用更大。②消費水準對跨越組國家經濟成長的迴歸係數，大於對陷阱組國家經濟成長的迴歸係數，說明消費對跨越組國家經濟成長的拉動作用更大。③投資對陷阱組國家經濟成長的拉動作用更大，可能因為在對比的跨越組國家的 GDP 構成中，消費比例更高，對 GDP 成長的影響更大；而投資的比例相對較小，對 GDP 成長的影響力較小。④陷阱組國家經濟成長的對外貿易依存度更大，因為大多處於工業化階段，本國很多缺乏的資源和技術設備，需要大量進口，對於外匯的需求也促使出口規模增大，所以外貿依存度較高。⑤通貨膨脹率對跨越組國家人均 GDP 成長的影響更大，因為經濟先進國家虛擬經濟較為發達，而通貨膨脹率對金融產品的衝擊更大。⑥陷阱組國家經濟成長對第二產業發展的依賴性更大，因為大多處於工業化階段，政府大力支持發展工業，第二產業的比重迅速上升，在 GDP 結構中比例較大。⑦陷阱組國家勞動密集型產業比重大，既會與技術密集型產業展開資本競爭，又會「禁錮」部分的勞動者，不利提高勞動者高級勞動技能與知識水準，進而不利於高品質和長期成長。

　　⑧都市化水準應當與經濟成長水準相適應，都市化不足或過度，都將對經濟成長產生負面影響。對陷阱組國家來說，過度都市化一方面造成都市發展缺乏經濟成長支撐，政府無力為都市居民提供基本公共服務；另一方面，導致都市化與產業發展惡性爭奪資源，從而對工業化程序形成一定的阻礙。對跨越組國家來說，都市化有利於促進科技進步、人力資本的形成以及知識和資訊交流。⑨經濟自由度對陷阱組國家經濟成長的影響更大，往往處於經濟社會轉型階段，國家制度蘊含著巨大的改革紅利，政府的改革與完善，往往大大促進經濟成長；而跨越組國家擁有

更為完善的自由市場機制,經濟自由程度普遍較高,對經濟成長的邊際貢獻率較小。⑩清廉狀況對經濟成長的影響,取決於特定發展階段。對陷阱組國家來說,賄賂使企業家自身利益和官員利益最大化的目標保持一致,從而改進政府管制所造成的低效率,並且刺激經濟成長。對跨越組國家來說,清廉使政府增加生產性活動的花費,有利於吸引外資,從而提高經濟成長速度。[134]

許多國家經歷過所謂的「黃金成長」階段,但是最終透過後發、追趕進入高所得先進國家行列的並不多見,達成「崛起」意願的國家少之又少。從發展經濟學理論來看,某一國家通常需要經歷「馬爾薩斯均衡」、「產業革命」、「卡爾多典型事實的經濟成長」(新古典成長)、「新經濟分叉」(內生經濟成長)等不同階段,尤其是後發國家,必須經歷的「產業革命」階段,實際上是決定未來是否能夠轉入新古典和內生經濟成長的關鍵時期。[135]

---

[134] 霍偉東,劉肖偉.跨越「中等所得陷阱」的國際經驗研究[J].湖南財政經濟學院學報,2017(2):5-15.
[135] 黎安.「中等所得陷阱」還是「社會福利陷阱」[J].學術研究,2015(6):53-57.

第七章 經濟成長與周期波動

7.2 循環波動的模型

景氣循環（Business Cycle）也被譯為商業週期、商業循環或者經濟循環，指在經濟執行中出現經濟擴張與經濟緊縮更迭循環的波動現象。從表現特徵來看，景氣循環被分為古典循環和現代循環兩類現象。古典循環現象是國民經濟活動有規律地上升和下降、交替和循環：在擴張階段，國民經濟主要的總體指標表現為正成長；在收縮階段，國民經濟主要的總體指標表現為負成長。在「二戰」之後，主要先進國家總體經濟指標大體保持連續成長，沒有出現古典循環理論的經濟衰退，這就是現代循環現象，即國民經濟活動相對有規律地上升與下降、交替和循環。[136]

7.2.1 乘數——加速數模型

在凱因斯的《通論》問世以後，現代景氣循環理論大多以他的思想體系為出發點。其中影響最大的莫過於乘數——加速數模型，把乘數原理與加速數原理結合起來，解釋循環波動的原因：投資的增加，對國民所得的增加具有乘數作用；反過來，國民所得對引致投資具有加速數作用，兩者的相互作用，是在經濟系統內部相互決定的動力機制。

從最初哈羅德運用兩個原理來說明循環現象，發展到薩繆森利用時滯差分方程式來表示消費與投資之間的關係，進而建立景氣循環模型，最後到希克斯對循環波動的根源、運動路線以及擴張與衰退的轉換原因都做出頗為嚴密的論述，形成系統的現代循環理論。[137]

---

[136] 莊麗婷. 投資乘數—加速數模型與我國景氣循環波動探討 [J]. 價格月刊，2010（4）：29-34.
[137] 汪浩瀚. 乘數—加速數模型比較與穩定性分析 [J]. 寧波大學學報（人文科學版），1995（2）：57-63.

美國經濟學者薩繆森率先採用時間序列差分形式,來描述經濟動態系統,提出只要有乘數和加速的相互作用,即消費、投資和國民所得之間的相互作用,就必然存在循環波動。在具有震盪可能性的動態經濟結構裡,建構一個簡單的總體景氣循環波動模型,基本方程組為:

$$\begin{cases} Y_t = C_t + I_t + G_t \\ C_t = \alpha Y_{t-1} \, (t=0,1,2,\cdots) \\ I_t = \beta (C_t - C_{t-1}) \end{cases}$$

式中,Y_t 為當期的國民所得,G_t 為當期的政府支出,設定恆為 1,C_t 和 I_t 分別為當期的消費量和投資量,α 為邊際消費傾向,β 為投資加速數。當期消費由上一期的所得決定,當期投資由當期消費與上一期消費的差額決定,即引致投資(由產量變動而出現的投資,由加速數決定)。透過整理,可得國民所得方程式為:

$$Y_t = I + \alpha(1+\beta)Y_{t-1} - \alpha\beta Y_{t-2}$$

如果知道任何當期和前期的各項引數,那麼能由方程式決定任何一期的所得和產量。在表 7-4 中,為了計算方便,設定自發消費(維持基本生活水準的消費需求)的初始值為 0,引致消費為 500,自發投資(由創新活動引起的投資和國家計畫的投資)為 500。薩繆森把政府支出 G_t 設定為常數。他認為政府不應該對市場進行干預,從長期來看,政府支出將會維持在一個均衡水準,即 $G_t=G_0$。在計算 12 期後,已經顯示出一個完整的波動循環。[138]

---

[138] 秦宇. 政府支出內生化的四部門乘數—加速數模型[J]. 經濟問題探索,2016(4):55-59.

第七章 經濟成長與周期波動

表 7-4 基於乘數—加速數作用原理的一個簡化模擬波動循環

時期	自發消費	引致消費	自發投資	引致投資	收入
1	0	500	500	0	1000
2	0	500	1000	0	1500
3	0	750	1000	250	2000
4	0	1000	1000	250	2250
5	0	1125	1000	125	2250
6	0	1125	1000	0	2125
7	0	1062.5	1000	-62.5	2000
8	0	1000	1000	-62.5	1937.5
9	0	968.75	1000	-51.25	1917.75
10	0	958.75	1000	-10	1948.5
11	0	974.375	1000	15.625	1990
12	0	995	1000	20.625	2015.625

資料來源：張光遠，董培新. 乘數——加速數相互作用原理與中國的投資循環〔J〕. 中州學刊，1988（5）：10.

通常認為，乘數——加速數原理能夠順利發生作用的前提條件包括：①所得與消費關係在較長時期內穩定；②有足夠數量的勞動力可以被利用，即存在一定的失業率；③有足夠數量的存貸可以被利用；④經濟系統處於正常狀況，沒有意外的重大衝擊或政府干擾。[139]

在薩繆森的簡單乘數——加速數模型基礎上，為了展現政府支出對經濟系統循環波動的影響，假設政府以每年 g 的速度增加其支出；從自發性和引致性兩個角度對消費和投資進行描述，C_{0t} 和 I_{0t} 分別為自發消費和自發投資；C_{0t} 在一定時期內為常數，即 $C_{0t}=C$；I_{0t} 為非常數，由初始

---

[139] 傅宏嶠. 預期投資的乘數—加速數的景氣循環模型〔J〕. 數量經濟技術經濟研究，1991（8）：34-42.

7.2 循環波動的模型

自發投資和自發投資的年成長率 gi 決定。那麼，建立改進的經濟系統執行的動態方程組如下：

$$\begin{cases} Y_t = C_t + I_t + G_t \\ C_t = \overline{C} + cY_{t-1}\,(t=0,\ 1,\ 2,\ \cdots) \\ I_t = I_0(1+g_i)^t + \beta(C_t - C_{t-1}) \end{cases}$$

方程組對應的通解為：

$$Y_t = r^t(c_1 \cos\omega t + c_2 \sin\omega t)$$

這與物理學的質點振動方程式是等價的，經濟系統的波動循環存在必要條件為加速數 β 滿足如下的邊界條件：

$$\beta_d = 2 - c - 2\sqrt{1-c} < a < 2 - c + 2\sqrt{1-c} = \beta_u$$

式中，βd 為滿足景氣循環存在條件下 β 的最小值；βu 為滿足景氣循環存在條件下 β 的最大值。

使用經濟成長率的循環波動來衡量景氣循環，不同數值所決定的經濟成長情況及特徵。針對 β 的可能取值範圍，分為三種情況，如圖 7-4 所示。

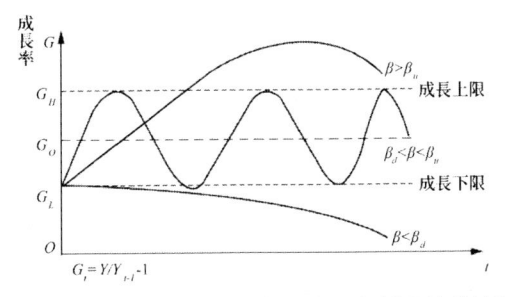

圖 7-4 加速數 a 的三種時值範圍與景氣循環波動的關係

第七章　經濟成長與周期波動

資料來源：宗良，時圓，郝毅. 景氣循環長度測算：基於乘數——加速數模型和中國經濟數據〔J〕. 國際金融研究，2020（10）：38.

情況一，當投資意願和投資金額處於合理區間時，$\beta d < a < \beta u$，可以視為經濟執行循環波動的臨界條件。此時總需求和投資帶來的總供給大致均衡，經濟處於平穩運轉狀態。在短期內，經濟執行可能出現供需不平衡的波動，但是波動處於可控範圍內，市場能夠自發地調節供需失衡現象；從長期來看，實現穩定的經濟成長，經濟成長率呈現循環性波動。透過市場的自發調節和政府的總體調控，經濟實現平穩、可持續地成長。

情況二，當投資意願過熱時，投資金額遠遠超出正常執行所需，出現經濟過熱現象。此時 $\beta > \beta u$，經濟執行將會脫離循環，總供給因為投資增加而遠遠超過總需求，導致供需關係失衡。在短期內，投資過度增加將帶來經濟的高速成長；從長期來看，需求不足，降低經濟成長速度，可能引致未來的經濟蕭條。需要政府及時透過總體調控抑制投資的成長，減少總供給，使加速數下降到臨界值 βu 以下，幫助經濟成長重回循環。

情況三，當人們投資意願過於低迷，投資金額遠低於正常經濟運轉所需，出現經濟過冷現象，此時 $\beta < \beta d$。經濟執行將會脫離循環，總供給因為投資減少而遠遠低於總需求，導致供需關係失衡，經濟成長速度明顯下降，帶來持久的經濟低迷。需要政府透過總體調控來刺激投資成長，增加總供給，使加速數 β 成長到臨界值 βd 以上，幫助經濟成長重回循環。

投資是影響循環波動的重要變數，也是政府實施總體調控的重要方式。如果保持經濟系統的正常執行，維持投資水準在合理的限度範圍內

是必要的，不能過度強調擴大消費。如果遇到經濟衰退、低迷，啟動超額投資是較為有效的方式。作用是要引起加速數的變動，可以看成逆循環調節，引發經濟系統執行的某些變化。[140]

無論經濟執行是否處於合理區間，政府的一次性投資對經濟執行的影響都是有限的、逐步衰減的，連續性的投資對經濟執行的影響是持續性的、正向的。這說明政府一次性投資並不是經濟刺激的最佳選擇，然而連續性投資將為市場主體傳遞優質的訊號，激勵消費和生產商投資。

當經濟執行處於合理執行區間時，政府進行預期性干預，更讓經濟按照市場機制執行，想要透過政府投資來影響循環波動，並不是最好的選擇。當經濟執行處於不合理區間時，政府進行預期性投資（總體經濟干預），那麼對經濟執行的影響明顯更大，特別是在經濟蕭條時期。[141]

7.2.2 真實景氣循環模型

工業革命以來，資本主義國家毫無例外都出現過循環波動，但是景氣循環理論是在 19 世紀末期提出的。早期大多數主流經濟學者認為消費是無限的，因而沉迷於無限產出，強調經濟系統具有強大又靈敏的自我矯正機制。特別是法國經濟學者賽伊認為：「在一切社會，生產者越多，產品越多樣化，產品便銷得越快、越多和越廣泛。」

賽伊法則在以物易物中當然是成立的，「賣」同時就是「買」，買賣結合在一起，供給一種商品，意味著需求其他一些商品。絕大多數古典經濟學者擁護賽伊法則，他們還認為賽伊法則在以貨幣為媒介的經濟中同

---

[140] 宗良，時圓，郝毅 . 景氣循環長度測算：基於乘數—加速數模型和中國經濟數據［J］. 國際金融研究，2020（10）：34-43.
[141] 張光遠，董培新 . 乘數—加速數相互作用原理與我國的投資循環［J］. 中州學刊，1988（5）：9-13.

第七章　經濟成長與周期波動

樣成立，因為貨幣只不過是交換的媒介，在創造產品的同時，也創造所得，所得扣除消費以後的剩餘部分，就是儲蓄，儲蓄等於投資，是經濟系統實現一般均衡的條件。

然而1930年代的大蕭條，暴露古典經濟學理論的弊端，凱因斯反對這兩大基本假設，他認為儲蓄和投資產生於經濟系統的不同部門，其中儲蓄取決於民眾的消費決定，而投資取決於生產商的利潤預期；消費函數代表所得變化和消費變化間的函數關係，這個關係非常穩定；投資則是影響循環波動變化最大的因素，生產商需要考量利潤預期和投資成本（以利率水準來衡量），利潤的預期對不同專案和不同時刻點的伸縮性很大，生產商更依賴利潤預期來做出投資決策；均衡的總產出不一定等於可利用資源的飽和生產水準，即使在均衡水準下，也可以存在大量非飽和空間。

凱因斯對經濟系統穩定性的研究非常薄弱，後來的眾多經濟學者力圖使用動態化方式來完善這個問題。薩繆森認為，如果乘數和加速數都能夠發揮作用，那麼消費者需求的一個小變化，可能導致投資一個大變化，由此解釋小擾動誘發大擾動的原因，同時也解釋景氣循環不可能在短期內自我修復的事實。貨幣主義學派的傅利曼認為，投資成本的波動遠比預期報酬率的波動更為關鍵，干涉性貨幣政策通常是加劇、而非平息循環性波動，主張「簡單的貨幣原則」。供給學派的拉弗（Arthur Betz Laffer）認為，適中的稅率獲得最佳的所得，高稅率未必比低稅率可以獲得更多所得，對於投資的激勵，是穩定成長的關鍵。實際上，經濟系統的循環波動具有一個重要特徵，即不表現出任何簡單的規則或確定的循環。在現代總體經濟理論中，已不再企圖解釋為確定的不同長度循環的組合，而是探討一般的波動特徵和表現出的相似規律，主要內容包括：

經濟轉捩點的確定、不同循環階段的劃分、領先滯後因素確定、不同總體經濟總量時間序列之間橫向和縱向關係、不同總體經濟總量相對波動性等。透過對這些關鍵量的測定和分析，來標定和判斷循環波動的特徵，且從中發現規律，以指導政府的調控決策。[142]

自 1980 年代以來，景氣循環理論主要形成兩大流派：真實景氣循環理論（Real Business Cycle，RBC）和新凱因斯主義循環理論。前者主要以實際因素對景氣循環加以解釋，後者從市場不完全和名目因素，著手對景氣循環進行分析。真實景氣循環類型使一般均衡分析、實際因素和個體基礎得以復興，其研究方法應用於貨幣經濟學、國際經濟學、財政學、勞動經濟學、資產定價等領域。幾乎所有的現代循環模型，都一致以基本真實景氣循環模型為基礎。

真實景氣循環的理論核心是新古典成長模型，從實際總量及其相互關係入手，建立動態隨機一般均衡模型，且假定生產技術受到隨機性衝擊而使成長模型具有隨機性，把經濟成長和經濟波動納入統一的理論框架中。在經濟系統中，存在一個實際擾動，而不是貨幣的或名目的擾動。這個實際擾動是對總體生產函數的技術衝擊，並且以索洛餘值（索洛殘差）的變化來度量。在標準 RBC 模型中，代表性生產商的生產函數為：

$$Y_t = A_t F(K_t, N_t X_t)$$

式中，Yt、At、Kt、Nt 和 Xt 分別代表產出、隨機性技術衝擊、資本、勞動和生產率的確定性分量；函數 F 具有規模報酬不變的性質；隨

---

[142] 陳昆亭，龔六堂. 真實景氣循環理論的發展綜述 [J] .2007 年山東大學「海右」博士生學術論壇論文集，2007（10）：352-363.

機性技術衝擊 At 是景氣循環產生的泉源；生產率的確定性分量 Xt 的成長模式為 Xt+1=γXt，其中常數 γ＞1。

在標準 RBC 模型中，代表性消費者的效用函數為 u（Ct，Lt），其中 Ct、Lt 分別代表消費和閒暇。消費者在第 t 期的目標函數為：

$$E_t = \sum_{\tau=0}^{\infty} b^{\tau} u(C_{t+\tau}, L_{t+\tau})$$

式中，o＜b＜1，表示折現因子；Et 表示在第 t 期的資訊集合下求條件期望。

解出的勞動力、資本、產出、消費的數量都隨著隨機性技術衝擊 At 的波動而波動，在衝擊的驅動下，造成變數序列的變異數、共變異數、相對標準差、一階自相關係數及其他關係。與實際經濟的相關數據進行比較，標準 RBC 模型的模擬結果如表 7-5 所示。

表 7-5 標準 RBC 模型的實證

項目	標準差		相對標準差		一階自相關係數		對產出的同期相關係數	
	模擬數據	實際數據	模擬數據	實際數據	模擬數據	實際數據	模擬數據	實際數據
人均產出 Y	1.39	1.81	1.00	1.00	0.72	0.84	1.00	1.00
人均消費 C	0.61	1.35	0.44	0.74	0.79	0.80	0.94	0.88
人均投資 I	4.09	5.30	2.95	2.93	0.71	0.87	0.99	0.80
人均工作時間 N	0.67	1.79	0.48	0.99	0.71	0.88	0.97	0.88

7.2 循環波動的模型

項目	標準差 模擬數據	標準差 實際數據	相對標準差 模擬數據	相對標準差 實際數據	一階自相關係數 模擬數據	一階自相關係數 實際數據	對產出的同期相關係數 模擬數據	對產出的同期相關係數 實際數據
單位時間產出 Y/N	0.75	1.02	0.54	0.56	0.76	0.74	0.98	0.55
每小時實質薪資率 w	0.75	0.68	0.54	0.38	0.76	0.66	0.98	0.12
實質利率 r	0.05	0.30	0.04	0.16	0.71	0.60	0.95	-0.35
總要素生產力 A	0.94	0.98	0.68	0.54	0.72	0.74	1.00	0.78

資料來源：王新麗，楊立巖．真實景氣循環理論：回顧與展望〔J〕．學術月刊，2004（7）：42.

RBC模型模擬的投資相對於總產出的波動性與實際波動性基本上一致，即在實質經濟和模型經濟中，投資的波動性大約是總產出波動性的3倍；總產出的波動性是生產率的1.48倍，而實際數據則顯示總產出的波動性是生產率的1.85倍；人均投資、人均工作時間、單位時間產出、總要素生產率，對總產出的同期相關係數均小於模擬數據；實質薪資率的實際數據顯著小於模擬數據；實質利率表現出對同期總產出的負相關，模擬數據卻表現出很高的正相關。

標準RBC模型較能解釋實際經濟波動，但是與實際經濟波動存在一些明顯的差異，主要表現為模型產生的消費和勞動力投入的波動性，要小於實際數據，尤其是模型顯示實質薪資率和實質利率具有高順循環性，這與實際數據嚴重不符。所以標準RBC模型需要校準和檢驗。[143]

---

[143] 王新麗，楊立岩．真實景氣循環理論：回顧與展望［J］．學術月刊，2004（7）：40-49.

第七章　經濟成長與周期波動

在基本的 RBC 模型中，技術進步是循環波動的主要來源，其他衝擊如技術進步、勞動力供給、居民消費習慣特點和經濟不確定性等，也被陸續引入模型中。假設在經濟系統中，典型的個別家庭，透過跨期決策，以使其期望效用最大化，把生產商的生產函數設定為柯布——道格拉斯（Cobb–Douglas function）形式，技術進步、勞動力供給、經濟不確定性是三個外生衝擊變數。

採用貝氏估計法估計動態引數，把索洛餘值視為技術進步衝擊的時間序列數據；勞動力供給的衝擊用就業人數時間變化表示；經濟不確定性衝擊用估算的不確定性表示，對於三個外生衝擊變數，全部進行 HP 濾波處理，並假設衝擊變數均滿足一階自迴歸過程，如表 7-6 所示。

表 7-6 改進的 RBC 模型進行模擬經濟與實際經濟的特徵比較

	變數	產出	消費	就業	資本
實際經濟	標準差與產出相關係數	0.0643	0.0506	0.0128	0.0950
		1.000	0.901	0.141	0.753
實際經濟	標準差與產出相關係數	0.0566	0.0867	0.0234	0.0708
		1.000	0.583	0.850	0.758
Kydland-Prescott 比率		0.8814	1.7134	1.8281	0.7450

資料來源：馬軼群. 經濟不確定性與中國總體經濟波動〔J〕. 中南財經政法大學學報，2016（4）：16.

藉助 Matlab 軟體程式設計計算，可以得到技術進步衝擊、勞動力供給衝擊和經濟不確定性衝擊的動態效果。

一是技術進步對總體經濟變數的動態衝擊，如圖 7-5 所示。①技術進步的衝擊具有長期性，從期初最大值持續下降，在期末仍然為正值。

②消費對於技術進步衝擊的響應,在短期為負向,在期初響應就實現最小值,而後快速上升,在第 6 期左右達到 0 值,且停止響應,說明技術進步的擾動可以在短期內快速抑制消費成長,原因在於技術進步帶動新舊產品的更替,家庭消費對產品更新有一個適應性調整的過程。③技術進步對投資的期初影響較大,但是響應在短期內快速下降,在第 10 期左右接近 0 值,且持續到期末。技術進步在短期內能夠快速拉動投資,但是在中長期幾乎沒有影響。當生產商意識到技術進步在產業內發生時,會追加投資以獲得競爭優勢,一旦透過技術進步獲得較高收益,生產商增加投資的動力就下降。④資本存量對技術進步衝擊的響應軌跡是先升後降,在第 4 期左右升至最大值,然後開始平緩下降,到考察期結束仍然為正值。資本存量的波動程度顯著小於投資波動程度,這是因為投資的波動性受到折舊與經濟不確定性的分解。⑤技術進步對就業在短期內有較大的正向影響,在第 10 期左右下降至 0 值附近,一直持續到結束。

二是勞動力供給對總體經濟變數的動態衝擊,如圖 7-6 所示。①勞動力供給衝擊在考察期內持續下降,一直維持到考察期結束。②勞動力供給對總產出在期初是正向衝擊,產出的響應由最大值快速下降,從第 5 期開始緩慢下降,一直到結束,勞動力供給對總產出的衝擊始終為正值。勞動力總量的增加必然會帶來產出的增加。③勞動力供給對消費在短期記憶體為負向衝擊,快速上升之後,在第 10 期左右接近 0 值,且持續到結束。④勞動力供給對投資和資本存量的影響始終為正值,而對就業的衝擊以負向為主。

第七章 經濟成長與周期波動

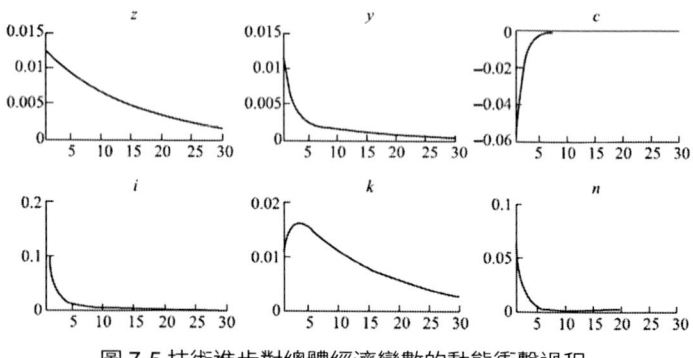

圖 7-5 技術進步對總體經濟變數的動態衝擊過程

資料來源：馬軼群．經濟不確定性與中國總體經濟波動〔J〕．中南財經政法大學學報，2016（4）：17．

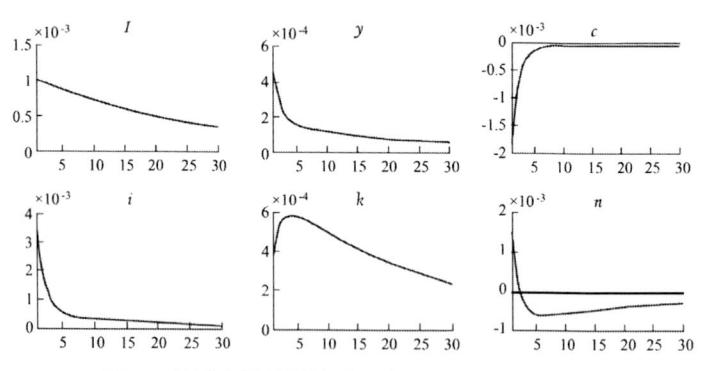

圖 7-6 勞動力供給對總體經濟變數的動態衝擊過程

資料來源：馬軼群．經濟不確定性與中國總體經濟波動〔J〕．中南財經政法大學學報，2016（4）：18．

三是經濟不確定性對總體經濟變數的動態衝擊，如圖 7-7 所示。①經濟不確定性衝擊是持續下降的過程，在考察期內為正值，且具有長期性。總產出在期初就實現最小值，然後緩慢上升，直到考察期結束仍然為負值，即不確定性與國內生產毛額成長率之間反向關係是顯著的，這種反向關係在不同階段和不同國家，都是非常穩定的。②消費對於經濟

不確定性的衝擊在期初有較大的正向響應，然後快速下降，在第5期左右降為負值後，開始緩慢上升。經濟不確定性對消費的衝擊短期內為正值、在中長期為負值。③經濟不確定性衝擊對於投資的影響，在期初為最小值，上升速度較快，到考察期結束時，投資的負向響應接近0值。當受到較大的經濟不確定性衝擊時，生產商投資行為變得更為謹慎，從而減少投資。投資與消費的變動軌跡呈現出對稱狀態，但是與消費相比，經濟不確定性對投資的影響更為顯著。④資本存量對經濟不確定性衝擊的響應先降後升，在第2期實現最小值，之後快速上升，但是到考察期結束時仍然為負值，這反映期初投資的減少，帶動資本存量不斷下降。⑤就業對經濟不確定性的響應是負向且持續上升，在考察期結束時接近0值，這反映經濟不確定性對就業產生抑制作用。無論在響應軌跡上還是在響應程度上，就業與投資的響應軌跡極為接近。就業與消費的響應軌跡相反，影響原理是經濟不確定性改變家庭的跨期替代，當前勞動力供給增加、獲得更多所得後，進行更多儲蓄，在保持當前家庭效用不變的情況下，可以減少家庭的當前消費。

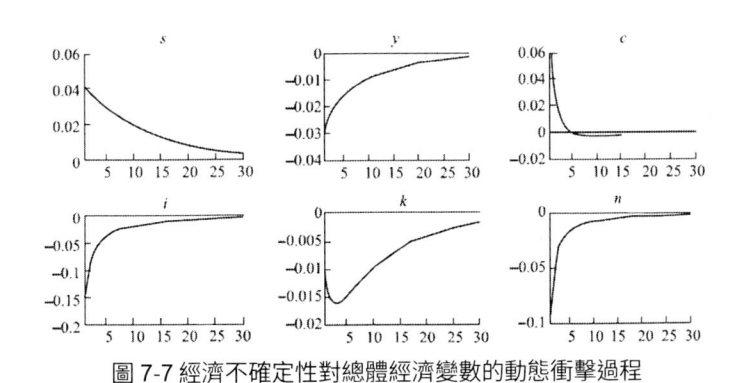

圖7-7 經濟不確定性對總體經濟變數的動態衝擊過程

資料來源：馬軼群. 經濟不確定性與中國總體經濟波動〔J〕. 中南財經政法大學學報，2016（4）：16.

消費習慣的形成引數並非固定不變的，當不存在消費習慣形成時，總產出對三種衝擊的期初響應值，均大於存在消費習慣形成的情況，且隨著消費習慣形成引數的增加而下降，如圖 7-8 所示。從長期來看，消費習慣形成的變化不影響總產出的響應軌跡，這說明消費習慣形成僅僅在期初就可以弱化外生變數的衝擊，特別是當消費習慣形成引數上升至 0.5 時，總產出對三種衝擊的響應軌跡接近直線，這說明 0.5 的分界值可以平滑掉總產出對所有衝擊的響應。當消費習慣形成引數超過 0.5 時，除了對經濟不確定性的響應外，總產出對技術進步和勞動力供給的響應軌跡，在期初均發生逆轉，由快速下降變為緩慢上升，但是長期趨勢仍然保持不變，可見消費習慣形成對總體經濟的影響不具有長期性。所以如果經濟政策的制定者僅僅追求短期目標，改變消費習慣將是有效的選擇。[144]

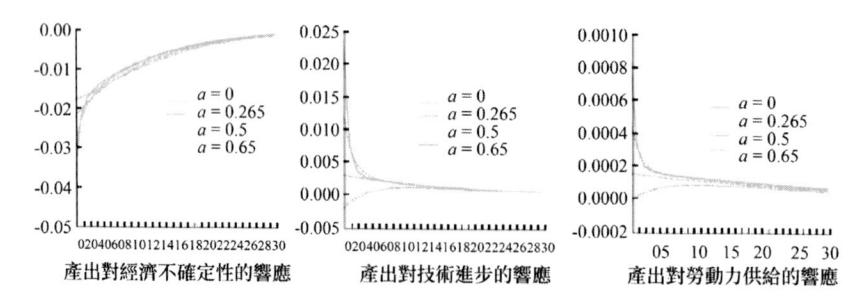

圖 7-8 消費習慣形成引數敏感性分析

資料來源：馬軼群．經濟不確定性與中國總體經濟波動〔J〕．中南財經政法大學學報，2016（4）：18.

現實的經濟波動每次都有不同的特點，因而產生眾多經濟學派不同的觀點和循環描述模型。無論如何，都有一個基本事實：循環波動是經

---

[144] 馬軼群．經濟不確定性與我國總體經濟波動 [J]．中南財經政法大學學報，2016（4）：11-20.

濟系統的內在機制和各種因素相互作用的結果，使用線性方程組的傳統模型，越來越不適於描述計算開放的經濟複雜巨系統。對於經典的乘數──加速數模型和真實景氣循環模型仍然可以擴展，需要更加注重涉及貨幣、生產率、價格與薪資黏性、利率剛性、存貨變動等因素，建立高階、多元差分和微分等複雜方程式，力圖以更為完善的模型來描述經濟系統複雜結構的真實性與合理性。[145]

---

[145] 汪浩瀚. 乘數—加速數模型比較與穩定性分析 [J]. 寧波大學學報（人文科學版），1995（2）：57-63.

第七章　經濟成長與周期波動

7.3　經濟史的新解讀

　　經濟史研究正面臨新的發展機遇，大數據帶來史料探勘和閱讀方式的革命。按照人們對現代泛史料的共識，人類生活各個時期、各個層面留下的所有痕跡，都是復原歷史的證據。史料大致可以分成文字史料、實物史料、口碑史料和聲像史料等，種類繁多、儲存分散，在經濟史研究中蒐集史料，成為最為耗時、耗力的工作。大數據技術革命性地改變探勘和閱讀史料的方式，可以達到窮盡數據之目的。從大數據中探尋歷史真相，多方求證、比對印證、交流成果、思想碰撞、跨界合作，尋找歷史現象背後的經濟學規律，是人類理性發展的客觀要求。[146]

7.3.1　氣候變化和朝代更替

　　地球表層是一個包含自然和人文的複雜系統，氣候變化必然引起相應的人類社會變化。許多重大歷史事件，比如農業豐歉、人口增減、民族遷移、文明興衰、戰亂爆發、朝代更替的發生，的確與氣候變化密切相關，其中一些就是氣候變化的結果。儘管氣候變化作為誘導因素，不可能產生決定性作用，然而對經濟、政治、文化格局的形成，總是有或多或少的影響，是決定歷史發展方式、方向、程序、速度的重要因素之一。

　　近代氣象學家認為，歷史時期的世界氣候是有變遷的，最近 5,000 年中，最初的 2,000 年，即從仰韶文化時代到河南安陽殷墟時代，年平均溫度比現在高 2℃左右。在這以後，年平均溫度有 2～3℃的擺動，寒冷時期出現在西元前 1000 年（殷末周初）、西元 400 年（六朝）、西元

---

[146] 李紅梅．大數據時代對歷史研究影響芻議 [J]．北方論叢，2016（3）：77-79．

1200年（南宋）和西元1700年（明末清初），漢唐兩代則是較溫暖的時代。這種氣候變遷是全世界性的，氣候變冷時，先從太平洋西岸開始，由日本、中國東部逐漸向西移到西歐；氣候變暖則自西向東行。

後來在多種代用數據（歷史文獻、樹木年輪、湖泊沉積、冰芯、石筍等）及日趨完善的技術支援下，基本廓清古中華過去2,000年氣候變化的總體趨勢與冷暖波動的基本特徵。在百年的冷暖波動上，自兩漢至明清，共經歷3個溫暖期和3個寒冷期：兩漢溫暖期（溫暖期Ⅰ），冬天年均氣溫比當今高0.3℃；魏晉南北朝寒冷期（寒冷期Ⅰ），比當今低0.47℃；隋唐溫暖期（溫暖期Ⅱ），比當今高0.23℃；唐後期至五代寒冷期（寒冷期Ⅱ），比當今低0.5℃；宋元溫暖期（溫暖期Ⅲ），比當今高0.18℃；明清寒冷期（寒冷期Ⅲ），比當今低0.39℃；在每個冷、溫暖期中，還存在著次一級的冷暖波動，如圖7-9所示。[147]

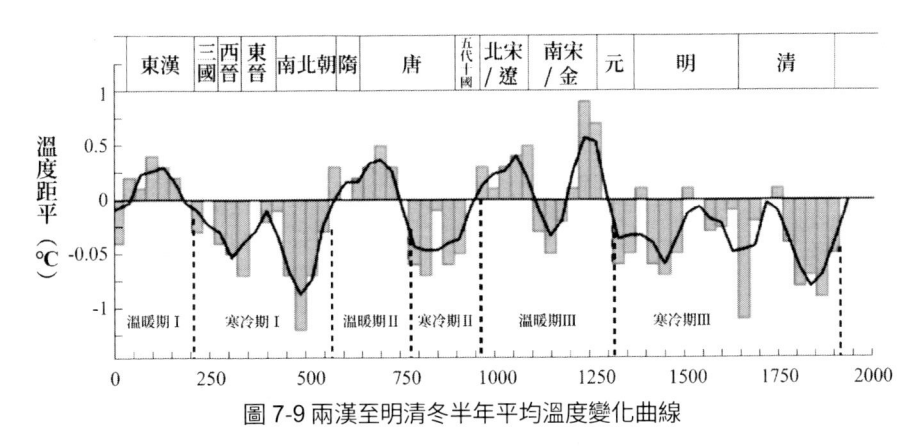

圖7-9 兩漢至明清冬半年平均溫度變化曲線

資料來源：何凡能，李柯，劉浩龍. 歷史時期氣候變化對中國古代農業影響研究的若干進展〔J〕. 地理研究，2010（12）：2290.

---

[147] 何凡能，李柯，劉浩龍. 歷史時期氣候變化對中國古代農業影響研究的若干進展〔J〕. 地理研究，2010（12）：2289-2297.

第七章　經濟成長與周期波動

　　跨越不同歷史時期的氣候變化，包括三種形式：突變、波動和混沌，對於旱澇序列進行非線性時間序列分析，結果顯示：古中華歷史上存在 4 次大的突變，分別在 280 年、880 年、1230～1260 年、1816～1831 年。在 480～500 年、1230～1260 年發生大轉折，主要是氣候變化波動的結果；在 880～1230 年，氣候出現明顯的混沌特徵，480～500 年的轉變，是從 280 年之後逐步開始的，其意義在於氣候從溼潤變成乾旱，西元 500 年可以作為前後兩個時期的分界點。

　　與人口分布變化同步的是區域經濟的變化。在西漢時期，關中地區是全國人口中心，也是經濟中心。根據《史記·貨殖列傳》記載：「關中之地，於天下三分之一，而人眾不過什三，然量其富，什居其六。」至唐代，北方地區仍然是經濟發達區。在唐代天寶八年徵收的「各色米糧」中，北方地區占全國的 75.9%。然而到 880 年，氣候突變，季風退縮，到 1230 年為過渡時期，其間北方經濟的重要性開始下降。到北宋元豐年間，全國徵收的錢糧數，北方地區已經降為 54.7%。到元代以後，南方成為經濟發達區。到明代洪武年間徵收的錢糧數，北方已經降為 35.8%。值得注意的是，此時北方田土為全國的 41.3%，顯然，田土比例高於錢糧比例，北方土地生產力低於全國水準。相比之下，宋朝的情況正好相反。北宋元豐年間，北方田土占全國的 31%，低於錢糧比例 54.7%，北方土地生產力水準高於全國平均。處於氣候過渡期的宋朝，北方總產出低於南方，但是土地生產力高於南方。到元代以後，兩個數值都以南方為高，正好與 880～1230 年的氣候過渡期一致。[148]

　　自西漢以來，中國歷史具有的一個顯著特點，是「治世」和「亂世」的更替出現。王朝發展到巔峰，即在一個朝代的統治時期內，政治、經

---

[148] 王錚. 歷史氣候變化對中國社會發展的影響 [J]. 地理學報，1996（7）：329-339.

濟、民生等社會諸多方面，到達相對較高的水準，所謂「國泰民安」，往往也被稱為「盛世」、「大治」或者「中興」；而王朝衰落到極點，即一個舊王朝滅亡，被另一個新王朝所取代，所謂「改朝換代」。無論是國泰民安還是改朝換代，都可視為一種持續一段時間、或好或壞的社會狀態，及其之間的相互轉換。[149]

伴隨「治世」和「亂世」的更替，王朝疆域出現「分久必合，合久必分」的波動變化，種種跡象顯示，這種波動與氣候變化有某種同步性和潛在關聯。兩漢溫暖期和隋唐溫暖期對應於強大的中原王朝，至少在前期可以把勢力範圍延伸到西域及中亞。溫暖的西域與東域的道路較為通暢，文化交流增加，那麼王朝延伸到西域，在政治上是必要的。人口重心位於西安，政治中心偏西，使王朝在後勤上可以及時支援軍隊，政治上也易於控制。在東漢年間，中原軍隊能夠由居延海北側西進，行軍路線在當今已變得極為嚴酷。到唐代，屯田是維持西域駐軍的主要方式，若沒有相應的氣候條件，屯田是不可能的。到唐代中期，出現短暫的寒冷階段，維持20～30年，然而就是這樣一個短期的寒冷事件，對中原勢力退出西域產生決定性作用。儘管後期氣候再次變好，但是中原王朝已經變得虛弱。[150]

氣候變化對歷史的影響不是簡單的因果關係，往往是自然和社會的多種因素在時空上相互耦合、共同作用的結果。在中華歷史上，人口與社會——經濟發展呈現循環性的興衰波動，與氣候循環性波動存在著顯著的對應關係，整體表現為「暖揚冷抑」的特點。溫暖期的氣候有利於農業發展，從而為社會提供更為優越的物質條件。糧食安全是人類生存的物質基礎，也是維繫社會——經濟的穩定基礎，氣候變化對歷史的影

---

[149] 尹君，羅玉洪，方修琦.西漢至五代中國盛世及朝代更替的氣候變化和農業豐歉背景[J].地球環境學報，2014（12）：400-409.
[150] 王錚.歷史氣候變化對中國社會發展的影響[J].地理學報，1996（7）：329-339.

第七章 經濟成長與周期波動

響,主要是透過以糧食生產為主導,複雜的驅動——響應回饋關係。[151]

在以農立國的古代,糧食生產事關整個王朝安全。氣候平均值與變率的變化,均能導致氣候資源及氣候災害分布機率的改變,且對糧食生產造成顯著影響。耕地高度集中在東部季風氣候區,歷來受到有限的熱量條件和高降水變率的雙重限制,循環性冷暖和乾溼波動,及突發的氣候災害(旱澇、冷凍等)導致顯著的農業豐歉波動。氣候災害事件在年際尺度上表現顯著,其影響是強烈的、突發式的,可以在短期內造成顯而易見的歉收、生命和財產損失,甚至導致社會失穩的嚴重饑荒。

糧食數量的多寡,不僅直接影響個體的溫飽,從而還影響社會對氣候變化的敏感性,且透過影響社會的經濟狀況,從而影響社會對氣候變化的響應能力。氣候變化的影響,可以歸結為糧食安全問題,具體分解為糧食生產安全、糧食供給——流通安全,和糧食消費安全三個層次,傳遞路徑主要分為兩條:一條是基於個體糧食安全的「氣候變化——收成——飢民——社會穩定性」的影響與響應鏈,另一條是基於社會糧食安全的「氣候變化——收成——經濟——社會穩定性」的影響與響應鏈。

從西元前 210 年至西元 1910 年,中華核心區為東部農耕區,選擇歷史溫度、糧食豐歉、饑荒和農民起義指標,分別表示氣候變化(自然系統)、糧食生產(生產子系統)、糧食供需(人口子系統)和對社會影響的後果(社會子系統),分析「氣候變化——收成——飢民——農民起義」的傳遞特點。氣候變化的影響是溫度和降水變化共同作用的結果,耕地高度集中在東部季風氣候區,季風降水常趨極端且有明顯的區域性,把旱災、澇災的影響包含在相應的冷溫暖期內。饑荒即飢民出現的現象,由於人均實際可支配的糧食數量低於安全的人均糧食占有水準,

---

[151] 方修琦,蘇筠,尹君.冷暖—豐歉—饑荒—農民起義:基於糧食安全的歷史氣候變化影響在中國社會系統中的傳遞[J].中國科學,2015(6):831-842.

作為描述人口——經濟子系統狀態穩定性的指標,如圖 7-10 所示。

冷暖期與社會各子系統狀態之間的總體對應關係,116 個年代在寒冷期內、96 個年代在溫暖期內,寒冷期的年代數比溫暖期多 10%。統計不同冷暖期對應的社會各子系統的不同年景、年代數的比重,其中,在寒冷期內,歉收的年代數所占比重最高,豐收所占比重最低,糧食歉收和正常年代合計占 70.7%;中度饑荒年代所占比重最高,中度和重度饑荒年代合計占 77.6%;有 51.7%的年代發生農民起義。在溫暖期內,豐收年代和正常年代合計占 86.5%,豐收年代或正常年代所占比重都明顯高於歉收年代;重度饑荒年代的所占比重最低,而中度和輕度饑荒年代合計占 76%;無農民起義年代占 66.7%。

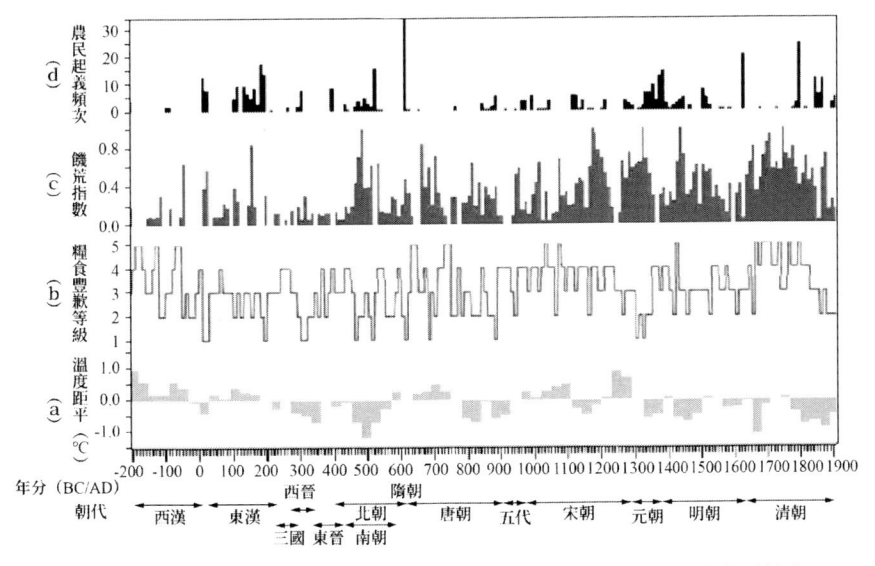

圖 7-10 從西漢到清朝的歷史溫度、糧食豐歉、饑荒和農民起義的序列對應

資料來源:方修琦,蘇筠,尹君. 冷暖——豐歉——饑荒——農民起義:基於糧食安全的歷史氣候變化影響在中國社會系統中的傳遞〔J〕. 中國科學,2015(6):834.

第七章　經濟成長與周期波動

　　對比冷暖期氣候條件，在溫暖期內，豐收年、正常年出現的機率分別是寒冷期的 1.6 倍和 1.2 倍；而溫暖期歉收出現的機率，僅為寒冷期的 36%。寒冷期，重度饑荒、中度饑荒年的出現機率，是溫暖期的 1.3 倍，輕度饑荒年代的機率與溫暖期的重度饑荒年代出現的機率相當。在寒冷期內，多農民起義、少農民起義出現的機率，是溫暖期的 1.4 倍和 1.7 倍；而無農民起義出現的機率，為溫暖期的 72%。在寒冷期內，輕度饑荒年代出現的機率相當於豐收年代的 76%，而溫暖期為 86%。在寒冷期內，無起義年代出現的機率約為豐收年代、輕饑荒年代的 1.7 倍和 2.2 倍，而溫暖期分別為 1.4 倍和 1.6 倍。在寒冷期內，多起義年代出現機率是歉收年代的 75%、重度饑荒年的 89%，而溫暖期多起義年代出現機率是重度饑荒年的 83%。

　　通常而言，冷暖變化與糧食豐歉為遞增函數關係，即產量隨氣溫的升高而增加，不利影響主要發生在寒冷期。但是溫度與糧食豐歉等級之間的線性關係，存在階段性差異，大體以 1290 年（宋、元交替）為界，分為前後兩個階段。在 1290 年以前，糧食豐歉對溫度波動的敏感性高，各個不同溫度距平值與其對應的糧食豐歉等級平均值之間，呈現顯著的線性相關，線性擬合係數為 0.83，即溫度升高 1℃，糧食豐歉等級提高約 0.8。但是在 1290 年以後，這個相關係數降低，線性擬合係數為 0.47，而截距比 1290 年前大 0.4 左右，即在同樣的溫度條件下，糧食豐歉等級比 1290 年前偏高，且糧食豐歉對溫度變化的敏感性降低，反映糧食生產克服氣溫不利影響的能力有所提升。原因可能與在唐、宋之後農業生產出現的變化有關：南方農業得到迅速發展，長江中下游地區成為糧食主產區，形成稻麥複種制的先進稻田耕作技術。

　　饑荒是對豐歉變化影響的直接或間接反映，但是溫度與饑荒之間的

線性統計關係，沒有像溫度與豐歉之間的關係那樣存在明顯的階段性差異。各個溫度距平值與其對應的饑荒指數平均值之間，呈現顯著的線性負相關，但是相關的顯著程度，明顯低於溫度與豐歉相關的顯著性。溫度每升高 1℃，饑荒指數降低約 0.16，為在 10 年內的饑荒發生年數減少 1～2 年。溫度與豐歉、溫度與饑荒之間相關關係上的差別，說明溫度與豐歉之間相關關係的階段性變化，沒有傳遞到饑荒層次，而是被其他因素抵消。在歷史上，人口數量的增加，可以抵消糧食豐歉對溫度變化的敏感性降低的影響，是溫度與豐歉之間相關關係的階段性變化沒有傳遞到饑荒層次的主要因素，如圖 7-11 所示。[152]

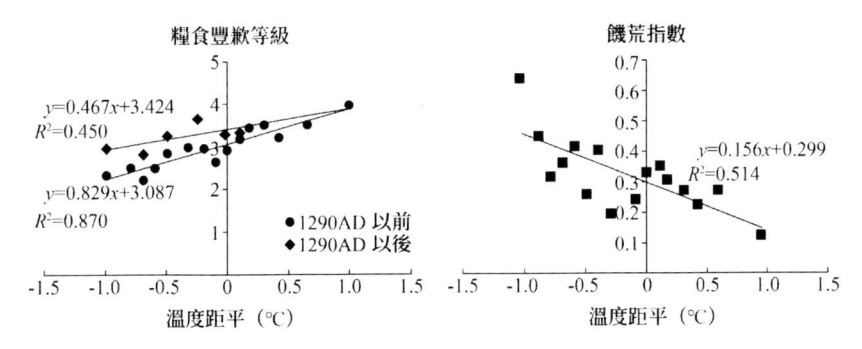

圖 7-11 溫度距平變化對西元前 210～1910 年中華糧食豐歉等級、饑荒程度的影響

資料來源：方修琦，蘇筠，尹君. 冷暖──豐歉──饑荒──農民起義：基於糧食安全的歷史氣候變化影響在中國社會系統中的傳遞〔J〕. 中國科學，2015（6）：840.

綜上所述，王朝發展的巔峰是盛世，而王朝衰落到極點是朝代更替。朝代盛世多發生在溫暖期和氣候由冷轉暖，農業收成相對豐收時期；朝代更替多發生在寒冷期或氣候由暖轉冷，農業收成相對歉收的時期。從分裂到統一的朝代更替，往往出現在百年際尺度寒冷期末、溫暖期

---

[152] 方修琦，蘇筠，尹君. 冷暖—豐歉—饑荒—農民起義：基於糧食安全的歷史氣候變化影響在中國社會系統中的傳遞〔J〕. 中國科學，2015（6）：831-842.

第七章　經濟成長與周期波動

初，氣候由冷轉暖、農業由歉轉豐，都為亂世結束提供有利的氣候條件和物質保障。而盛世的結束、從統一到分裂的朝代，往往出現於百年際尺度的氣候由暖轉冷和農業由豐轉歉時期。伴隨氣候變化的大治大亂，在一定程度上，揭示著朝代更替的基礎原因。[153]

7.3.2　漕運變遷和地方動亂

漕運始於秦漢而終於晚清，是一種以中央集權政治為核心、以自然經濟為土壤的產物。國家擁有龐大的官僚機構和軍事組織，統治集團不勞而食，文武百官的朝廷俸祿，國家機器的軍餉撫卹，乃至帝王將相的奢侈揮霍，都是極其龐大的開支。然而小農經濟形態的產品，主要用於生產者自己消費，而不是用於交換和販賣。王朝大量的糧食需求，無法透過市場以交易方式得到滿足，只能採取行政方式來解決問題。在中央集權制度之下，以皇帝為首的朝廷是至高無上的，可以藉助權勢，在全國範圍內徵收糧賦且加以轉運。[154]

大運河的開鑿，最早可追溯到西元前 486 年，吳王夫差出於軍事需求，在當今揚州蜀岡一帶開挖連接長江與淮河的邗溝。隋朝再一次實現統一大格局，大運河圍繞洛陽向南北延伸，形成由通濟渠、永濟渠、山陽瀆、江南河四段河道組成的、長達 2,700 公里的隋唐大運河。來到元代，國都定於北京，大運河不需要繞道洛陽，而是在當今淮安一帶進行截彎取直，穿過山東直達北京，形成延續至今的京杭大運河樣貌，分別為：通惠河，北京至通州；北運河，通州至天津；南運河，天津至臨清；會通河，臨清至徐州；淮揚運河，淮安至揚州入江口；江南運河，鎮江至杭州。

---

[153] 尹君，羅玉洪，方修琦. 西漢至五代中國盛世及朝代更替的氣候變化和農業豐歉背景 [J]. 地球環境學報，2014（12）：400-409.
[154] 吳琦. 漕運的歷史演進與階段特徵 [J]. 中國農史，1993（4）：21-26.

7.3 經濟史的新解讀

　　明代初期定都南京，對大運河漕運依賴有所減弱。及至成祖朱棣遷都北京，實行海陸兼運，後來因為「海運多險，陸挽亦艱」，永樂十三年（1415年），由於會通河等河段整修暢通，大運河在漕糧運輸時的優勢再次展現。之前沿襲元代的漕糧海運被廢，全部由大運河轉運，元代疏於治理的黃河運道、淮揚運河段成為明代治理的重點。清代定都北京，大運河基本上延續明代的線路，保持江南漕糧北運的局面，直至19世紀初期南北海運開闢，加之黃河改道淤塞運河中段，以及後來津浦鐵路通車，部分河段斷航，漕運體系瓦解，但是江浙一線至今仍暢通無阻。[155]

　　光緒末年，由於西方列強的經濟掠奪日益加深，清朝廷不斷割地賠款，深感財政危機，光緒二十六年詔令各省河運、海運全部停止，自當年起一律折色。從此，內河漕運悉行廢止，而海運漕糧猶存。在宣統三年，「江浙兩省所徵本色內，仍共酌留京斛漕糧米一百萬石，由海運京，餘仍改折，本屆運解本折米數比上屆有增無減」。朝廷每年仍然要從江浙地區徵集漕糧近百萬石，交給招商局派輪船起運塘沽，然後「改由鐵路火車經運京倉」。至1911年，辛亥革命爆發，海路漕運伴隨著清王朝的覆亡而宣告終結。

　　清代水路漕運方式的演變，具有特定的自然歷史條件和政治經濟背景，是河運制度長期積弊、屢遭破壞的結果，同時與大運河衰落以及民間航海業密切相關。河運漕糧採取屯丁長運的方式，具體做法為官收官兌，令瓜、淮兌運軍船到各州縣水次領運，視道路遠近，酌加過江腳耗，江北四倉仍由民運交倉，然後兌運給軍船，軍隊長途挽運所需路費皆由農民負擔。屯丁長運制度雖然使農民免除運糧之勞役，但是需要繳納軍隊運費，還受到漕運官吏、運軍的盤剝勒索。「各省旗丁押運漕糧

---

[155] 王元. 漕運的發展與中國大運河的變遷［J］. 檔案建設，2020（12）：70-73.

第七章　經濟成長與周期波動

赴通，沿途用費甚多，糧道又將旗丁應領各項，不能如數發給，以致旗丁向州縣加增幫費，而州縣遂得任意浮收」。東南辦漕之民，苦於運弁旗丁加耗，運軍則畏長途挽運之勞。

清代既是漕運制度的頂峰時期，也是漕運制度的衰亡時期。漕政腐敗，各級漕司慾壑難填，漕運人員以及依食漕運者對各級官員不滿，對清廷不滿，甚至對整個社會和制度不滿。民眾叛亂活動十分頻繁，數百年的漕運積弊，是其中最為重要的因素。一些反抗團體利用這種情緒和心態，以及漕運便捷的有利條件，發動、吸收、組織民眾加入反抗行列，也有眾多民眾自行參加、自行組織反抗團體，所以漕幫成為醞釀起義的好場所，「凡各省漕船水手多崇尚邪教」，而且經常「潛留犯事衿監、訟師、旗逃掛子、白蓮教，並且來歷不明之人」，藏匿幫中，「勾連生事」。尤其在清代末期，漕運崩潰，大批勞工失業，又無生計可謀，紛紛加入反抗朝廷的行列，成為削弱專制王朝政治、經濟實力的主要力量。[156]

大運河漕運為中央朝廷的糧食供應而興，成為中央集權的財政支柱。同時，大運河推動貿易發展、提供就業機會，使鄰近地方受益。人口數量和密度是經濟繁榮的有力證明，1820年，超過1.26億人口居住在大運河周遭六省，佔當時世界總人口的15%左右。運河縣（大運河流經或穿過的縣域）的人口密度比非運河縣高出45%。

在大運河廢棄過程中，失業勞工與叛亂團體關係極為密切。從清代官方歷史數據中，整理1650～1911年涵蓋大運河流經或臨近的六個省分下轄575個縣的資料集。利用雙重差分模型，把1826年視為外生衝擊發生年，比較運河縣與其他縣之間地方叛亂發生數量的差別：①應變數

---

[156] 吳琦.清後期漕運衰亡的綜合分析［J］.中國農史，1990（2）：69-76.

是叛亂，利用《清實錄》中的資料，計算每縣每年的叛亂數量；②控制變數為地理特徵、人口特徵、氣候特徵和農業特徵；③處理變數的方法包括基準分析和擴展分析。

在大運河被廢棄後，叛亂的頻率明顯增加。從 1825 年的每年 1.37 次，增加到之後的每年 10.47 次，在 1861 年達到峰值，並且向後延續多年，如圖 7-12 所示。在大運河被廢棄前後，叛亂的空間分布展現出相應的特徵。在廢棄之前，叛亂的頻率較低，但是分布較廣；在廢棄之後，叛亂的總數增加，且分布更為集中。值得注意的是，臨近運河的區域，在衝擊發生前後的相對變化更大。

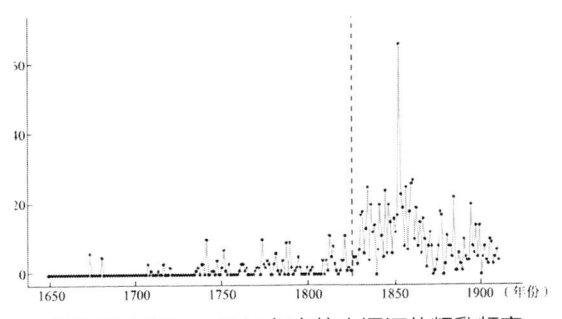

圖 7-12 1650～1911 年京杭大運河的叛亂頻率

資料來源：YimingCao，ShuoChen. 大運河上的叛亂：1650～1911 年中國貿易中斷和社會衝突〔J〕. 美國經濟評論，2022（6）：112.

考量到運河縣與非運河縣之間可能存在的系統性差異，包括地理、氣候、人口和農業，把表示衝擊發生的虛擬變量 Post 交乘納入控制度量。

使用兩種指標度量一個運河縣對大運河的可能依賴程度：其一為地理依賴，使用大運河在該縣境內的長度（以該縣面積標準化）進行度量；其二為經濟依賴，使用距離大運河 10 公里範圍內（作為市集的）城鎮占

第七章　經濟成長與周期波動

該縣城鎮的占有率代理進行度量。公式如下：

$$Y_{ct} = \beta CanalIntensity_c \times Post_t + \delta_c + \sigma_t + \chi + \varepsilon_{ct}$$

$$Y_{ct} = \sum_{k=0}^{K} \beta_k IntensityGroup_c^k \times Post_t + \delta_c + \sigma_t + \chi + \varepsilon_{ct}$$

不難看出，衝擊帶來的影響，隨著縣域對大運河的依賴程度（地理上和經濟上）增加而增加，儘管在地理依賴上不是嚴格單調的，如圖 7-13 所示。

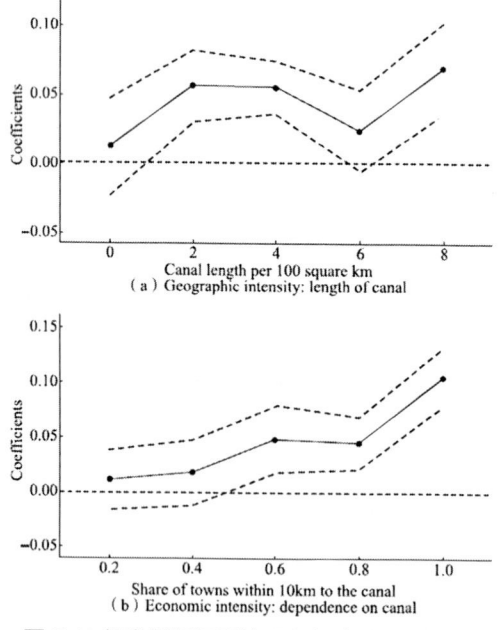

圖 7-13 叛亂對運河縣地理和經濟的衝擊情況

資料來源：YimingCao，ShuoChen. 大運河上的叛亂：1650～1911 年中國貿易中斷和社會衝突〔J〕. 美國經濟評論，2022（6）：114.

叛亂衝擊帶來的影響，透過經貿往來等方式，輻射到非運河縣，使用在總樣本中各縣域地理中心與大運河的距離和表示衝擊發生時間的虛

擬變量交乘，對於衝擊的溢出效應進行測度。公式如下：

$$Y_{ct} = \beta \, Distance_c \times Post_t + \delta_c + \sigma_t + \chi + \varepsilon_{ct}$$

正如預期，叛亂衝擊帶來的影響，隨著大運河距離的增加而減少，這個空間範圍大致能達到150公里，如圖7-14所示。

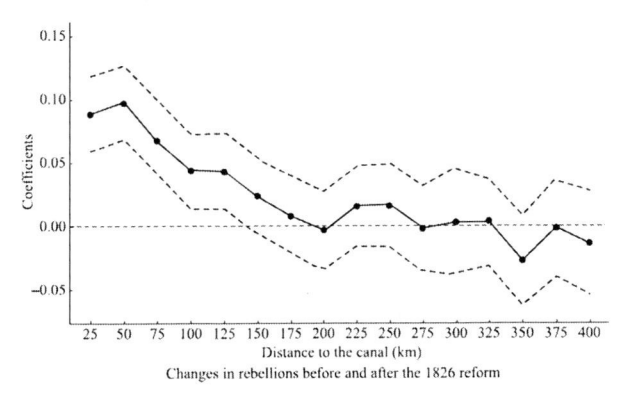

圖7-14 叛亂對非運河縣地理中心與大運河距離的衝擊情況

資料來源：Yiming Cao，Shuo Chen. 大運河上的叛亂：1650～1911年中國貿易中斷和社會衝突〔J〕. 美國經濟評論，2022（6）：114.

鴉片戰爭和太平天國與大運河被廢棄相互作用，既有可能鼓動地方民眾反抗朝廷，也有可能從地方招募新軍，從而減少地方叛亂的發生。測度被佔領地方在大運河廢棄與兩事件中的三重互動效應，結果顯示：太平天國運動對直接受影響的地區有明顯的負效應，而鴉片戰爭的影響不大；沒有發現確鑿證據可以證明運河縣對這些大事件的反應比非運河縣更為激烈。

大運河被廢棄，在客觀上，關閉直接進入這個既定經貿路線的通道，嚴重阻礙19世紀沿岸集鎮的發展，直接證實衝擊對區域經貿的破壞性影響，運河縣比非運河縣更為頻繁地經受叛亂的衝擊。經貿機會的喪

第七章　經濟成長與周期波動

失，增加農產品的交易成本，導致消費者和生產者的福利損失，打擊從事經貿相關工作的港口與碼頭勞工和商人等。勞工在大運河被廢棄後，逐漸發展成為黑幫形式的幫派（包括青幫），與後續幾十年的暴力事件之間，存在潛在關聯。[157]

---

[157] Yiming Cao，Shuo Chen. 大運河上的叛亂：1650～1911 年中國貿易中斷和社會衝突 [J]．美國經濟評論，2022（6）：112-117.

第八章
大國發展與治理智慧

　　漢代史學家趙曄在《吳越春秋・勾踐歸國外傳》中寫道：「民富國強，眾安道泰。」中華儒家思想影響著後來的政治、經濟、哲學、倫理、教育等諸多方面。在國富、民富孰先孰後的爭論上，管仲、商鞅強調國富先於民富，先利後義、以利導民，國富與民富相矛盾，弱民更加有利於國家的治理；而孟子和荀子提倡民富先於國富，民富是國富的基礎，國富與民富並不矛盾。顯然，國無民不立，民貧國必衰，民富國才強。只有民眾富裕、需求旺盛，政府才能得到充足的稅收，保障和改善民生，國家才能真正強大。

第八章　大國發展與治理智慧

8.1　大國崛起和地區差距

在世界近代史上，大國崛起往往伴隨著嚴酷的經濟危機，考驗和督促政府對以往實施的經濟政策進行反省，果斷地進行制度創新，重新對權利和財富進行分配和再分配，推動國家走出危機的陰影而重新崛起。反之，在經濟危機的沉重打擊下，人民生計艱難、社會矛盾加劇，哪怕是再有實力的大國，也很有可能衰落。大國的明智之舉都是從發表新政、讓利於民開始，促使市場調節的「看不見的手」和政府干預的「看得見的手」相結合。[158]

8.1.1　國家形象

科學、技術和經濟的關係是科學研究的核心問題之一，在科學、技術和經濟之間，是一個複雜的非線性關係，而不是簡單的線性關係。科技繁榮通常是在經濟較為繁榮之後，科學活動基本上是追隨、而不是引領經濟活動。英國物理學家貝爾納（Claude Bernard）說過：「科學活動中心在時間程序中、在世界範圍內，一般是追隨，而非導致工商活動中心的轉移而變遷。」在文藝復興後，歐洲工廠手工業與商業發展，催生近代科學；在 18 世紀工業革命後，機器大工業的需求，使力學、化學、電磁學等科學分支的新發現，相繼轉化為新興工業技術；到 19 世紀下半葉後，科學相對於技術對工業的作用，由配角逐漸變為主角，科技進步成為引領經濟成長越來越重要的動因，科學技術成為第一生產力。

比較近代以來歐洲和美國、俄國、日本經濟成長，曾經落後於歐洲的這些國家，都先後迅速崛起，特別是與中華傳統文化相近的日本及亞

---

[158] 金汝斌. 經濟危機與制度創新和大國崛起［J］. 新遠見，2009（8）：28-35.

洲四小龍創造「東亞奇蹟」，顯示無論世界各國歷史文化傳統如何不同，相互的差距並非不可踰越，都具有經濟成長與發展的內在同一性。馬克思在《資本論》中指出：「工業較發達的國家，向工業較不發達的國家所展現的，只是後者未來的景象。」

「大國」是指一個國家的物質構成，比如地域、人口、資源、經濟、政治和軍事等實力。在現實生活中，人們所指的大國，一般是大且強的國家，即「強大的國家」。強大國家不一定要包括構成大國或強國的所有要素，但是要包括一些基本要素，至少要擁有經濟、政治和軍事中的一種，且具有較佳的經濟要素整合能力。[159]

在《國富論》中，亞當·史密斯認為：「分工起因於交換能力，分工的程度，因此總會受交換能力大小的限制，換言之，會受市場寬廣還是狹窄的限制。」其實，這就是市場規模問題。規模太小，無法鼓勵人們終身從事專門的工作，所以有許多職業只能在大都市經營，廣闊的市場可以為分工和產業集中提供良好的條件。大國的經濟規模特徵，可以使區域內部分工和國家內部分工都相當發達，這種思想，可以視為規模經濟和大國經濟的理論淵源。

大國崛起與科技創新及其能力之間，存在著緊密的關聯，科技創新能力是一個國家持續發展之根；是一個民族興盛發達的不懈動力；是決定大國崛起的基石。大國崛起必然以有利於科技發展、經濟成長的法律、財稅、政治制度和文化因素為環境條件。例如美國，憑藉有利於自由競爭的政治經濟制度，自主創新能力得到飛躍發展。19 世紀末，推出一系列改變世界工業形態的技術發明成果：愛迪生是第一個建立電氣工程研究實驗室和利用大規模生產原理的發明家，擁有留聲機、電影攝影

---

[159] 溫俊萍. 經濟史視野中的大國崛起［J］. 史林，2008（4）：167-173.

第八章　大國發展與治理智慧

機、鎢絲燈泡電燈等 2,000 多項專利；惠特尼（Eli Whitney）在生產槍械時，首創零件互換的大量生產方式；福特在汽車生產中，首創生產線生產方式。20 世紀初，美國作為一個經濟大國、科技創新大國，崛起於世界。在「二戰」前後，美國吸收歐洲大量的科技菁英，政府為發展軍備投入大量資金，支持重大科技專案發展，奠定美國的世界霸主和世界科技創新中心的地位。

科技創新中心的轉移過程與大國崛起的過程一致，由 16 世紀的義大利，先後轉移到 17 世紀的英國、18 世紀的法國、19 世紀的德國、20 世紀的美國。科技創新加速產業結構變化和興替，加速提高社會生產力，進而加速社會、政治、軍事、文化的全面進步。沒有在世界上占據重要地位的科技創新能力，難以成為具有世界影響力的大國。科技創新能力的非均衡分布，使一些國家可以擺脫地緣及資源稟賦方面的先天不足，導致世界政治、經濟、安全格局的巨大變化，國家之間的博弈出現巨大的失衡，一些國家能夠獲得越來越多的話語權和利益。圍繞科技創新成果產業化的爭奪尤為突出，一些國家透過專利、技術標準、智慧財產權等，對後起國家進行「軟競爭」和「軟遏制」。[160]

當今世界處於大變革時期，各個國家更加注重國家形象的塑造，努力使本國在激烈的國際競爭中，爭取主動地位。現代化的經濟成長與科技創新，需要匹配的政治制度和文化氛圍。在大國崛起之中，匹配的國民思維、行為方式和政府理念、運作方式，成為塑造國家形象的關鍵。

然而每一次的大國崛起，都會打破既有權力的分配現狀，直接影響到國際體系的穩定，所以正在崛起中的大國，容易遭受國際體系霸權國及其同盟的遏制。國家形象是國家力量和民族精神的表現與象徵，是主

---

[160] 趙英．大國崛起與科技創新［J］．中國稅務，2011（1）：11-13.

權國家最重要的無形資產，是綜合國力的集中展現。

1956年，美國政治學家肯尼斯·布林丁在《形象：知識在生活與社會中的應用》中提出國家形象的概念。國家形象是指在國際體系中，其他國家對某一國永續性的印象和判斷。需要注意的是，國家形象是一個關係的概念，而不是屬性的概念，即某一國家的形象，不是內在的或固有的，也不是由該國自己意志所決定的，而是經過與他國長期的、持續的互動，而被賦予的。作為這個概念的延伸，一些政治和經濟思想學派，對國家形象的界定，都突顯「主觀印象」、「利益價值」、「媒體話語權」等多個方面。

任何國家總是希望自己的權力比別的國家更大，因此陷入「安全困境」，即各個國家之間的國家形象，處於此消彼長的「零和博弈」狀態，美化競爭對手就等於損失自己的國家利益。在這種競爭哲學的引導下，國家形象的塑造，總是呈現出不惜利用謊言、極端美化自己和極端醜化對手的趨勢。「危險不是一種客觀條件，也不是獨立存在的，而是一種被解釋出來的結果。」對於意圖的判斷，源自國家形象評估的硬實力和軟實力，比如政府管理、經濟發展、人口結構、貿易自由化等，如表8-1所示。[161]

表8-1 影響國家形象的因素

分類	名稱	內涵
硬指標	政府管理	中央政府支出占GDP比重
	金融建設	國家信用評級：根據《機構投資者》（*Institutional Investor*）雜誌的評估，以百分制評分
	教育水準	人文發展指數：經濟、社會與教育的綜合指數
	人口結構	65歲以上人口占總人口比例

---

[161] 匡文波，任天浩. 國家形象分析的理論模型研究[J]. 國際新聞界，2013（2）：92-101.

第八章 大國發展與治理智慧

分類	名稱	內涵
軟指標	經濟發展	都市化：都市支持商業發展（↑），都市不支持商業發展（↓） 經濟的恢復能力：強勁（↑），緩慢（↓）
	政府管理	僱傭關係：上司和受僱者的關係有效率的（↑），敵對的（↓） 政治不穩定的風險：很低（↑），很高（↓） 人身及財產安全：對人身、財產安全受到保護充滿信心（↑），沒有信心（↓）
	金融效率	進入國內外資本市場的難易度：很容易（↑），不容易（↓）
	貿易自由化	對全球化的態度：在貴國積極（↑），在貴國消極（↓）

資料來源：李澤昱，蘇宇楠，田茂再. 基於分位迴歸的國家形象影響因素分析〔J〕. 統計研究，2014（8）：60.

透過分位迴歸模型來分析影響國家形象的硬實力和軟實力因素，利用瑞士洛桑國際管理發展學院（IMD）和世界經濟論壇（WEF）國際競爭力資料庫，選取 2007～2012 年的數據，包括 59 個國家，206 個硬指標和 117 個軟指標。從相關性和迴歸結果的角度出發，在考量該資料庫存在的缺失值問題後，從所有指標中選取 11 個指標進行解釋。

在分位迴歸模型中，定義分位數，設 X 為實值隨機變數，分布函數為 F（x）=P（X ≤ x），則 X 的 θ 分位數的表達形式為：

$$F^{-1}(\theta) = inf\{x: F(x) \geq \theta\}$$

當 θ=0.5 時，即為中位數，常用 Q（θ）來表示 X 的 θ 分位數。定義損失函數為：

$$\rho_\theta(u) = u[\theta - I(u<0)]$$

式中，$0 < \theta < 1$。

假設給定的樣本觀測值（xi1，xi2，…，xik，yi），i=1，2，…，n，對於線性迴歸模型：

$$y_i = x_i^T \beta + \varepsilon_i$$

式中，xi=（xi1，xi2，…，xik）T，在普通最小平方法（OLS）中，透過極小化誤差平方和求解引數估計，分位迴歸的損失函數轉變為 ρθ（u），得到的引數估計值可表示為：

$$\dot{\beta}(\theta) = \mathop{\text{Arg min}}_{\beta \in \theta} \sum_{i=1}^{n} \rho_\theta(y_i - x_i^T \beta)$$

使用 R 軟體，採用分位迴歸法和普通最小平方法，找出影響國家形象的重要變數，如表 8-2 所示。在表中列出在 5%、25%、50%、75% 和 95% 處分位迴歸方程式各變數的係數，同時把普通最小平方法的迴歸結果列在一側。

第八章 大國發展與治理智慧

表 8-2 影響國家形象的分位迴歸與 OLS 迴歸結果

被解釋變數	分位迴歸結果					OLS
國家形象 X206	5%	25%	50%	75%	95%	
進入國內外資本市場的難易 X118	0.1789 (0.1675)	0.2001* (0.0816)	0.1376 (0.0905)	0.0999 (0.0803)	0.0999 (0.0803)	0.1535** (0.0543)
對全球化的態度 X205	0.1538 (0.2128)	0.2374* (0.0993)	0.1556 (0.1003)	0.1940* (0.0830)	0.1300 (0.0953)	0.2171** (0.0693)
政治不穩定的風險 X137	0.2786* (0.1098)	0.2618*** (0.0749)	0.2262*** (0.0645)	0.1222* (0.0608)	0.2389** (0.0836)	0.1809*** (0.0412)
中央政府支出占GDP比重 X86	-0.0134 (0.0137)	-0.0337** (0.0073)	-0.0341*** (0.0086)	-0.0265* (0.0111)	-0.0488** (0.0157)	-0.0317*** (0.0064)
都市化 X217	0.2237 (0.1987)	0.2093* (0.1007)	0.1669** (0.0605)	0.1123 (0.0641)	0.2333** (0.0865)	0.1365* (0.0650)
經濟的恢復能力 X18	-0.0411 (0.1221)	0.0676 (0.0841)	0.1181 (0.0777)	0.2481** (0.0832)	0.1908** (0.0827)	0.1007 (0.0600)
國家信用評級 X103	0.0191 (0.0167)	0.0193 (0.0107)	0.0144 (0.0084)	0.0098 (0.0067)	0.0191* (0.0093)	0.0185** (0.0056)
僱傭關係 X161	0.2545 (0.2328)	0.1991 (0.1221)	0.3062** (0.0925)	0.2631* (0.1099)	0.2459* (0.1204)	0.2377*** (0.0691)

被解釋變數	分位迴歸結果					OLS
國家形象 X206	5%	25%	50%	75%	95%	
人文發展指數 X291	2.3695 (1.2382)	2.1786* (1.0051)	2.3946* (1.0727)	2.294* (0.9528)	3.0553*** (0.5845)	2.4151** (0.1659)
65 歲以上人口占總人口比例 X220	0.0282 (0.0379)	-0.0266 (0.0218)	-0.0266 (0.0212)	-0.0481* (0.0213)	-0.0967*** (0.0228)	-0.0458** (0.0158)
人身及財產安全 X135	0.0055 (0.1454)	0.0179 (0.0730)	0.1243* (0.0626)	0.1862** (0.0564)	0.027 (0.0973)	0.1129* (0.0486)

資料來源：李澤昱，蘇宇楠，田茂再．基於分位迴歸的國家形象影響因素分析[J]．統計研究，2014（8）：62．

注：分位迴歸結果括號內數字為採用 bootstrap 方法得到的估計標準誤差，OLS 迴歸結果括號內數據為假定誤差項服從常態分布得到的標準誤差，***、**和*分別表示對應係數在 0.001、0.01 和 0.05 的水準上顯著。

第八章 大國發展與治理智慧

①處於5%分位點處的國家，國家形象相對較差。從迴歸結果可以看到，在最小二乘迴歸所選的11個變數（指標）中，只有1個不顯著，而在5%分位迴歸中，只有1個變數顯著，就是政治不穩定的風險。政治不穩定的風險在0.05的水準下顯著，其係數為0.2786，在其他條件不變的情況下，該變數取值每增加一個單位，國家形象將平均提高0.2786。這說明政治不穩定的風險，對國家形象有正向影響，一個高風險的政治環境，更容易對國家形象造成嚴重的損害。

②處於25%分位點處的國家，國家形象相對較差。重要的影響因素增加許多，其中進入國內外資本市場的難易、對全球化的態度、都市化和人文發展指數在0.05的顯著性水準下顯著，是對國家形象有一定影響的變數。政治不穩定的風險和中央政府支出占GDP比重均在0.001的顯著性水準下顯著，是非常重要的影響因素，進入國內外資本市場的難易、對全球化的態度、都市化和政治不穩定的風險係數，分別為0.2001、0.2374、0.2093和0.2618，中央政府支出占GDP比重和人文發展指數的係數，分別為-0.0337和2.1786。這些國家想要提高其國家形象，有更多機會，也意味著維護國家形象面臨更多的挑戰。

③處於50%分位點處的國家，代表所有國家的平均水準。在該處，進入國內外資本市場的難易和對全球化的態度這兩個變數不再顯著，都市化在0.01的顯著性水準下顯著。新增僱傭關係和人身及財產安全，分別在0.01和0.05的顯著性水準下顯著，其他變數的顯著性及影響方向均不變。對於處在條件分布中間的國家來說，商業的影響開始增加，都市化指標度量的是都市對商業發展的支持程度，而僱傭關係用來度量商業經理與受僱者關係的效率程度高低，對商業發展的關注程度，將影響該國的國家形象。

④處於75%分位點的國家,國家形象相對良好。國家形象的影響因素較多,除了進入國內外資本市場的難易、都市化和國家信用評級外,其他所有變數對國家形象都有顯著影響。其中值得關注的是新增的65歲以上人口占總人口比例這個變數,雖然只在0.05的顯著性水準下顯著,但是這在75%以下的分位迴歸中均未顯著。說明於處於75%分位處的國家 —— 即較為發達的國家 —— 開始受到高齡化的困擾。高齡化程度越高,社會的贍養成本越高,年輕勞動力的比例也會相應下降,對經濟建設、醫療保障和社會管理等諸多方面,造成沉重的壓力,因而也會損害一國的國家形象。

⑤處於95%分位點處的國家,相對形象最好,重要的影響因素比75%分位處略少,但是重要程度都明顯增加。人文發展指數和65歲以上人口占總人口比例都在0.001的顯著性水準下顯著。對這些國家形象優良的國家來說,其經濟建設已經較為完善,但有高齡化問題的困擾。人文發展指數是對長壽水準、知識水準和生活水準的綜合衡量,從某種程度上反映一國的綜合發展水準,所以關注社會問題的解決和社會發展水準的提高尤為關鍵。[162]

8.1.2　民富論思想和地區差距

1776年,亞當·史密斯出版《國富論》,其全名為《國民財富的性質和原因的研究》,其中「國民財富」的英文是「The Wealth of Nations」,容易被誤解為單個公民的財富或謀取財富的方法、權術。Nation當然有「國家」的意思,但是此國家不是彼國家(State),與「國籍」(Country)也不是同個意思,當然更不是「政府」、「朝廷」或「官員」。「國家」是「以國

---

[162] 李澤昱,蘇宇楠,田茂再. 基於分位迴歸的國家形象影響因素分析[J]. 統計研究,2014(8):59-65.

第八章 大國發展與治理智慧

民為本位的國家」，國民財富的增加是以國民為本位的國家的強盛，這就是主流經濟學堅持的人文關懷。

在《國富論》中，上篇主要分析「富民」，下篇主要討論「富國」。「自由放任」思想的理論基礎是「自然秩序」學說，促進國民財富的成長，必須遵循自然的秩序；而遵循自然的秩序，就必須遵循經濟的自由原則，所以他提出「任其自由、廣其競爭」，促使勞動力和資本得到充分的利用，充足的報酬是民富的重要來源，國民的利益和國家的利益具有一致性。他主張政府不應當干預經濟生活，簡政放權、減少賦稅，把節省的開支用來進行再生產，特別反對政府的奢侈和妄為，實現社會財富有序的快速累積。[163]

西方經濟學流派眾多，主流經濟學對貧窮和福利、分配和所得、效率和公平都給予相當篇幅的論述。在「二戰」後興起的發展經濟學，以開發中國家的經濟成長為起點，把貧富關係列為要點，從不同角度論述城鄉居民的所得和消費。福利經濟學面對貧富不均帶來的社會矛盾，先是主張「所得均等化」，後又提出「社會福利函數」，某些經驗不無啟發。在科學技術突飛猛進的知識社會和知識時代，貧富差距的實質是認知差距。在市場經濟條件下，資訊化導致經濟發展的不均衡愈演愈烈，貧富差距進一步擴大。[164]

---

[163] 戴慶蘇．國富與民富—亞當・史密斯《國富論》研究［D］．南京：南京師範大學，2013：4-38.
[164] 沈立人．民富：理想與現實的追索［J］．學海，2001（5）：12-17.

8.2　政府約束和網路治理

　　政府規模與行政管理、經濟成長和社會穩定密切相關,把政府規模控制在適度的範圍內,始終是各國行政改革效率追求的目標。政府規模成長既是一種政治現象,也是一種經濟現象。隨著政府規模的擴大,過度的政府支出引發資源扭曲或無效的配置,大大削弱公共支出的正面外部效應,更會帶來稅賦成長、機構臃腫、人員冗雜以及權力競租等問題。儘管精簡的、高效能的政府一直是政治家的口號和民主型社會的追求,但現實往往和理想存在極大的差距,開發中國家普遍面臨著規模擴大和腐敗盛行問題。

第八章　大國發展與治理智慧

8.2.1　費正清困惑和政府規模

費正清（John King Fairbank）是美國歷史學家、國際漢學泰斗、哈佛東亞研究中心創始人。他畢生關注中美關係的歷史、現狀和未來，出版了60多部著作，發表了200多篇論文、60多篇書評，撰寫了大量的專訪和演講稿，提出「衝擊──反應」理論模式。[165]

中華傳統社會的階層劃分為「士農工商」，「商」是最低階的，商人的地位和作用是低下的，而讀書人「士」是最優越的，他們看不起商人。近代以來，洋務運動發展近代工商業，產生官督商辦、以官為本。中華傳統社會──經濟發展具有特殊的過程和規律，資本主義因素處在一種嚴重的不發達狀態，所以不可能像西方那樣，有一個完整的資本主義的社會發展階段。費正清認為中華傳統社會長期以來基本上處於停滯狀態，循環往復，缺乏內部動力突破傳統框架，只有經過19世紀中葉西方衝擊，才能發生劇變，這種觀點被稱為「衝擊──反應」模式。他指出：「西方是19世紀和20世紀震撼世界的技術進步及其他種種進步的搖籃和發明者，因而西方能夠從自身的文明中完成近代化。而中國由於自身獨特的傳統，則只能藉助外部力量實現近代化。」清代晚期的歷史變化，就是龐大中央帝國在西方文明不斷衝擊下被迫做出笨拙的、充滿惰性的回應，從而使19世紀的經歷成為一齣完全的悲劇。

儒家意識形態視為官僚集權制的基礎，以道德倫常為基本準繩，人情取向占據主要地位。這種垂直系統，讓各級官吏不思進取、因循守舊，有嚴重惰性，加之宗族、家族與政治結構互為一體，為派系鬥爭提

---

[165] 水番寶辰. 費正清 [EB/OL]. 百度百科，https://baike.baidu.com/item/%E8%B4%B9%E6%AD%A3%E6%B8%85/3213415？fr=kg_general，2022-02-21.

8.2.1 費正清困惑和政府規模

供永恆的競技場。更為重要的是，儒家意識形態作為維護社會穩定的基石，提供對世界的全部解釋，成為不可踰越的「齊家治國平天下」的基本原則，使統治者與士大夫都相信儒家學說已經窮盡宇宙的一切真理。既然是天下中心，有著無與倫比的歷史與成就，那麼「夷務」就不在關心的範圍之內。

在 19 世紀中葉，中國是一個典型的農業社會，與微弱的商品關係相比，自然經濟占據決定性優勢。商品經濟活動只限於少量的手工業品和農副產品的簡單交換，幾乎不存在以大機械為動力的製造業與加工業。國家對經濟活動沒有積極的總體調控作用，也缺乏外貿觀念，無法承擔起資源重組分配和建立與外部世界經濟連結的責任，使得分散的商業資源無從集中。統治者往往以犧牲經濟內容來保障政治形式，具有微弱商品經濟特徵的貿易關係，往往從屬於強權政治下的朝貢關係。朝貢貿易被官方視為賜予夷狄的恩惠，這反映出儒教國家排斥商業的本性。在中外通商的古老傳統中，拒絕通商僅僅是擺布夷狄的一種方式，以為這樣可以避免軍事衝突。

中央集權制度的實行，使得在發展經濟時，可以運用國家力量，集中有限的稀少資源，以保障特殊工業的成長。「洋務運動」的主持者沒有促進國家走向現代化的意識，只是在軍事領域仿效「長技」避免危機，只是聽從於「民族求生意念」，以恢復帝國皇權的長治久安。在洋務後期出現的腐敗、浪費、低效率等消極現象，根源在於集權制無法適應洋務運動的新功能。同時，「在農業改革方面，不外削減皇室開支，增加耕地面積，興修水利等。面對日趨嚴重的佃農問題，特別是急待解決的農村減租問題，卻無人過問。……沒有人對像商業這類非農業活動課以重稅而提出異議。另外對興修鐵路與建立電報系統阻力很大。這也可證明中

第八章　大國發展與治理智慧

興的經濟思想是向後看的、復舊的」。[166]

民是國之本，民富而後才能國強。民富是經濟發展問題，然而經濟發展成果的最大受益者不是普通民眾。在財富的分配和支出中，政府抽走國民所得的大頭，資本壓制人數眾多的勞動力，民間財富的成長機制必然受到壓制。想解決民富問題，改革分配關係非常必要，更為本質的是改革和完善政府體制，限制政府權力和規模。在約束政府體系過度擴張的實踐中，行政管理的非理性行為主要表現在每時每刻政府規模的擴大，以致經常陷入財政收支的困境。[167]

既然政府是一個相對獨立的存在物，那麼就具備不斷擴大、不斷膨脹的可能性，且這種可能性向現實性的轉化，又根源於所掌握的決定權。政府對社會的資源配置有決定權，因而可以在資源配置過程中，打破資源配置平衡的客觀要求、主觀地使資源配置向自身傾斜，透過損害公共利益，而實現對資源的不合理占有。雖然這使公共權力與公共利益發生背離，但是政府獲得了自我擴張的物質基礎。如果政府沒有足夠節制自我的理性，就會不自覺地展示這種自我擴張的能力。

從理論上來說，政府是一個純粹的公共領域，在理論合理性意義上所承擔的公共產品供給，往往具有不可替代性，如此形成政府對公共產品供給權的壟斷。當政府提供公共產品的這個壟斷性演化為心理定式時，就會出現強烈地排斥社會其他公共部門提供公共產品的可能性，結果社會中介組織萎縮，而政府自身的規模擴張。同時，政府想維護公共權力的公共性質，就必須設立相應的監督和制約機構，如此圍繞著公共權力的行使和公共權力的制約，也造成自身規模的擴張。

---

[166] 郭燕飛. 費正清的「衝擊反應」模式與中國近代社會轉型略論 [J]. 山東省農業管理幹部學院學報，2010 (5)：131-133.
[167] 鄧聿文. 民富根本在於限制政府權力 [J]. 鄉音，2009 (8)：8-9.

8.2.1 費正清困惑和政府規模

相比古典自由市場經濟，在現代市場經濟條件下，政府職能的履行必須依靠政府機構，政府規模的擴張，是政府職能擴張的直接結果。隨著政府職能的擴張，政府機構的擴展順理成章。政府職能的專業化與政府結構的分化是歷史趨勢，這由社會生活的複雜化和社會公共要求多樣化決定，但是這種職能專業化和結構分化，造成職能分離，使不同的職能之間缺乏銜接和協調，職能空缺和職能交叉致使邊界不清，造成管理秩序的紊亂和管理效率的低下，導致大政府、大公共開支和高行政成本。

從經濟思想史來看，古典自由主義理念對政府的角色做出嚴格的限制，過度貶低政府作用而無限誇大市場功能，難以避免生產過剩和有效需求不足，最終導致1929～1933年資本主義大危機的爆發，自由放任主義徹底破產。凱因斯主義應運而生，提出國家干預經濟理念，提出實行國有化和經濟計劃化，才能避免自由市場的嚴重缺陷，從而開始西方國家對經濟和社會事務的大規模干預。然而過度強調政府作用，無限擴大政府的權力和職能，造成官僚機構的龐大和低效能。

當開發中國家希望追趕先進國家時，政府規模擴張尤為突出。因為開發中國家大都是市場經濟不健全的國家，沒有成熟的規模經濟。為了創造出國際競爭的優勢，這些國家的政府有著促進本國經濟規模化和經濟結構最佳化本能的迫切需求。政府總是希望透過各種可能的方法，對經濟發展加以干預，總是感到干預程度不足，所以就透過政府規模的成長，來提升政府干預社會——經濟的能力。然而，政府規模一旦超出其適度的界限，就會成為和諧社會建設的一種強烈的破壞力量。[168]

在主流經濟學理論中，政府規模與經濟福利之間的關係一直被密切

---

[168] 張康之. 限制政府規模的理念 [J]. 行政論壇，2000（4）：7-12.

第八章　大國發展與治理智慧

關注。從皮古的「守夜人」政府，到凱因斯的「全能型」政府，政府都被期望扮演福利推動者的重要角色。總體經濟學對政府規模的早期研究，主要側重於變化的原因。1882年，德國經濟學者、財稅學家阿道夫・華格納（Adolph Wagner）提出「華格納法則」，他認為在一國政府的支出與經濟成長之間（也就是政府職能擴大與國家所得增加之間），存在一種函數關係，隨著經濟的發展，政府部門必然逐漸擴大。1980年，澳洲經濟學者傑弗瑞・布倫南和美國經濟學者詹姆斯・布坎南（James McGill Buchanan）提出「利維坦」模型，他們認為政府是一個自私自利的經濟人，追求的目標是財政收入最大化；財政分權能夠對政府行為形成有效的抑制，當收入分權和支出分權的程度越高時，政府對社會資源的侵占就越少。

　　限制政府規模的激進理論以貨幣理論、供應學派、新制度學派和公共選擇理論等新自由主義為代表，他們認為古典經濟學「看不見的手」的原理仍然是正確的；大政府是壞政府，因為壞政府往往趨向於擴張自己，強制性地干預市場；政府對經濟生活的任何干預，都是一件壞事，市場失靈正是干預的結果。美國哲學家羅伯特・諾齊克（Robert Nozick）從維護個人權利出發，主張最弱國家。他在《無政府、國家與烏托邦》（*Anarchy, State, and Utopia*）中指出：「可以得到證明的是一種最弱意義上的國家，即一種僅限於防止暴力、偷竊、欺騙和強制履行契約等功能的國家；然而任何功能更多的國家，都把因為其侵犯到個人不能被強製做某些事的權利而得不到證明；最弱意義上的國家是正確的，同樣也是有吸引力和鼓舞人心的。」

　　法制是一個理想的模式，從人類歷史發展的過程來看，沒有一項法律能夠保持永恆。法律既然由人制定，也可以由人來廢止，所以運用法制的方式來確定政府規模，或使政府規模法制化，只能是一個臨時性的

8.2.1 費正清困惑和政府規模

措施，絕不可能保證政府規模永遠不變。無論在理論上還是實踐上，都沒有建立適度政府規模的可行性方案。所以解決政府規模擴張的問題，需要徹底改變政府存在和發展的理念，必須對政府存在的哲學理念重新進行整理，從根本上建立服務型的政府模式。[169]

8.2.2 多中心原則和網路治理

主流經濟學的研究方法和方向，不能單純地建立在邏輯推演，尤其是數學模型上，必須關注現實世界，並且借鑑其他社會學科和自然學科的研究成果。無論是市場調節還是政府干預，都是一種單中心的治理思路，都沒有跳出非此即彼的思維定式。在私有化和國有化兩個極端之間，存在其他多種可能的治理方式，多中心治理提供一種合作共治的公共事務治理新正規化，意味著政府角色、責任與管理方式的新變化。政府制度在多中心制度中提供總體框架和參與者的行為規則，同時運用經濟、法律、政策等多種方式，為公共物品提供和公共事務處理提供依據和便利。[170]

在多中心治理原則和理論中，個體被視為基本的分析單位，是直接行動的社會個體或政府官員，此外還包括立法機關、政黨、公共機構、民族、國家等組織、群體。個體是具有獨立決策能力，能夠計算成本、收益的社會人和複雜人；是能夠自主決策、受環境影響容易出現錯誤和改正錯誤的人；是受社群的非正式規範約束的社會人，不完全是主流經濟學假設的理性人或經濟人。多中心理論可以藉助經濟理論、博弈理論的分析方法來分析治理問題：當分析組織關係時，多中心的假設實際是理性人；當分析社群個體時，多中心理論的假設實際是社會人或者複雜人。

多中心治理原則以自發秩序為基礎，強調治理的自主性，「自發性的

---

[169] 張康之.限制政府規模的理念［J］.行政論壇，2000（4）：7-12.
[170] 劉峰，孔新峰.多中心治理理論的啟迪與警示［J］.行政管理改革

第八章　大國發展與治理智慧

屬性可以看成多中心的額外的定義性特質」，反對政府治理權力的壟斷和擴張，「在這種情形中，人們經常不斷地溝通，相互打交道，因此他們有可能知道誰是能夠被信任的，他們的行為將對其他人產生什麼影響，對公共資源產生什麼影響，以及如何把自己組織起來趨吉避凶。當人們在這樣的環境中居住相當長的時間，擁有共同的行為準則和互惠的處事模式，他們就擁有為解決公共資源使用的困境而建立制度安排的社會資本」。

如同單中心治理失效一樣，多中心治理也會失效。建立有效的多中心，應該具備三個前提條件：一是不同政府單位與不同公益物品效應的規模相一致；二是在政府單位之間發展合作性安排，採取互利的共同行動；三是有另外的決策安排來處理和解決政府單位之間的衝突。如果缺乏這些條件，多中心只會引起更多的治理問題。多中心治理實際上也提供治理方式的新分類方法。多中心治理組織特徵是多重規模的組織並存，且透過組織間的競爭、合作和衝突解決模式，從而使不同的公共利益得到實現。如果出現無規則的競爭，導致無法合作，這樣的地方分權只是形似多中心，而不是真正的多中心。

集權和分權都存在著優勢和缺陷，並不意味著哪一方必然是有效率的。在改革實踐中，應避免兩種變種（極權和分散）出現。多中心理論與官僚體制理論實質上是兩種並存的公共治理理論，為我們提供不同的觀察和分析角度。多中心並不必然把官僚當成對手大加攻擊，而是認為過度相信官僚制是不足的。「大規模的、覆蓋大都市範圍的組織，對有限數量的公共服務的提供來說是適當的，但是對大都市地區所需要的所有公共服務的提供來說，並不是最適當規模的組織。」由此看來，所謂政府公共管理改革的分權和集權之爭，實際上是一個假問題，其實質是需要建構多中心的分權行政，還是需要建構官僚制的集權行政，如表 8-3 所示。

8.2.1 費正清困惑和政府規模

表 8-3 按照多中心原則分權的治理思路和執行機制對比

項目	集權行政		分權行政	
	官僚制	極權	多中心	分權
治理方式	制度化、層級節制	人格化、越級指揮	制度化、協商、適度競爭	無規則、過度競爭
自主性	部分	無	以自主為基礎	完全自由放任
實用範圍	事務單一、範圍大	特別時期和場合	事務多樣、範圍可小可大	公共悲劇
效率	有效	多無效	有效	無效

資料來源：王興倫. 多中心治理：一種新的公共管理理論〔J〕. 江蘇行政學院學報，2005（1）：99.

公民資格不僅指向公民個人擁有《憲法》和法律保障的政治、社會和公民權等正當性權利，更為重要的是指向公民獲取這些權利的條件。這就是一個公民在進入公共領域，在涉及公共問題時，他應該、且能夠超越私人利益，從普遍的公民原則上關注公共價值、思考公民社群共同體的利益，尋求解決公共問題的有效途徑。正是透過公民參與的實踐活動，人們經由共同解決問題、協商、對話、化解衝突、容忍差異、相互尊重的過程，不斷求同存異，獲得和創造公民共同的價值目標和信仰準則。

在積極公民資格的思路下，公民參與並不排斥代議政治的存在。在現代政治體系下，一方面，單純強調代議機構代表民眾意志的功能，可能降低人們對公民參與的關注和倚重，忽視參與應有的作用。在強勢的代議體系和政府力量下，公民不需要、也不願意透過參與方式來決定自己的事情，因為他們既無力決定什麼、也無須決定什麼，政府包辦一切。另一方面，代議制度依然承擔著整合社會不同利益、制定重大公共政策、監督質詢官員行政行為等諸多重要功能。所以界定代議制和公民

第八章 大國發展與治理智慧

參與各自的優勢功能及互動影響,明確公民參與合理作用的區域,成為公民理性地參與公共事務管理的關鍵問題。[171]

「共和」一詞的內涵是在政治學領域中富有意義的研究主題,共和指「公民的公共事務」,透過制度,組織起來的公共事務領域,基本上與「公共財富」或「公共利益」同義。但在西方的政治圖景中,共和是作為與君主政體的對立物而產生的,人們更常從「共和國」的意義上來理解共和,意味著在沒有君主專制下,「共同的」或「集體的」事務,對其的道德關注表現為愛國主義的信仰、公益的熱心與榮譽感。

「共和」是「共治」與「和諧」的統一體,既包含西方古典共和主義的自由、民主、公共善行、公民美德等思想,也包含中華文化「和而不同」的人文關懷與「和諧社會」的政治理念。在「共和」嵌入互聯網的時代,「網路共和」應運而生,其實質是一種治理命題,是一種在公民網路參與治理生態下,表達公共權力的形態,所揚棄的是「網路烏托邦」和「網路帝國」的治理邏輯。

作為一種新興治理觀,網路共和包括複合多元主體、虛擬扁平結構、服務至上價值和積極理性角色。在這四個治理形態中,有一條邏輯貫穿其中:地方政府治理需要一種由共同經驗得來的社會黏性。在網路時代,隨著個體可以對資訊進行選擇性輸入和接受,從而減少這種黏性,進而出現社會分裂和群體極化等問題,於是地方政府的公共性和公民的理性成為社會黏性重要的再生產機制。

公民網路參與影響地方政府治理,是一個多階段複合的過程,在每個不同階段裡,公民網路參與和地方政府運作之間面對著不同的核心問題:在「衝突期」,兩者的關係更呈現為政府既定的運作方式,對公民網路參與的選擇、理解與重新安排;在「融合期」,公民網路參與已經實現

---

[171] 孫柏瑛.公民參與:社會文明程度和國家治理水準的重要標識〔J〕.上海城市管理職業技術學院學報,2006(3):5-9.

> 8.2.1 費正清困惑和政府規模

融入組織內部的目標，界定、制約著其他的組織行為，成為新的常規化結構，因此推動著組織變革的方向。[172]

隨著公民網路參與範圍的日益擴大，地方政府對治理效果和影響因素需要進行測量和評估。治理效果分為直接效果和間接效果：直接效果是指合作網路的直接目標的實現程度，包括民眾對服務的滿意度、政府部門成本的降低等；間接效果是指政府部門學習和創新的效果，包括管理能力、合作能力的提升，組織流程的改進等。影響因素分為主體因素、關係品質因素和環境因素：主體因素包括主體合作態度、政府網路合作能力、政府投入資源等；關係品質因素包括主體間信任程度、主體間溝通、協同與網路合作效果等；環境因素包括上級支持程度、民眾參與程度等，如圖 8-1 所示。

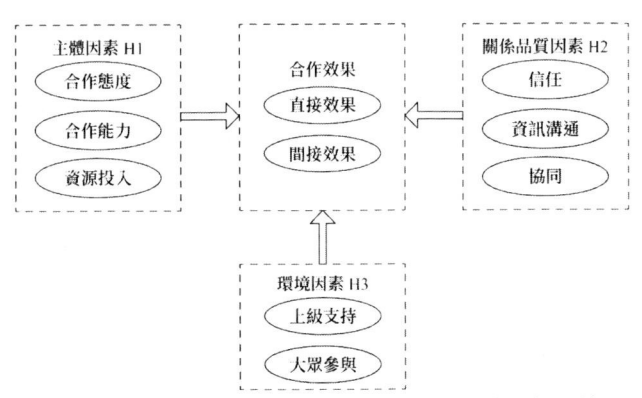

圖 8-1 網路治理多主體合作效果及影響因素的假設關係

資料來源：姚引良，劉波，王少軍. 地方政府網路治理多主體合作效果影響因素研究〔J〕. 中國軟科學，2010（1）：142.

為了準確地獲得地方政府網路治理多主體合作的調查數據，以參與網路治理的相關部門為調查對象，分析方法是因子分析和結構方程式模型。

---

[172] 金杭慶. 走向網路「共和」：公民網路參與對地方政府治理的型塑〔D〕. 上海：復旦大學，2012：8-46.

第八章　大國發展與治理智慧

(1) 主體因素對合作效果的影響作用

主體因素的組成因子包括主體合作態度、政府網路合作能力及政府投入資源等，透過結構方程式，建立網路治理效果的模型及相應的路徑引數。從引數估計的結果來看：①合作態度因子對網路治理效果的迴歸係數標準化估計值為 0.208 ＞ 0，P 值為 0.002，顯示合作態度因子對網路治理效果的正向影響非常顯著。②合作能力因子對網路治理效果的迴歸係數標準化估計值為 0.590 ＞ 0，P 值小於 0.001，顯示合作能力因子對網路治理效果的正向影響非常顯著。合作能力對網路治理效果的影響顯著性更高、影響係數更大，是主體因素對網路治理效果的最重要因子。③資源投入因子對網路治理效果的迴歸係數標準化估計值為 0.160 ＞ 0，P 值為 0.005，顯示資源投入因子對網路治理效果的正向影響非常顯著，如圖 8-2 所示。

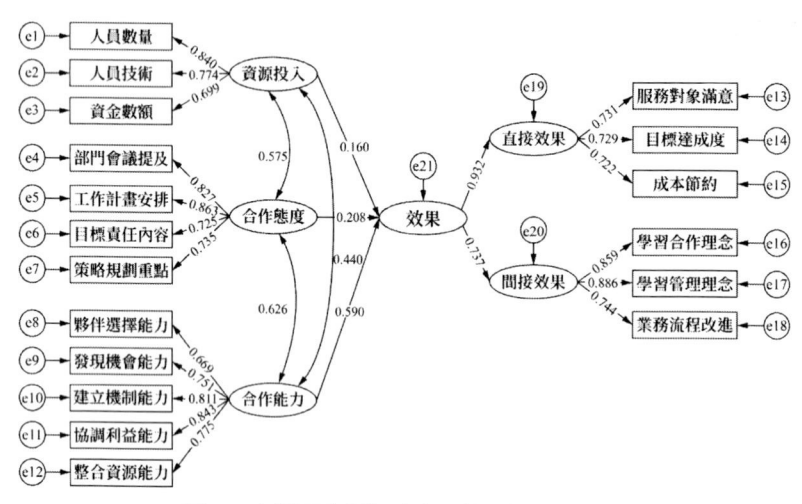

圖 8-2 主體因素對網路治理效果的影響結構

資料來源：姚引良，劉波，王少軍．地方政府網路治理多主體合作效果影響因素研究〔J〕．中國軟科學，2010（1）：145．

8.2.1 費正清困惑和政府規模

(2)關係品質因素對合作效果的影響作用

關係品質因素的組成因子包括主體間信任程度、主體間溝通、協同與網路合作效果等，透過結構方程式模型，建立因素影響效果的模型，以及相應的路徑引數。從引數估計的結果來看：①信任因子對網路治理效果的迴歸係數標準化估計值為 0.331 ＞ 0，P 值小於 0.001，顯示信任因子對網路治理效果的正向影響非常顯著。②溝通因子對網路治理效果的迴歸係數標準化估計值為 0.104 ＞ 0，P 值為 0.192，顯示溝通因子對網路治理效果的影響不顯著，這說明政府在與其他組織合作過程中，試圖透過溝通來了解對方的能力和品德、避免資訊被扭曲、增加合作夥伴之間對目標、任務以及責任的理解、提高處理問題能力的這個機制還無法發揮作用。政府部門與其他組織之間只是被動的表面合作，還沒有為了提高處理問題的能力而加強與其他組織的合作意識。事實上，政府部門仍然處於主導地位，往往透過合約條款來進行結果控制。③協同因子對網路治理效果的迴歸係數標準化估計值為 0.471 ＞ 0，P 值小於 0.001，顯示協同因子對網路治理效果的正向影響非常顯著，如圖 8-3 所示。

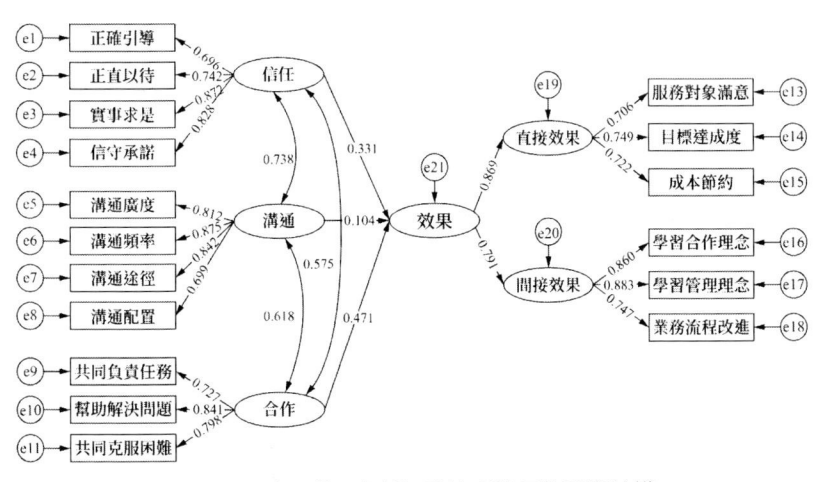

圖 8-3 關係品質因素對網路治理效果的影響結構

資料來源：姚引良，劉波，王少軍．地方政府網路治理多主體合作效果影響因素研究〔J〕．中國軟科學，2010（1）：146.

(3) 環境因素對合作效果的影響作用

環境因素的組成因子包括上級支持程度、民眾參與程度等，透過結構方程式模型，建立環境因素效果的模型以及相應的路徑引數。從引數估計的結果來看：①上級支持因子對網路治理效果的迴歸係數標準化估計值為 0.361 > 0，P 值小於 0.001，顯示上級支持因子對網路治理效果的正向影響非常顯著；②民眾參與因子對網路治理效果的迴歸係數標準化估計值為 0.502 > 0，P 值小於 0.001，顯示民眾參與因子對網路治理效果的正向影響非常顯著，如圖 8-4 所示。[173]

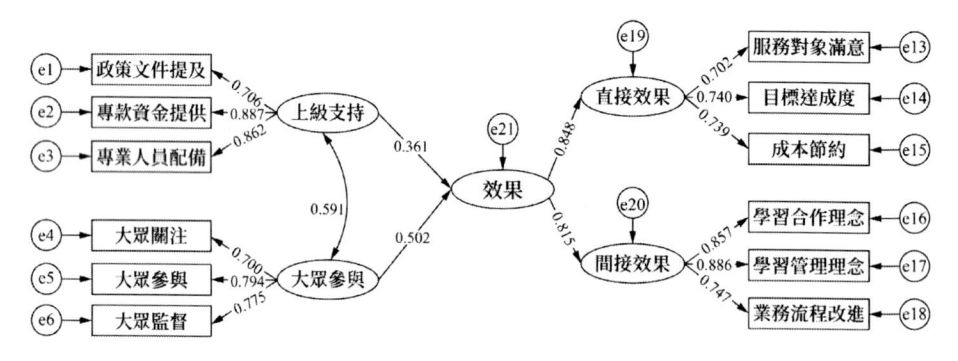

圖 8-4 環境因素對網路治理效果的影響結構

資料來源：姚引良，劉波，王少軍．地方政府網路治理多主體合作效果影響因素研究〔J〕．中國軟科學，2010（1）：147.

對網路治理來說，大數據技術是決定政府治理模式的重要基礎和構成要素，其重要性和決定性意義正在增加。這要求政府主動根據社會發展的情況來推動自身的重塑，充分發揮大數據技術推動政府治理變革的

---

[173] 姚引良，劉波，王少軍．地方政府網路治理多主體合作效果影響因素研究〔J〕．中國軟科學，2010（1）：138-149.

> 8.2.1 費正清困惑和政府規模

作用。大數據技術嵌入政府治理的過程，可以被分為：大數據技術基礎建設階段、技術應用與政府組織結構相互作用階段、政府治理模式自我重塑階段，聚合政府職能轉變、機制創新和管理方式、方法創新的多重價值。大數據技術推動政府治理變革的強制力日益突顯，引發政府治理對象的變革和政府內部的整合，民眾要求建設透明政府、推進資訊公開、改善公共服務、實現民眾參與。

大數據是一種全新的認知模式與思維模式，大數據技術嵌入政府治理是一種新治理理念的嵌入，且利用資訊處理能力與數據價值探勘能力，實現對政府治理能力的重構與提升。大數據技術的發展和應用，以資訊共享為基礎，資訊科技和網路技術的應用，改變資訊生產和資訊傳播的結構，打破資訊生產者、傳播者和消費者之間的界限。這種「去中心化」的資訊生產和傳播模式，增加社會的開放，同時要求社會治理體系具有開放性，最根本在於打破政府對社會治理權力的壟斷，推動社會治理結構向多元化的方向發展，合作治理已經成為社會治理體系變革的基本方向。[174]

---

[174] 邵娜，張宇. 政府治理中的「大數據」嵌入：理念、結構與能力 [J]. 電子政務，2018（11）：93-100.

第八章　大國發展與治理智慧

8.3　混沌、預測和適度干預

　　混沌（Chaos）是指在確定性結構系統中出現的類似隨機的行為過程，確定性是指來自系統的內在原因，而不是外在雜訊或者擾動。看似無規則的運動，實際上是內在非線性和隨機性的表現，這與外在隨機性和非線性系統的不規則結果，有本質差別。在短期內，混沌系統的行為可以確定和預測，但是在某些引數值範圍內，系統行為表現出不穩定或不規則的變化，即使初始條件的微小變化，也將導致系統行為的軌道發生巨大漂移，「在遊戲過程中不斷改變遊戲的規則」，從而使固定的軌道概念失去既有的描述意義。

8.3.1　混沌、模擬分析和預測

　　1961年，美國氣象學家愛德華·羅倫茲（Edward Norton Lorenz）在一次偶然的天氣預報電腦模擬中，發現奇異的現象：在經過一個較長時間序列的遞迴演化後，初始值只是相差1‰的同一線性模型，會出現兩個截然不同的、彼此偏離越來越大的結果。這是以往理論無法解釋的，後來這種現象被稱為「蝴蝶效應」。他從中歸納出三個結論：一是某些微分方程式的解具有非循環波動性；二是這種非循環波動性是由初始條件的變化引起的；三是初始條件的細微變化，在一定條件下，導致微分方程解的巨大偏差。

　　法國分析學家、數學家、天文學家拉普拉斯（Pierre-Simon Laplace）說過：「我們可以把宇宙的現狀視為過去的結果和未來的原因。一個智者（『拉普拉斯惡魔』），只要他偉大到足以把所有數據加以分析，那麼他就能夠把宇宙間最龐大的物體的運動，以及最輕微的原子的運動，凝聚成

> 8.3 混沌、預測和適度干預

一個單一的公式,對這位智者來說,沒有什麼是不確定的,因為將來甚至像過去一樣,永遠展現在他的眼前。」這就是牛頓式的機械觀留給我們的世界:簡單系統的行為也是簡單的,複雜行為必然意味著複雜的原因。

然而混沌理論認為:簡單系統可能產生出複雜行為,複雜系統可能產生出簡單行為,系統演化具有複雜性和普適性的特徵,這一點與構成系統的組成細節無關。混沌學作為一門研究系統整體行為的科學,是關於系統行為過程而非狀態的科學;是關於系統行為演化而非存在的科學。「混沌在哪裡出現,經典科學就在哪裡終結。」混沌學不僅改變人們認知客觀存在的觀念,也改變人們的行為方式。正如美國科學史家、科學哲學家孔恩所說:「就像整個科學界被突然轉移到另一個行星上,在那裡,人們熟悉的事物被看成別的事物,而同時又摻入許多不熟悉的事物。」[175]

自亞當・史密斯以來,主流經濟學逐步構築起一個包括概念、思想、體系和方法論的龐大且嚴密的理論框架,都可以歸結為一個核心主題:經濟世界應該也必須以井然有序的方式和過程不斷發展演進;如果外在因素都不存在,且所有可能都機會均等,那麼人類社會將成為「極樂世界」。遺憾的是,無論經濟學者怎樣努力從理論上促使世界變得井然有序,然而經濟系統不總是那麼井然有序,烏托邦似的一般均衡狀態,根本不可能實現,千篇一律的事後詮釋,大多顯得蒼白無力。在紛繁複雜的經濟系統面前,主流經濟學早已力不從心,經濟學者大有江郎才盡之勢。

1985 年,混沌現象第一次在經濟系統中被發現,這具有重大意義,同時對主流經濟學造成強大的衝擊。在此之前,主流經濟學者一直認為在經濟系統中的隨機現象,是由系統的外部因素引起的。混沌現象的發

---

[175] 傅琳. 探索經濟現象的複雜性:混沌經濟學的興起 [J]. 國外社會科學,1992(3):48-53.

第八章 大國發展與治理智慧

現,說明經濟系統的隨機性,是由系統本身的內在因素引起的,這無疑否定主流經濟學的理論觀點。

混沌在經濟學中的應用,以不確定性分析模式為依據,由此確立起一個包括非均衡、非線性、非理性、時間不可逆、多重解和複雜性等眾多假設或思想的理論體系。在研究某些具體指標的經濟系統的執行規律時,給出具體表達式後,可以變化為一些著名的經濟模型,例如薩繆森模型、經濟成長模型、凱因斯模型等。這些模型都是非線性的,且包含一些具有特定經濟意義的引數。這些引數在達到某些特定值時,經濟行為就會出現循環與混沌現象。

經濟系統是開放的非線性系統,經過簡化與概括,可以使用利率 x、投資需求 y、物價指數 z 三個變數的三階微分方程式來表示由貨幣、證券、生產、勞動力四個子塊組成的系統模型。

①影響利率 x 的變化:一是投資市場的供應和需求的差異,即投資和儲蓄的差異;二是商品價格的結構性調整。關於利率 x 的方程式表示為:

$$\dot{x} = c_1(y - SV)x + c_2 z$$

式中,SV 是儲蓄量,c1、c2 是常數。

②投資需求 y 的變化率與投資率呈正比例關係,與投資成本、利率呈反比例關係。假設投資報酬率在一定時間內是常數,關於投資需求 y 的方程式表示為:

$$\dot{y} = c_3(BEN - \alpha y - \beta x^2)$$

式中,BEN 為投資報酬率,c3、α、β 都是常數。

③物價指數 z 的變化，不僅受到商品市場供需矛盾的制約，且受到通貨膨脹率的影響。假設商品的供需量在一定時期內是恆定的，商品的供需量與價格呈反比例關係。通貨膨脹率的變化，可以用實質利率的變化來表示，通貨膨脹率等於名目利率與實質利率的差值。關於物價指數 z 的方程式表示為：

$$\dot{z} = -c_4 z - c_5 x$$

式中，c4 和 c5 都是常數。

透過選擇合適的座標系，並為每個狀態變數設定適當的因次，考量到投資需求 y 與利率 x 呈反比例關係，中央銀行試圖把利率維持在較小的正值，所以在投資需求的變化率表達式上，使用 x 代替原來的 2x，更能解釋現實。修訂的經濟模型表示為：

$$\begin{cases} \dot{x} = z + (y-a)x + kx \\ \dot{y} = 1 - by - |x| \\ \dot{z} = -x - cz \end{cases}$$

式中，x、y、z 分別代表利率、投資需求、物價指數，引數 a、b、c、k 都是正實引數，分別代表儲蓄量、投資成本、商品需求彈性、平均利率係數。李亞普諾夫指數 (Lyapunov exponent) 譜可以看出系統所處的狀態：對三維系統而言，李亞普諾夫指數形式為 (-,-,0) 時，說明系統是循環運動或極限環；當李亞普諾夫指數形式為 (+,0,-) 時，系統為混沌狀態；當李亞普諾夫指數形式為 (-,-,-) 時，系統為穩定狀態。

分岔是當某個引數發生變化時，混沌系統的拓撲結構隨之發生變

第八章　大國發展與治理智慧

化。以系統的某個引數的取值為橫座標、系統的狀態變數為縱座標，繪製分岔圖來說明系統狀態隨著引數變化而變化，可以看到系統的動力學演變過程。

(1) 儲蓄額 a 的變化對整個經濟系統的影響

利率的變化和多種投資管道的出現，使儲蓄額發生巨大的變化，從而對經濟發展產生影響。當引數 a 儲蓄量變化時，取引數 b=0.2、c=0.9、k=4，只有引數 a 發生變化。當引數 $a \in (0, 9)$ 時，繪製狀態變數 y 的分岔圖和對應的李亞普諾夫指數譜，如圖 8-5 所示。當 $a \in (0, 2.889)$ 時，最大李亞普諾夫指數大於 0，經濟系統處於混沌狀態；當 $a \in (2.889, 8.037)$ 時，最大李亞普諾夫指數為 0，經濟系統處於循環狀態；當 $a \in (8.037, 9)$ 時，李亞普諾夫指數全部為負，經濟系統達到穩定狀態。

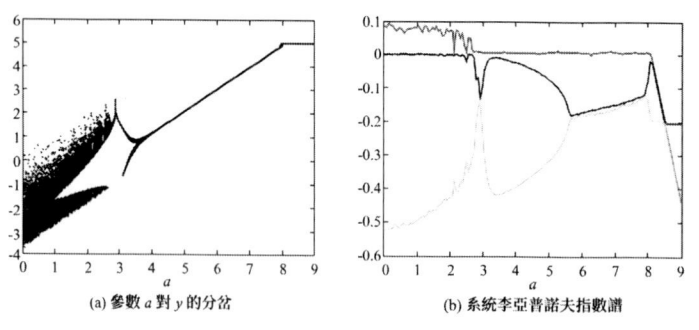

(a) 參數 a 對 y 的分岔　　　(b) 系統李亞普諾夫指數譜

圖 8-5 引數 a 對 y 的系統分岔和李亞普諾夫指數

資料來源：鄭文婧. 一類經濟混沌系統的分析與控制〔D〕. 天津：天津大學，2018：45.

當儲蓄值 a 較小時，經濟波動劇烈，經濟系統表現為混沌狀態。隨著儲蓄值 a 增加，系統出現不同形狀的混沌吸引子，反映出系統的複雜性，從混沌狀態到循環狀態，最終穩定到平衡點 $\left(0, \frac{1}{b}, 0\right)$。如果儲存量太

8.3 混沌、預測和適度干預

大，利率和物價指數都為 0，系統將失去能量，這與實際情況是一致的。如果把儲蓄額選為合理的值，那麼經濟系統就可以持續健康發展。

(2) 投資成本 b 對整個經濟系統的影響

隨著經濟系統的快速成長，生產商越來越注重投資。受到多種因素影響，投資成本也在不斷變化。當 a=0.6、c=0.9、k=4 時，繪製投資成本 b ∈ (0，2) 的分岔圖和李亞普諾夫指數譜，如圖 8-6 所示。可以看出，當引數 b ∈ (0，0.054) ∪ (0.36，1.463) 時，系統處於循環狀態；當 b ∈ (0.054，0.36) 時，系統處於混沌狀態；當引數 b 繼續增加到 1.463 時，系統突然穩定到平衡點。

隨著投資成本 b 的增加，經濟系統並不是表現得越來越穩定，而是經歷從循環狀態到混沌狀態，又回到循環狀態的過程。最後當投資需求到達某一數值時，系統狀態到達平衡點 $\left(\frac{c-b-abc+kbc}{c}, \frac{1+ac-kc}{c}, \frac{c-b-abc+kbc}{c}\right)$，系統區域性穩定。所以投資成本不宜過小，而是取到適當的數值，這樣才有利於經濟系統的穩定性。

(a) 參數 b 對 y 的分岔

(b) 系統李亞普諾夫指數譜

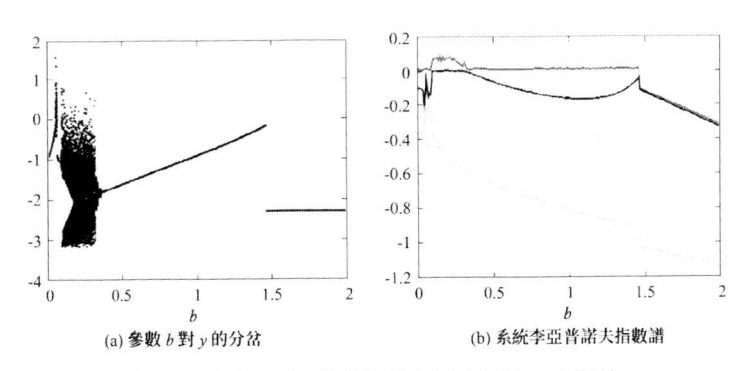

圖 8-6 引數 b 對 y 的系統分岔和李亞普諾夫指數

資料來源：鄭文婧．一類經濟混沌系統的分析與控制〔D〕．天津：天津大學，2018：48．

(3) 商品需求彈性 c 對整個經濟系統的影響

取引數 a=0.6、b=0.2、k=4，繪製商品需求彈性 c ∈ (0，6) 的系統分岔圖和李亞普諾夫指數譜，如圖 8-7 所示。可以看出，當 c ∈ (0，0.79) 時，系統表現為循環狀態；當 c ∈ (0.79，2.292) 時，系統表現為混沌狀態；當 c ∈ (2.292，6) 時，系統到達穩定狀態。

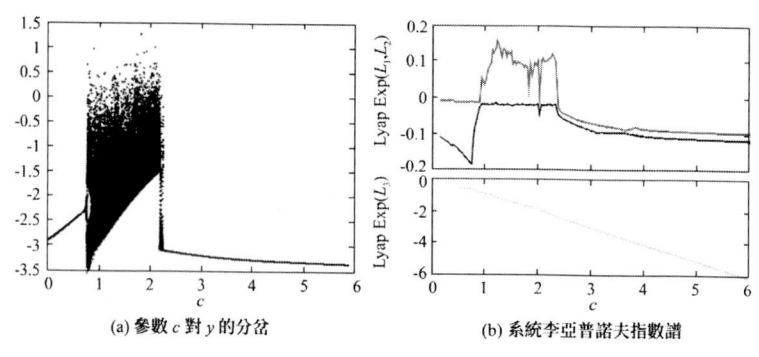

(a) 參數 c 對 y 的分岔　　(b) 系統李亞普諾夫指數譜

圖 8-7 引數 c 對 y 的系統分岔和李亞普諾夫指數

資料來源：鄭文婧．一類經濟混沌系統的分析與控制〔D〕．天津：天津大學，2018：50．

伴隨著商品需求彈性的增加，經濟系統從循環狀態進入混沌狀態。當商品需求彈性繼續增加時，經濟系統區域性穩定到平衡點 $\left(\frac{c-b-abc+kbc}{c}, \frac{1+ac-kc}{c}, \frac{c-b-abc+kbc}{c^2}\right)$。在實際經濟活動中，盡可能把商品需求彈性取到適當的數值。

(4) 平均利率係數 k 的變化對整個經濟系統的影響

係數 k 的含義，表徵平均利率的變化情況對利率變化率的影響程度。取引數 a=0.6、b=0.2、c=0.9，改變引數 k 的值，繪製系統分岔圖和李亞普諾夫指數譜，系統相態如圖 8-8 所示。

(a) 參數 k 對 y 的分岔圖　　　(b) 系統李亞普諾夫指數譜

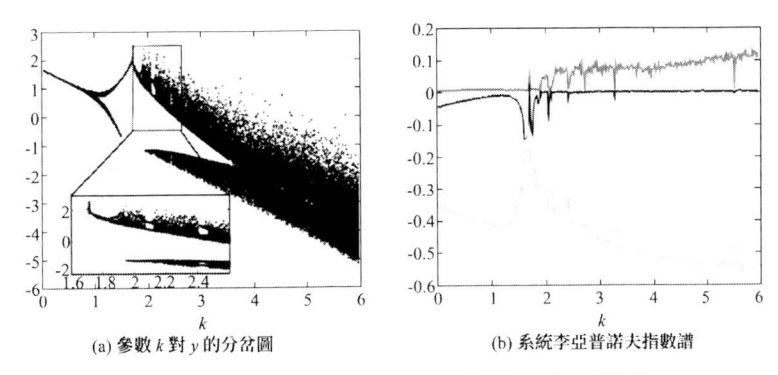

圖 8-8 引數 k 對 y 的系統分岔和李亞普諾夫指數譜

資料來源：鄭文婧．一類經濟混沌系統的分析與控制〔D〕．天津：天津大學，2018：47．

隨著引數 k 的增加，經濟波動越來越劇烈，系統從循環 1 狀態到循環 2 狀態，最後透過倍循環分岔驅動到混沌狀態。當 $k \in (1.7, 2.6)$ 時，系統進入一個寬的混沌帶，其中包含幾個窄的循環窗，這充分展現經濟系統蘊含著有趣的動力學行為。觀察引數 k 的變化情況，利率的變化率對平均利率的敏感度越高，經濟系統越不穩定。

主流經濟學假設經濟關係是線性的或是對數線性的，認為經濟系統所呈現的短期不規則漲落，基本上是由外部的隨機衝擊所引起的。例如在資本市場理論中，關於市場行情波動的「效率市場假說」理論認為：投資者往往是以線性的方式對外部資訊做出反應的，且股票價格的變動，是由可預測的趨勢部分和不可預測的「隨機」部分組成。

由一系列含有隨機誤差項的線性（或對數線性）方程式構成的數學模型，一直被主流經濟學視為分析經濟波動的有效工具。然而一次又一次的經濟大動盪，動搖這種線性假設的理論根基，特別是在 1987 年 10 月 19 日的「黑色星期一」，對於該次的股市暴跌，主流經濟學者找不到任何

第八章　大國發展與治理智慧

來自系統外干擾的充分證據，股市下滑所顯示出來的突發性和奇異性，清楚地顯示這是非線性效應產生的後果。[176]

到1920年代，經濟預測在西方興起，原因是資本主義經濟危機日益深刻，使得壟斷資本家迫切需要了解本部門和相關方面的未來前景，以便進行生產經營決策。隨著統計數據的蒐集和統計方法的改進，以及關於景氣循環和危機理論的研究，各種預測方法應運而生，例如綜合經濟指數、趨勢外推法、趨勢外延法、常態偏離法等。但是這些方法都不能準確地預測出大危機爆發，因此預測熱潮冷卻下來。

混沌理論從一開始就與預測結下不解之緣。「有序來自無序，無序來自有序；混沌來自簡單，簡單來自混沌」，混沌理論表述的這個悖論，一方面說明簡單的事物可以產生複雜不確定的現象，因而對事物未來的預測存在局限性；另一方面，又說明複雜現象可能僅僅遵從一條簡單確定的規律，從而使得對複雜事物的預測成為可能。所以在經濟預測領域引入混沌理論，不僅是對預測方法的簡單修正，而且是在概念上、思維方式上的根本性變革。

混沌理論對事物的假定，不同於傳統科學研究的假定，經濟系統預測的對象大多是動態的、不穩定的、不連續的、不可逆的，具有多種可能的、未來穩定的、平衡的只是少數的、暫時的。儘管人們不喜歡非連續性，希望從過去延續到未來，但是不連續的、突然的變化，是複雜系統的本性。平衡不變只是暫時的，不變本身就孕育著變化的力量，不同的環境條件，決定事物具有不同的行為狀態；不同的行為狀態，又有著不同的結果，因而一個系統就會有多種可能的未來。系統的不可逆原理，說明已經發生過的行為不會重演，預測的結果往往反過來影響人們

---

[176] 施祖輝.傳統經濟學與混沌經濟學的比較研究［J］.外國經濟與管理，2001（11）：13-16.

的行為，從而導致預測的自成功或者自失敗。

混沌理論認為：一個系統的狀態是受到一定吸引子支配的。系統的吸引子可以被劃分為平庸吸引子（包括固定點吸引子、循環吸引子和準循環吸引子）和奇怪吸引子（包括混沌吸引子和奇怪非混沌吸引子），在吸引子閾內選擇的初始條件、長期的演化軌跡和狀態是相同或者相近的，這類系統行為是可以長期預測的。無論系統由哪一類吸引子支配，在系統結構保持不變的情況下，初始條件的細微變化所引起的未來狀態變化，在短期內都是相近的，所以短期較為精確的預測是可行的。

所謂混沌的系統是不可預測的，是指在長期中較為準確的定量預測的不可能性，在短期內較為準確的定量預測是可能的。如果系統受到奇怪吸引子支配，那麼初始狀態的細微差異，將隨時間的演化而得到放大。初始狀態的差異常常不被人們所覺察，所以對系統在長期中較為準確的定量預測，就不可能是精確的、可靠的。對複雜系統而言，隨著時間的推演，還會不斷有「新的」因素加入，在非線性機制作用下影響系統的行為，從而使長期的精確預測更加困難。如果系統是受到平庸吸引子支配，那麼行為又是可長期預測的。系統具有層次性，總體層次系統與個體層次系統之間是整體與部分的關係，總體層次系統的行為變化，可能首先表現在某個或某些個別子系統上，然而系統結構的複雜性、非線性，使人們難以確定它們是在哪個或哪些子系統上發生。

在複雜性理論中，湧現與系統結構、功能演化連結在一起，刻劃從無到有的「自創生」過程。湧現相應於某個總體層次，整體樣式不能從產生局域行為規則中被預測到，即整體模式不可以分解到個體行為。湧現理論的關鍵性突破，是對複雜系統的層次和機制的探索和揭示，新關係在出現之前所具有的性質，是不可能被預測到的。然而再次出現——特

第八章　大國發展與治理智慧

別是同類現象反覆出現──人們就可以把同類型的關係與條件總結為一種規律，這樣就可以解釋、預測、控制或者預防某種湧現現象，例如金融危機的爆發、泡沫經濟的崩潰等。[177]

8.3.2　同步控制和適度干預

經濟危機是市場經濟的必然現象，不發生經濟危機的經濟模式是不存在的。小的經濟危機有各種不同的表現方式，大的經濟危機則首先表現為金融危機，因為金融是經濟的核心、發展狀況的集中展現。市場缺陷決定金融危機在一定時期內爆發的必然性。金融危機使政府與市場的關係越發微妙，促進政府更加積極地干預市場，從而打破兩者關係的僵局。人們希望在經濟金融形勢一片低迷之際，政府能憑藉其干預的藝術，帶領經濟走出危機的泥潭。[178]

自組織臨界態是複雜性科學發展出來的一種獨特方法，在理解由大量個體透過相互作用所導致複雜系統時間與空間相關特性上，提供一種通用的解釋方式。自然世界和社會系統通常是由大量微小單元透過特定的聯結而組成，在一些關鍵的內生因素的相互作用下，這些獨立組分往往自發地組織到一個看似複雜，卻擁有統一的時間演化模式。儘管演化過程的具體細節各有不同，但整體趨勢在不同標準上都呈現出相似的時空結構，其中具有代表性的情況是冪定律和粉紅噪音。

自組織臨界態的產生過程擁有共同的特徵，那就是緩慢均勻的粒子注入，逐漸累積，最終會達到某一臨界狀態，導致雪崩式的粒子流出。隨著應用在解釋地震、森林火災、生物演化、太陽閃焰、宇宙結構等現

---

[177] 于麗娟．複雜性視野中的混沌經濟預測［D］．南京：南京農業大學，2009：6-35.
[178] 竇鵬娟．金融危機背景下的國家干預：意義、內涵與路徑［J］．蘭州大學學報（社會科學版），2010（10）：70-73.

象的非凡成功，自組織臨界態理論被視為迄今為止可以解釋複雜性為何產生的一般機制的重要理論。經濟系統具有自組織臨界理論所關注的複雜系統的一切典型特徵，尤其是經濟學者關心的經濟成長、循環波動和金融危機等現象，都與自組織臨界態所描述的系統演化特性有很大的類似性。

經濟系統自身的結構具有複雜系統的典型特徵，展現在其由大量個體組成，且個體之間的連線方式以及相互作用極其複雜。隨著金融創新和金融深化的發展，層級結構促成眾多類別的正回饋環路，一旦受到內部或外部衝擊，就透過體系內部的回饋環路逐級放大。金融市場的參與者對資訊的獲取和解讀、未來的預測和預期，都表現出很大的差異性，其策略和行為的根基完全是異質性的，造就市場處於跌宕起伏的不穩定狀態。

經濟系統主體之間的相互關聯越來越緊密，債務鏈條易於觸發倒閉的「西洋骨牌效應」。金融部門直接受到總體經濟景氣的影響，與非金融部門存在密切的關聯，在包含創造和毀滅的信貸過程中的內生不穩定性，其典型的動態特徵就是反覆發生的金融危機。金融危機與自組織臨界現象具有很高的相似性，其醞釀過程可以視為一個債務風險逐漸累積的相對穩定過程，爆發和擴散卻是風險累積到某一臨界態後，自發出現的不穩定崩塌過程。正像沙堆模型那樣，在金融危機中的相變發生，是金融主體都存在信用閾值和破產條件。當債務鏈條或資產關聯把相當多臨近破產邊緣的金融主體連結起來時，只要其中一個關鍵主體破產，就透過債務鏈條波及並傷害到與其連結的主體，從而可能引發一系列破產的串聯反應。[179]

---

[179] 曹雪薇，熊婉婷，王有貴.經濟金融中的自組織臨界性[J].現代物理知識，2015（6）：38-42.

第八章 大國發展與治理智慧

在經濟實踐的絕大多數時期中,我們不知道經濟系統的某些、甚至是所有引數,此時自適應控制就有用武之地。利用線性回饋控制和自適應控制相結合的複合控制方法,透過自適應控制器,就可以對系統進行快速控制。在新增外部控制器 u_1、u_2、u_3 後,描述的主體系統模型表示為:

$$\begin{cases} \dot{x}_1 = z_1 + (y_1 - a)x_1 + kx_1 \\ \dot{y}_1 = 1 - by_1 - |x_1| \\ \dot{z}_1 = -x_1 - cz_1 \end{cases}$$

施加控制的副系統模型表示為:

$$\begin{cases} \dot{x}_2 = z_2 + (y_2 - a)x_2 + kx_2 + u_1 \\ \dot{y}_2 = 1 - by_2 - |x_1| + u_2 \\ \dot{z}_2 = -x_2 - cz_2 + u_3 \end{cases}$$

系統的誤差動力學表示為:

$$\begin{cases} \dot{e}_1 = e_3 - ae_1 + ke_1 + x_2 y_x - x_1 y_1 + u_1 \\ \dot{e}_2 = -be_2 - |x_2| + |x_1| + u_2 \\ \dot{e}_3 = -e_1 - ce_3 + u_3 \end{cases}$$

當只是加入控制器 u_1 時,系統的誤差軌跡、主體系統與跟隨系統狀態軌跡,如圖 8-9 所示。在單個控制器 u_1 的作用下,副系統狀態都可以跟上主體系統狀態,達到完全同步。同樣,當只是加入控制器 u_2 或者 u_3 時,跟隨系統狀態與主體系統狀態也達到完全同步。

8.3 混沌、預測和適度干預

(a) 施加單一控制器後的系統誤差軌跡　　(b) 施加單一控制器後的系統誤差軌跡

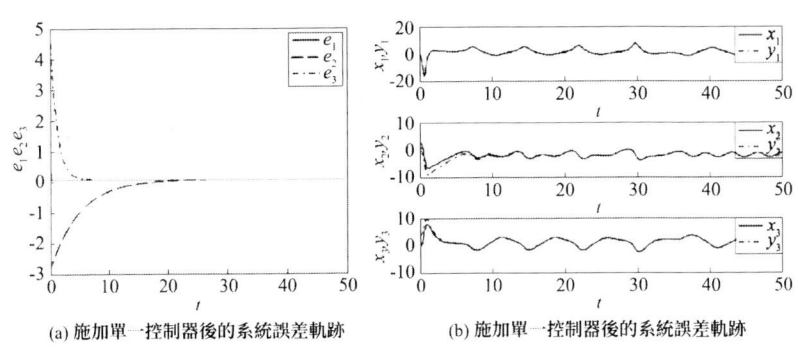

圖8-9 施加單一控制器後的系統誤差和狀態軌跡

資料來源：鄭文婧．一類經濟混沌系統的分析與控制〔D〕．天津：天津大學，2018：62-63.

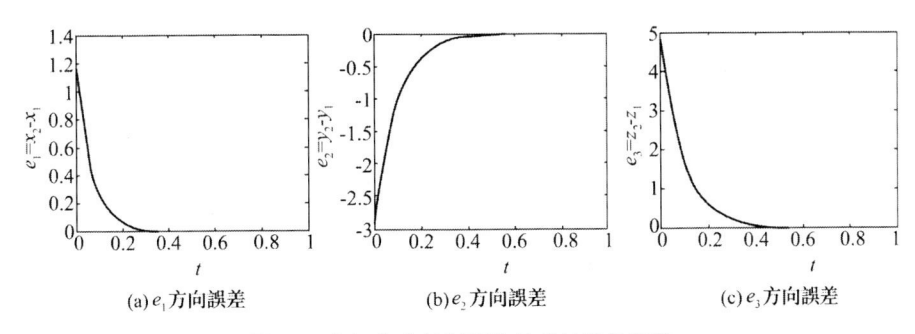

在數值模擬中，主體系統的初值取為$[-1,2,-2]^T$，跟隨系統的初值取為$[0.22,-1,3]^T$，系統初始的引數估計值為$[\hat{a}(0), \hat{b}(0), \hat{c}(0), \hat{k}(0)]=(1,10,4,2)$，控制增益取$k_x=18$、$k_2=k_3=10$。加入複合控制器後，系統的同步誤差狀態，如圖8-10所示。可以看出，系統在加入複合控制器後，很快地實現完全同步。這說明在引數未知的情況下，實施有著簡便形式的複合控制器，仍然能夠提高系統的被控制效能。

(a) e_1方向誤差　　(b) e_2方向誤差　　(c) e_3方向誤差

圖8-10 施加複合控制器後的系統誤差軌跡

資料來源：鄭文婧．一類經濟混沌系統的分析與控制〔D〕．天津：天津大學，2018：63-64.

第八章　大國發展與治理智慧

控制混沌（危機）的循環引數擾動的頻率，要與引起混沌（危機）的力量的頻率諧振，否則混沌運動將難以被控制。例如，於 1997 年爆發的東南亞金融危機，不少國家或地區猶豫不決、行動遲緩，沒有掌握好控制危機的有效時機。特別是在金融市場剛出現不穩定時，國際金融機構提供一些干預措施，此時需要的資金量少得多，但是效果會更好。

泰國在 1997 年 3 月 3 日金融市場出現不穩定現象，在 5 月 14 日泰銖對美元跌到 11 年來的最低點，在 7 月 2 日金融危機全面爆發。然而直到 8 月 11 日，國際貨幣基金組織（IMF）才承諾向泰國提供 160 億美元的經濟援助，援助資金到位就更晚了。泰國政府沒有能力抓住控制危機的有利時機，也加劇民眾和投資者的恐慌心理，致使危機愈演愈烈。

當金融市場進入不穩定或混沌狀態時，國際金融機構不宜提出「一籃子」金融、財政改革要求，作為提供援助的交換條件。因為金融制度改革建議越強烈，相當於進一步加大對系統的擾動，金融市場動盪就越強烈。金融市場處於不穩定狀態、甚至混沌狀態時，最需要迅速的援助，而不是金融制度的重大變革。然而 IMF 幾乎向每一個受援國都提出一系列近乎苛刻的改革條件，從混沌控制理論來看，這些做法都是錯誤的。

對於危機的控制，需要施加必要的力度，但是這並不要求各個方面都大力度調節。例如國際金融機構對危機國的援助，不僅在時機上行動遲緩，而且在力度上十分吝嗇，在理論上無法滿足混沌控制的要求，使民眾認為政府和國際金融機構控制危機的能力非常有限，從而動搖信心、產生不良預期。各個中央銀行為了捍衛本國貨幣而急速地提高利率，不僅沒有止住匯率的跌勢，反而加快股市的出售，很快形成「匯市拖股市，股市拖匯市」的惡性循環。進行大力度的金融改革，暫停或關

閉金融機構，頻繁更換重要官員，接連降低信用等級，都會加劇處於危機（混沌）中系統的紊亂。[180]

進入 21 世紀，頻繁出現的金融危機，使主流經濟學似乎又面臨著哈耶克與凱因斯論戰「要政府」抑或「要市場」的兩難境地。關於市場和政府的關係，由不同的哲學立場出發，以自由主義和干預主義的對立，構成思想鏈的兩個極端。運用靜態分析的經濟學正規化，主要從事物「現象」層次著力，立足於牛頓機械論正規化，運用「市場失靈」或「政府失靈」理論展開分析，對於市場作用與政府作用結合的重要性，進行「現象」意義的描述。還有一些研究不是單純地選擇市場或政府，而是選擇兩者之間的不同組合，探討市場與政府相互替代的不同模式，以及不同角度的政府職能與市場功能的分界。

把自組織和他組織的世界觀應用於經濟系統，發現這是一個包含無數子系統的複雜「混合體」，其性質既可以是自組織系統，也可以是他組織系統：①自組織系統，比如市場經濟、自耕農主導的自然經濟等形式；②他組織系統，比如計畫經濟、原始的共產主義經濟等形式。兩種經濟系統的整體性質可以相互轉化，比如原始的共產主義經濟轉向自然經濟、計畫經濟轉向市場經濟。只要經濟秩序的形成和演化是由內部的各個經濟主體的自發相互作用主導，就是自組織經濟系統；只要經濟秩序的形成和演化是由外部控制主體的他發作用主導，就是他組織經濟系統。自發作用和他發作用分別存在於經濟系統的每個層次，包括個體和總體，如圖 8-11 所示。

就市場與政府的關係問題，哈耶克強調一方而貶低另一方，他認為：人的理性是有限的，「全部事實是科學的觀察或任何一個單獨的頭腦所無

---

[180] 伍青生，張興福，蔡來興. 金融危機的混沌控制方法初探 [J]. 系統工程，2001（3）：11-17.

第八章　大國發展與治理智慧

法全部掌握的」；那種只依靠「科學」和「理性」所引發的干預和調控（比如政府計畫），難以解決市場經濟的「資訊難關」，從而無法真正實行；經濟秩序根本上是一個自組織系統，「人類賴以獲得成就的許多制度，乃是在心智未加設計和指導的情況下，逐漸形成並且正在發揮作用的」。所以把自組織經濟系統改變為他組織系統（比如計畫經濟）的企圖，不是注定落空，就是會使社會「走向奴役之路」。因此經濟系統必然「重市場自發作用，而輕政府干預」。

他組織經濟系統（例：計畫經濟）｛外部控制主體他發作用主導經濟秩序形成／內部主體自發作用｝　　外部控制主體他發作用／內部主體自發作用主導經濟秩序形成　自組織經濟系統（例：市場經濟）

圖 8-11　兩種組織形式的經濟系統特徵

資料來源：宋愛忠. 自組織理論視域下的政府與市場關係〔J〕. 中國社會科學院研究生院學報，2015（11）：57-64.

儘管哈耶克的分析有一定道理，然而新自由主義把經濟系統毫無例外地當作自組織系統，忽略了其中他組織系統類型存在的事實。實際上，原始的共產主義，就是由他發作用主導的他組織經濟系統。經濟系統在人類社會大系統裡的演化，可以是自組織性質，也可以是他組織性質。經濟系統的組織性質要根據當時的現實條件和增進總體利益而定，並非凡是他組織的經濟系統就不好，也不能夠利用某個歷史階段的自組織性質，去斷言所有的經濟系統形態。事實上，經濟系統從來都不是純粹的自組織系統。相反地，如果干預主義只是承認他組織經濟系統的合法性，顯然在另一個極端犯下錯誤。

在自組織經濟系統中也存在著他發作用，政府調控經濟的做法具有合法性。市場經濟的自組織系統通常表現為「自組織系統→外部他發性

作用引導（內部自發性作用依然占據主體地位）→外部他發性作用（比如政府調控引導）→政府引導市場秩序」，這與凱因斯的基本觀點沒有實質上的不同。哈耶克之所以把政府的外力作用僅限於「使競爭盡可能有效和有益的非常必要的計畫」，原因是他對自組織經濟系統的機械化理解：既然是自發秩序的自組織經濟系統，那麼政府就該在法治下進行必不可少的有限干預，剩下的交給市場和社會，即自動得到良好調整執行。

實際上，他發作用是任何自組織系統存在不可或缺的必要條件，可以產生最佳化系統內部結構的作用，該正面作用不能因系的自組織性質而被否認。事實證明，每當自組織經濟系統出現嚴重問題時（比如經濟危機），政府的外力調控總是被呼喚而出，且展現出積極作用。當影響系統失穩的某種因素漲落過大，他發作用可以進行強力干預，比如為了保護環境，政府可以剝奪重汙染企業的生存權。

理性兼具有限性與有效性的雙重屬性，不能用一方存在的現實性，來否認另一方存在的合法性。理性的拓展，反映人類改造世界能力的提升，在理性有限條件下，系統的自發性隨著理性有效性的提升，可以轉變為他組織性質。例如船長在無羅盤時，允許船隊自行探路；在有羅盤時，藉此進行船隊「他組織」，以加快航程。自組織經濟系統的他發作用，在一定條件下可以轉化為主導性力量，智慧化和資訊化方式的高度普及，將使經濟系統更加高效率地執行，那時經濟系統就轉化為他組織系統，比如共產主義經濟形態。

在自組織經濟系統中，個體秩序和總體秩序都具有內部自發作用和外部他發作用：在個體秩序中，解決供給與需求有效對接問題，具有自發作用的市場主體顯然比他發作用的政府主體擁有更多的理性與動力；在總體秩序中，解決同樣問題，自發作用的市場主體必然不及發揮他發

第八章　大國發展與治理智慧

作用的政府主體擁有更多的優勢和速度。強調民眾「無知」的哈耶克，其實沒有看到兩種主體和兩種作用在各自領域才能具備有效性，只是簡單地互換一下位置，兩者都會失去各自的優勢，人們不能奢望事事都可以實現一個完美的最佳結果。

政府干預是對社會價值的一種權威性分配，涉及的核心問題是人們的價值觀，即人們衡量價值的認知、立場、偏好和判斷。人們在政府干預的爭論中，幾乎不可避免地都會提到經濟政策的合理性、公共性與公平性，實質上都是價值觀的判定。就經濟政策本身是依經濟政策分析和制定而言，價值觀都是共同構成的內在要素，特別是社會價值觀具有基礎性和關鍵性的意義。[181]

經濟學從誕生那一刻起，就被亞當·史密斯放置在「一半是真理，一半是謬誤」的尷尬境地，始終存在著源於《國富論》和《道德情操論》關於人類行為本質假定相矛盾的「史密斯問題」。雖然他也考察人的自利性與社會性，且提供一些見解。但是很遺憾，由於歷史局限和價值取向，後來的經濟學者乾脆拋棄一面，僅僅從考量純粹利益的自利主體出發，發展成為主流經濟學。遵循抽象假設和演繹推理邏輯關係建立起來的理論體系，自身的科學嚴謹性毋庸置疑，應用效果如何，取決於基本假設能否得到現實的檢驗。

對市場和政府的絕對化價值判斷都是不可取的，在經濟系統的調控過程中，盡可能多發揮正向效應，政府干預必須適度化。美國發展經濟學者路易斯說過：「政府的失敗，既可能是由於做得太少，也可能是由於做得太多。」政府透過經濟的立法和司法制度，規範各類經濟主體的行為，創造公平競爭的市場秩序。政府不失時機地推進改革，促使反映市

---

[181] 李春成．價值觀與公共政策：政策分析的新領域 [J]．復旦公共行政評論，2007（11）：167-180.

場經濟要求的新經濟執行機制，儘早占據支配地位。政府透過直接投資方式，建立單一企業家無力或不願創辦、而又是國民經濟必需的大型企業，促進產業結構合理化。

在自組織理論視角下，政府與市場關係破除「要市場」與「要政府」的自由主義和干預主義的爭執不休局面。經濟系統的自發秩序能帶來繁榮，也能產生破壞，所以他發作用在他組織經濟系統中表現為主導性樣態、在自組織經濟系統中表現為引導性樣態，與自發作用一道構成經濟系統和社會系統演化的基本動力。

第八章　大國發展與治理智慧

參考書目

[01] 沈華嵩. 經濟系統的自組織理論［M］. 北京：中國社會科學出版社，1991.

[02] 李崇陽，林長升. 自組織理論與新經濟發展［M］. 銀川：寧夏人民教育出版社，2000.

[03] 陳平. 文明分岔、經濟混沌和演化經濟動力學［M］. 北京：北京大學出版社，2004.

[04] 李桂花. 自組織經濟理論：和諧理性與循環累積成長［M］. 上海：上海社會科學院出版社，2007.

[05] 蔡林. 系統動力學在可持續發展研究中的應用［M］. 北京：中國環境科學出版社，2008.

[06] 鄔焜. 古代哲學中的資訊、系統、複雜性思想［M］. 北京：商務印書館，2010.

[07] 陳榮虎. 經濟學演化計算方法［M］. 北京：經濟管理出版社，2013.

[08] 朱雲龍，陳瀚寧，申海. 生物啟發計算［M］. 北京：清華大學出版社，2013.

[09] 劉鋒. 互聯網演化論［M］. 北京：清華大學出版社，2014.

[10] 徐晉. 大數據經濟學［M］. 上海：上海交通大學出版社，2014.

[11] 陳禹，方美琪. 複雜性研究視角中的經濟系統［M］. 北京：出版社，2015.

參考書目

[12] 劉業進. 經濟演化：探索一般演化正規化 [M]. 北京：中國社會科學出版社，2015.

[13] 塗子沛. 大數據：正在到來的數據革命 [M]. 桂林：廣西師範大學出版社，2015.

[14] 鍾永光，賈曉菁，錢穎. 系統動力學（第二版）[M]. 北京：科學出版社，2015.

[15] 朱述斌，硃紅根. 氣候變遷經濟學 [M]. 北京：清華大學出版社，2015.

[16] 謝文. 大數據經濟 [M]. 北京：北京聯合出版公司，2016.

[17] 汪濤. 實驗、測量與科學 [M]. 北京：東方出版社，2017.

[18] 鍾永光，賈曉菁，錢穎. 系統動力學前沿與應用 [M]. 北京：科學出版社，2018.

[19] 董志強. 行為和演化正規化經濟學 [M]. 上海：格致出版社，2019.

[20] 李斌. 演算法經濟理論 [M]. 北京：經濟日報出版社，2019.

[21] 李小建. 經濟地理學（第三版）[M]. 北京：高等教育出版社，2019.

[22] 汪濤. 科學經濟學原理 [M]. 北京：東方出版社，2019.

[23] 譚建榮，馮毅雄. 智慧設計理論與方法 [M]. 北京：清華大學出版社，2020.

[24] 唐宇迪，李琳，侯惠芳. 人工智慧數學基礎 [M]. 北京：北京大學出版社，2020.

[25] 王燦，蔡聞佳. 氣候變化經濟學 [M]. 北京：清華大學出版社，2020.

[26] 吳明暉，周蘇．大數據分析［M］．北京：清華大學出版社，2020．

[27] 向松祚．新經濟學［M］．北京：中信出版集團，2020．

[28] 趙小兵．方舟：數位經濟創新史［M］．北京：中信出版集團，2020．

[29] 安仰慶．四新經濟：新技術、新產業、新業態、新模式［M］．北京：中國商業出版社，2021．

[30] 曹燕．數位經濟發展趨勢與社會效應研究［M］．北京：中國社會科學出版社，2021．

[31] 陳葉峰．實驗經濟學：方法與應用［M］．北京：北京大學出版社，2021．

[32] 甘潤遠．螺網理論——經濟與社會的分為結構及演化圖景［M］．上海：復旦大學出版社，2021．

[33] 高鴻業．西方經濟學·總體部分（第八版）［M］．北京：中國人民大學出版社，2021．

[34] 高鴻業．西方經濟學·個體部分（第八版）［M］．北京：中國人民大學出版社，2021．

[35] 何大安．大數據時代經濟學創新的理論探索［M］．北京：中國社會科學出版社，2021．

[36] 林子雨．大數據導論［M］．北京：高等教育出版社，2021．

[37] 尼克．人工智慧簡史［M］．北京：人民郵電出版社，2021．

[38] 芮廷先，郭笑梅．網路經濟學［M］．上海：上海財經大學出版社，2021．

[39] 汪丁丁．行為經濟學講義［M］．上海：上海人民出版社，2021．

[40] 向松祚．新資本論［M］．北京：中信出版集團，2021．

參考書目

[41] 徐翔. 數位經濟時代：大數據與人工智慧驅動新經濟發展［M］. 北京：人民出版社，2021.

[42] 於施洋，王建冬，易成岐. 總體經濟大數據分析［M］. 北京：社會科學文獻出版社，2021.

[43] 成生輝，戴睿. 中國經濟大數據分析［M］. 北京：中國金融出版社，2022.

[44] 郭凱天，司曉. 數位經濟——中國創新成長新動能［M］. 北京：中信出版集團，2022.

[45] 湯瀟. 數位經濟：影響未來的新技術、新模式、新產業［M］. 北京：人民郵電出版社，2022.

[46] 滕泰，張海冰. 世界通膨衰退［M］. 北京：中譯出版社，2022.

[47] ［英］皮特·J·鮑勒. 演化思想史［M］. 南昌：江西教育出版社，1999.

[48] ［美］C·格里博格，J·A·約克. 混沌對科學和社會的衝擊［M］. 長沙：湖南科學技術出版社，2001.

[49] ［德］赫爾曼·哈肯. 資訊與自組織［M］. 成都：四川教育出版社，2010.

[50] ［英］菲利浦·鮑爾. 預知社會——群體行為的內在法則［M］. 北京：當代中國出版社，2010.

[51] ［美］彼得·戴蒙德，漢努·瓦蒂艾寧. 行為經濟學及其應用［M］. 北京：中信出版集團，2011.

[52] ［美］約翰·H·霍蘭. 隱秩序：適應性造就複雜性［M］. 上海：上海世紀出版集團，2011.

[53] [美] 約翰·H·米勒，史考特·E·佩奇. 複雜適應系統：社會生活計算模型導論 [M]. 上海：上海世紀出版集團，2012.

[54] [比] G·尼科里斯，I·普利高津. 探索複雜性 [M]. 成都：四川教育出版社，2013.

[55] [荷] 卡爾斯·霍姆斯. 複雜經濟系統中的行為理性與異質性預期 [M]. 上海：格致出版社，2013.

[56] [德] 弗里德里希·克拉默. 混沌與秩序——生物系統的複雜結構 [M]. 上海：上海世紀出版集團，2014.

[57] [法] 保羅·布林吉納，讓-皮埃爾·納達爾. 認知經濟學——跨學科觀點 [M]. 北京：中國人民大學出版社，2014.

[58] [荷] 克里斯·布斯克斯. 演化思維：達爾文對我們世界觀的影響 [M]. 成都：四川人民出版社，2014.

[59] [美] 布萊恩·亞瑟. 技術的本質：技術是什麼，它是如何演化的 [M]. 杭州：浙江人民出版社，2014.

[60] [美] 格雷戈里·蔡汀. 證明達爾文：演化和生物創造性的一個數學理論 [M]. 北京：人民郵電出版社，2015.

[61] [美] 約翰·H·卡格爾，埃爾文·E·羅斯. 實驗經濟學手冊 [M]. 北京：中國人民大學出版社，2015.

[62] [荷] 讓·博西瑪，[英] 讓·馬丁. 演化經濟地理學手冊 [M]. 北京：商務印書館，2016.

[63] [美] 羅伯特·W·里克羅夫特，董開石. 複雜性挑戰——21世紀的技術創新 [M]. 北京：北京大學出版社，2016.

參考書目

[64]［英］保羅·德·格洛瓦. 行為總體經濟學：一個教材［M］. 北京：中國人民大學出版社，2016.

[65]［美］喬治·A·阿克洛夫，彼得·戴蒙德. 行為經濟學新進展［M］. 北京：中國人民大學出版社，2017.

[66]［美］史蒂芬·H·斯托加茨. 非線性動力學與混沌［M］. 北京：機械工業出版社，2017.

[67]［美］以太·亞奈，馬丁·萊凱爾. 基因社會［M］. 南京：江蘇鳳凰文藝出版社，2017.

[68]［美］約翰·H·米勒. 複雜之美［M］. 廣州：南方出版傳媒，2017.

[69]［意］瓦萊里奧·阿納博迪，安德里亞·帕薩雷拉. 線上社群網路［M］. 北京：電子工業出版社，2017.

[70]［奧］維克托·邁爾-舍恩伯格，［德］湯瑪斯·拉姆什. 數據資本時代［M］. 北京：中信出版集團，2018.

[71]［加］阿杰伊·阿格拉沃爾，喬舒亞·甘斯，阿維·戈德法布. AI極簡經濟學［M］. 長沙：湖南科學技術出版社，2018.

[72]［美］布萊恩·亞瑟. 複雜經濟學：經濟思想的新框架［M］. 杭州：浙江人民出版社，2018.

[73]［美］理查·布克斯塔伯. 理論的終結：金融危機、經濟學的失敗與人際互動的勝利［M］. 北京：中信出版集團，2018.

[74]［美］麥可·加扎尼加，理查·艾弗里，喬治·曼根. 認知神經科學［M］. 北京：中國輕工業出版社，2018.

[75]［日］櫻井豐. 被人工智慧操控的金融業［M］. 北京：中信出版集團，2018.

[76] ［英］傑佛瑞·韋斯特. 規模：複雜世界的簡單法則［M］. 北京：中信出版集團，2018.

[77] ［美］拉塞爾·沃克. 從大數據到鉅額利潤［M］. 廣州：廣東人民出版社，2019.

[78] ［美］伊恩·艾瑞斯. 大數據思維與決策［M］. 北京：人民郵電出版社，2019.

[79] ［美］朱迪亞·珀爾，達納·麥肯齊. 為什麼：關於因果關係的新科學［M］. 北京：中信出版集團，2019.

[80] ［美］艾伯特-拉斯洛·巴拉巴西. 爆發：大數據時代預見未來的新思維［M］. 北京：北京聯合出版公司，2020.

[81] ［美］加里·索爾·莫森，莫頓·夏皮羅. 拓寬經濟思維［M］. 北京：機械工業出版社，2020.

[82] ［日］松本健太郎. 挖掘數據背後的真相［M］. 杭州：浙江人民出版社，2020.

[83] ［日］藤田昌久，［美］保羅·克魯格曼，安東尼·J·維納布林斯. 空間經濟學——城市、區域與國際貿易［M］. 北京：中國人民大學出版社，2020.

[84] ［英］理查·道金斯. 自私的基因［M］. 北京：中信出版集團，2020.

[85] ［英］維克托·邁爾-舍恩伯格，肯尼思·庫克耶. 大數據時代：生活、工作與思維的大變革［M］. 杭州：浙江人民出版社，2020.

[86] ［加］阿賈·阿格拉瓦爾，喬舒亞·甘斯，阿維·戈德法布. 人工智慧經濟學［M］. 北京：中國財政經濟出版社，2021.

參考書目

［87］［美］達爾·尼夫. 數位經濟2.0［M］. 北京：中國人民大學出版社，2021.

［88］［美］李傑，倪軍，王安正. 從大數據到智慧製造［M］. 上海：上海交通大學出版社，2021.

［89］［英］馬克·卡森，尼格爾·雜湊姆扎德. 經濟史中的大數據［M］. 北京：社會科學文獻出版社，2021.

［90］［英］桑吉特·達米. 行為經濟學諸專題［M］. 上海：格致出版社，2022.

重構經濟學，大數據驅動的新革命：

複雜科學 × 數據分析 × 個體決策 × 全球治理……從市場運作到政策協調，解讀數據經濟的新格局

主　　編：韓松
副 主 編：謝靜
發 行 人：黃振庭
出 版 者：沐燁文化事業有限公司
發 行 者：崧燁文化事業有限公司
E-mail：sonbookservice@gmail.com
粉 絲 頁：https://www.facebook.com/sonbookss/
網　　址：https://sonbook.net/
地　　址：台北市中正區重慶南路一段61號8樓
8F., No.61, Sec. 1, Chongqing S. Rd., Zhongzheng Dist., Taipei City 100, Taiwan

電　　話：(02)2370-3310
傳　　真：(02)2388-1990
印　　刷：京峯數位服務有限公司
律師顧問：廣華律師事務所 張珮琦律師

-版權聲明

本書版權為中國經濟出版社所有授權沐燁文化事業有限公司獨家發行電子書及繁體書繁體字版。若有其他相關權利及授權需求請與本公司聯繫。

未經書面許可，不可複製、發行。

定　　價：450元
發行日期：2025年02月第一版
◎本書以POD印製

國家圖書館出版品預行編目資料

重構經濟學，大數據驅動的新革命：複雜科學 × 數據分析 × 個體決策 × 全球治理……從市場運作到政策協調，解讀數據經濟的新格局 / 韓松 主編，謝靜 副主編. -- 第一版. -- 臺北市：沐燁文化事業有限公司，2025.02
面；　公分
POD版
ISBN 978-626-7628-42-3(平裝)
1.CST: 資訊經濟學 2.CST: 大數據
551.49　　　　　114000476

電子書購買

爽讀APP　　　　臉書